Dalai Lama

*Die Lehren des
tibetischen Buddhismus*

Aus dem Amerikanischen
von Christof Spitz

Hoffmann und Campe

Die Originalausgabe erschien 1995 unter dem Titel
The World of Tibetan Buddhism
im Verlag Wisdom Publications, Boston

Die Deutsche Bibliothek - CIP-Einheitsaufnahme
bsTan-'dzin-rgya-mtsho <Dalai Lama, XIV.>:
Die Lehren des tibetischen Buddhismus /
Dalai Lama. Aus dem Amerikan. von Christof Spitz.
- 1. Aufl. - Hamburg : Hoffmann und Campe, 1998
Einheitssacht.: The world of Tibetan Buddhism <dt.>
ISBN 3-455-11124-6

Copyright © Tenzin Gyatso, the Fourteenth Dalai Lama 1995
Copyright © 1995 Wisdom Publications, Boston
Copyright der deutschen Ausgabe
© 1998 by Hoffmann und Campe Verlag, Hamburg
Lektorat: Micheline Rampe
Schutzumschlag: Büro Hamburg
Foto: Nick Danziger / Contact Press Images / Agentur Focus
Satz: Fotosatz Reinhard Amann, Aichstetten
Druck und Bindung: Clausen & Bosse, Leck
Printed in Germany

Inhalt

Geleitwort von *Richard Gere*	7
Vorwort von Geshe Thupten Jinpa	10
Technische Anmerkungen	13
Einführung	15

Teil I: Allgemeiner Buddhismus

1. Einteilung der Fahrzeuge	21
2. Das erste Drehen des Rades der Lehre	28

Die Vier Wahrheiten der Heiligen 28 · Die Drei
Höheren Schulungen 31 · Die 37 für die
Erleuchtung förderlichen Eigenschaften 36

3. Das Mittlere Rad der Lehre: Die Lehre von der Leerheit	40
4. Das Letzte Rad der Lehre: Die Buddha-Natur	45
5. Verschiedene Erklärungen der Selbstlosigkeit	51
6. Die Vier Siegel des Buddhismus	58
7. Der Mahāyāna-Pfad von Leerheit und Mitgefühl	62

Mahāyāna-Schriften lesen: Das Endgültige und das
Interpretierbare 62 · Die tiefgründige Ansicht 67

8. Fragen und Antworten	70

Teil II: Altruistische Lebensanschauung
und Lebensweise

9. Vom Nutzen des Altruismus	87
10. Den Feind im Innern erkennen	97
11. Wut und Haß überwinden	110
12. Uns selbst und andere gleichsetzen und austauschen	120
13. Fragen und Antworten	124

Teil III: Der tibetische Vajrayāna-Buddhismus

14. Die besonderen Merkmale des Tantra	129
15. Unterteilungen des Tantra	144
16. Initiation	146
17. Gelöbnisse und Gelübde	155
18. Tantrische Praxis: Die ersten drei Tantra-Klassen	161
19. Fortgeschrittene Übung des Tantra: Das Höchste Yogatantra	176

Allgemeine Einführung 176 · Tantras entziffern:
Die Schlüssel zur Interpretation 183 · Glückseligkeit und Leerheit 188 · Tod, Zwischenzustand
und Wiedergeburt 192 · Die Vollendungsstufe 201 · Das Höchste Yogatantra nach der
Schule der Frühen Übersetzungen in Tibet 205

| 20. Fragen und Antworten | 210 |

Anhang

Bibliographie	225
Glossar	240
Anmerkungen	269

Geleitwort von Richard Gere

Die *Gere Foundation* hat die Ehre, die finanzielle Unterstützung wichtiger Bücher Seiner Heiligkeit des Dalai Lama, die bei *Wisdom Publications* erscheinen, fortzusetzen. Die ersten beiden Bücher in dieser Serie sind *Opening the Eye of New Awareness* und *The Meaning of Life from a Buddhist Perspective*.[1]

In dem vorliegenden Buch, das von Geshe Thupten Jinpa ins Englische übersetzt wurde, liefert Seine Heiligkeit einen klaren und tiefgründigen Überblick über die Schulungswege des tibetischen Buddhismus, angefangen von den Vier Wahrheiten bis hin zum Höchsten Yogatantra, wie immer mit besonderem Augenmerk auf die Übungen von Liebe, Güte und universeller Verantwortung. Er fordert uns auf, in jedem Augenblick achtsam und präsent zu sein, unsere Einstellungen, Handlungen und Motivationen stets wachsam zu kontrollieren sowie zu untersuchen, wie unser Geist arbeitet und welche Möglichkeiten sich uns bieten, positive Veränderungen in uns selbst herbeizuführen. Das ist keine leichte Aufgabe!

Wenige von uns besitzen den ungeheuren Mut und die unerschütterliche Entschlossenheit, die erforderlich

sind, um den erleuchteten Zustand des Buddha Śākyamuni, Nāgārjuna, Milarepa, Tsongkapa oder anderer
Heiliger und Helden zu erlangen. Aber wir können –
bei anhaltender Übung – mehr Klarheit in unseren
Geist bringen und die Wärme eines offenen Herzens
spüren.

Der Dalai Lama ist als Nobelpreisträger von 1989
überall als einer unserer größten spirituellen Freunde
geachtet. Er selbst ist der Erbe einer ununterbrochenen
Überlieferung, die sich 2.500 Jahre zurück bis zum historischen Buddha erstreckt. 45 Jahre ist er spiritueller
Lehrer und politischer Führer. Was er in dieser Zeit ge-
leistet hat ist einzigartig, und er ist seiner Botschaft treu
geblieben: »Meine Religion ist die Güte.«

Seit der chinesischen Invasion in das unabhängige
Tibet im Jahre 1950 und der qualvollen Flucht nach
Indien 1959 hat Seine Heiligkeit unermüdlich daran
gearbeitet, sein Volk vom systematischen Genozid zu
befreien, bei dem bisher schon 1,2 Millionen Tibeter –
ein Fünftel der damaligen Bevölkerung – umgekom-
men sind.

Das uneingeschränkte Mitgefühl Seiner Heiligkeit
sogar für all diejenigen, die mit der Zerstörung seines
Landes fortfahren, ist das Zeichen eines wahren und
verläßlichen Bodhisattva. Dieses Buch bietet eine außergewöhnliche Gelegenheit für uns alle, mit einem solchen Menschen und seinen Lehren in Berührung zu
kommen.

Die *Gere Foundation* ist stolz darauf, mit Seiner Heiligkeit und seiner Botschaft für universelle Verantwortung und Frieden verbunden zu sein, und sie ist froh,

Wisdom Publications im Bemühen zu unterstützen, für diese Ideale zu werben.

Möge dieses Buch helfen, allen Wesen Wohlergehen und die Ursachen für zukünftiges Glück zu bringen.

Richard Gere
New York

Vorwort von Geshe Thupten Jinpa[2]

Seine Heiligkeit der Dalai Lama hat im Frühjahr 1988 in London vier Tage lang eine Reihe von Unterweisungen zum tibetischen Buddhismus gegeben. Er war wie immer persönlich und ungezwungen, ohne dadurch die Ernsthaftigkeit und Tiefe der Themen zu vernachlässigen. Rückblickend habe ich den Eindruck, daß diese Unterweisungen einen entscheidenden Wendepunkt in der Methode darstellen, mit der Seine Heiligkeit einer modernen Zuhörerschaft den Buddhismus nahebringt. Er schuf ein neues System, den buddhistischen Pfad zu lehren. Seine Heiligkeit legte den gesamten Aufbau des tibetischen Buddhismus, seine Philosophie und seine Praxis dar, einschließlich der Vajrayāna-Lehren. Seine Ausführungen haben als Grundlage vier einfache Prämissen: daß Leiden existiert, daß dieses Leiden einen Ursprung hat, daß es ein Ende des Leidens gibt und daß eine Methode vorhanden ist, das Leiden zu beenden. Der Dalai Lama zeigt sehr einleuchtend, wie alle Aspekte des tibetischen Buddhismus sich auf die Vier Edlen Wahrheiten zurückführen lassen und in diesen fest verankert sind. Kurz, Seine Heiligkeit zeigt uns mit überzeugenden Erklärungen, daß der tibetische Buddhismus wahrhaft vollständig ist. Das Buch liefert einen einzigartigen Überblick, der die klare, messerscharfe Einsicht des Dalai Lama, tiefgründige Analyse und hohe spirituelle Praxis miteinander verbindet. All das ist von einer atemberaubenden Gelehrsamkeit in allen Bereichen buddhistischen Denkens geprägt und in einer Art und Weise präsentiert, die Lebensfreude und wahre Zuneigung allen Wesen gegenüber widerspiegelt.

Es war eine echte Freude für mich, an diesem Projekt zu arbeiten, und ich bin sehr froh, daß andere nun an dieser Erfahrung teilhaben können. Viele Menschen haben erheblich zum Gelingen dieses Unternehmens beigetragen. Ich danke Sally Ward, die die schwierige Aufgabe bewältigt hat, die Unterweisungen von den Kassetten abzuschreiben, sowie der Ehrwürdigen Sarah Thresher, meiner ersten Lektorin bei Wisdom Publications, die eine weitere Abschrift mit den notwendigen ersten Korrekturen erstellt hat. Außerdem bedanke ich mich bei meiner zweiten Lektorin bei Wisdom, der Ehrwürdigen Connie Miller, für ihre wertvollen Kommentare und ihre Kritik. Mein Dank gilt ferner Vincent und besonders Maria Montenegro sowie Robert Chilton für die zahllosen Stunden des Korrigierens und Recherchierens.

Es hat sehr lange gedauert, bis diese Unterweisungen als Buch erscheinen konnten. Obwohl ich es mir wünschte, sie veröffentlicht zu sehen, haben doch meine drei Studienjahre in Cambridge zwischen 1989 und 1992 die Arbeit an dem Manuskript verzögert. Wenn ich es heute betrachte, so hatte diese Verzögerung jedoch eine bedeutende Konsequenz: Als ich schließlich die Zeit hatte, an dem Buch zu arbeiten, hatte ich ein besseres Verständnis für die unterschwelligen Feinheiten wichtiger Begriffe der abendländischen Philosophie. Somit bin ich der Inlaks-Stiftung und meinen Freunden Geoff Jukes, Morna White und Isabelle White zu tiefstem Dank verpflichtet; denn ihre Großzügigkeit ermöglichte mir das Studium.

In diesem Buch habe ich versucht, einen Übersetzungsstil zu finden, der die Gedanken Seiner Heilgkeit möglichst genau widerspiegelt – so, als hätte er Englisch gesprochen. Dazu lagen mir insofern Richtlinien vor, als Seine Heiligkeit viele Unterweisungen zumindest teilweise in Englisch gegeben hat. Diese Unterweisungen bieten im Grunde einen umfassenden Überblick über den tibetischen Buddhismus. Entsprechend habe ich versucht, für jene, die spezielle Bereiche des tibetischen Buddhismus näher erkunden möchten, ausführliche Fußnoten und eine Bibliographie zusammenzustellen. Im Anhang findet sich außerdem eine Liste wichtiger Begriffe mit ihren Entsprechungen im Tibetischen und Sanskrit. Ich bedanke mich bei John Dunne, Sarah McClintock, David Reigle, dem Ehrwürdigen Michael Roach und Artemus Engle für ihre Hilfe bei der Suche nach den Originalbegriffen im Tibetischen und im Sanskrit. Mein Dank gilt auch Sophie Boyer, die das ganze Manuskript aus der wertvollen Perspektive eines Nicht-Fachmanns gelesen hat.

Ich hoffe sehr, daß dieses Buch in die Herzen vieler Menschen Freude bringt und zu einer tieferen Wertschätzung für die spirituelle Tradition Tibets beiträgt.

Geshe Thupten Jinpa
Ganden, Indien

Technische Anmerkungen

Tibetische Namen und Begriffe sind in einer Umschrift wiedergegeben, die ihrer Aussprache näherungsweise entspricht. Wenn der tibetische Begriff in der exakten wissenschaftlichen Umschrift angegeben wurde (in der Bibliographie, im Glossar sowie in Klammern im Hauptteil bzw. in den Anmerkungen), so wurde das von Turrell Wylie vorgeschlagene System benutzt (*A Standard System of Tibetan Transcription* im *Harvard Journal of Asiatic Studies*, Band 22, 1959, S. 261–267), wobei allerdings der Hauptbuchstabe der ersten Silbe in Eigennamen oder Buchtiteln groß geschrieben wurde. Die Sanskritwörter werden in der international üblichen Schreibweise wiedergegeben. Wenn nicht anders angegeben, werden Fachbegriffe oder Buchtitel in Klammern zuerst im Sanskrit und dann in der tibetischen Übersetzung genannt.

Für die Aussprache der Sanskritbuchstaben gelten folgende vereinfachte Regeln: Die Vokale werden wie im Deutschen gesprochen. Es gibt jedoch eine Unterscheidung zwischen kurzen und langen Vokalen. Ein Dehnungszeichen über einem Vokal zeigt dessen Längung an: kurzes a wie in *Wache,* aber langes *ā* wie in *Wa-*

gen; kurzes *i* wie in *Tip,* aber langes ī wie in *Sieb;* kurzes *u* wie in *Wurm,* aber langes ū wie in *Wut.* Stets gedehnt werden gesprochen: die Vokale *e* wie in *Leben* und *o* wie in *Rose* sowie die Vokalzusammensetzungen *ai* wie in *Laib* und *au* wie in *Saum.* Die Konsonanten werden folgendermaßen gesprochen: *c* wie *tsch, j* wie *dsch,* ñ wie *nj* in *Donja,* ś und ṣ wie *sch; s* ist stets ein stimmloses (scharfes) *s; v* wird wie *w* gesprochen: also z. B. *Vajrasattva* wie *Wadschrasattva.* ṅ wird wie *ng* etwa wie in *Zange* ausgesprochen.

Der Gebrauch von tibetischen Wörtern und Sanskrit-Wörtern wurde im Hauptteil möglichst vermieden, um den Fluß der Darlegung nicht zu stören. Einige Schlüsselbegriffe werden im Glossar kurz erläutert. Sofern im Haupttext, in den Anmerkungen oder im Glossar Originalbegriffe genannt wurden, finden sie sich *kursiv* in Klammern hinter der deutschen Übersetzung, und zwar zuerst das Sanskrit-Wort und dann gegebenenfalls das tibetische, wenn nicht anders angegeben. Titel von Texten sind ebenfalls *kursiv* gesetzt. Auf Sūtras, Tantras und tibetische Kommentare wird in der deutschen Übersetzung ihres Titels Bezug genommen; indische Kommentare werden mit ihren Sanskrit-Titeln genannt. Sofern nicht anders angegeben, stammen die Übersetzungen der Quellentexte ins Englische vom englischen Übersetzer.

Die deutsche Übersetzung folgt an einigen wenigen Stellen nicht wörtlich der englischen Ausgabe, wenn im deutschen Sprachraum bereits andere Übersetzungen gebräuchlich sind oder wenn dies nach dem tibetischen Original aus inhaltlichen Gründen geboten schien.

Einführung

Brüder und Schwestern, ich bin sehr glücklich, hier zu
sein und Menschen zu treffen, die ein lebhaftes Interesse an der Lehre des Buddha haben. Ich sehe in der
Zuhörerschaft viele vertraute Gesichter, und ich bin
froh, wieder einmal die Gelegenheit zu haben, einige
Zeit mit Ihnen zu verbringen.

In den kommenden drei Tagen werde ich über das
buddhistische Denk- und Übungssystem gemäß der
tibetischen Tradition sprechen. Meine Ausführungen
werden zwei Themen gewidmet sein: Zum einen gebe
ich (in Teil 1 und 3) eine allgemeine Einführung in den
buddhistischen Pfad, einen groben Überblick über Theorie und Praxis des tibetischen Buddhismus. Ich sage
normalerweise, daß der tibetische Buddhismus die vielleicht vollständigste Form des Buddhismus ist. Er enthält
alle wesentlichen Unterweisungen der verschiedenen
buddhistischen Traditionen, die heute in vielen Teilen
der Welt lebendig sind. Da viele von Ihnen tantrische
Initiationen und Belehrungen erhalten haben, denke ich,
daß ein Überblick über den tibetischen Buddhismus,
der die allgemeine Struktur des buddhistischen Pfades
wiedergibt, für die Vertiefung Ihres Verständnisses und

Ihrer Ausübung von Dharma hilfreich sein kann. Beim zweiten Thema (Teil 2) handelt es sich um die altruistische Einstellung, die einen Bodhisattva kennzeichnet. Ich werde aus Śāntidevas *Eintritt in das Leben zur Erleuchtung (Bodhicaryāvatāra)*[3] zitieren und wichtige Textstellen erklären, wobei ich mich hauptsächlich auf die Übung von liebevoller Zuneigung, Güte und Mitgefühl konzentrieren werde. Eng damit verbunden ist die Entwicklung von Toleranz und einer angemessenen Einstellung gegenüber Feinden.

In den ersten drei Tagen werde ich eher als Professor Tenzin Gyatso und weniger als der Dalai Lama oder der Bhikṣu Tenzin Gyatso sprechen. Am vierten Tag jedoch wird es eine Initiation in die Grüne Tara geben, und an diesem Tag werde ich zum Guru Bhikṣu Tenzin Gyatso werden.

Wie gesagt, es gibt einige hier, die sich bereits kennen. Seit dem letzten Zusammentreffen waren viele von uns sehr beschäftigt. Die Zeit steht niemals still, sie rennt unaufhörlich weiter, ganz gleich, ob wir etwas Gutes und Wertvolles mit unserem Leben anfangen oder nicht. Auch unser Leben rinnt mit der Zeit dahin. Wenn etwas falsch gelaufen ist, können wir die Zeiger der Zeit nicht wieder zurückdrehen und es noch einmal versuchen. In dieser Hinsicht gibt es keine echte zweite Chance. Deshalb ist es für einen spirituell Übenden so entscheidend, die eigenen Einstellungen und Handlungen ständig zu beobachten. Wenn wir uns jeden Tag bewußt und wachsam selbst prüfen, indem wir unsere Gedanken und Motivationen untersuchen und darauf achten, wie sie sich im äußeren Verhalten niederschlagen, kann sich eine Möglichkeit ergeben, durch die wir uns wandeln und bessern. Obwohl ich für mich selbst nicht mit Sicherheit behaupten kann, über die Jahre hinweg irgendeinen bemerkenswerten Fortschritt erzielt zu haben, sind doch mein Wunsch und meine Entschlossenheit, mich zum Positiven zu ändern, ungebrochen. In allen Situationen meines Lebens, vom frühen Morgen an, bis ich zu Bett gehe, überprüfe ich meine Motivation und übe mich, achtsam und im Augenblick gegenwärtig zu sein. Ich persönlich empfinde dies für mein Leben als sehr hilfreich.

Ich werde verschiedene Methoden erörtern, die wir als Instrument benutzen können, um uns selbst zu untersuchen und uns auf einen Pfad der Selbstfindung und -entwicklung zu bringen. Prüfen Sie, ob Sie diese verschiedenen Techniken anwenden können, indem Sie Ihren Körper und Geist als Laboratorium nehmen: Machen Sie sich die Mühe, gründlich zu erforschen, wie Ihr Geist funktioniert, und analysieren Sie die Möglichkeit, einige positive Veränderungen in sich herbeizuführen. In dieser Weise sollte ein buddhistischer Praktizierender alle wesentlichen Elemente von Buddhas Unterweisungen in sich aufnehmen. Unter den Zuhörern hier haben wir einige, die sich zwar nicht als praktizierende Buddhisten begreifen, aber den aufrichtigen Wunsch haben, mehr über den Buddhismus im allgemeinen und den tibetischen Buddhismus im besonderen zu erfahren. Darin sind auch jene eingeschlossen, die ein starkes Interesse an anderen spirituellen Traditionen haben, während sie ihre eigene Religion ausüben. Ich bin sicher, daß diese Menschen innerhalb der buddhistischen Lehren auf manches stoßen, was allgemein von Bedeutung ist und daher in die eigene Tradition und Praxis integriert werden kann – wie etwa die Kontemplation und Meditation in Richtung Liebe und Mitgefühl. Ein ökumenisches Streben stellt ein enormes, nützliches Potential dar. Schließlich mag es unter den Zuhöreren einige geben, die sich zur Spiritualität nicht besonders hingezogen fühlen und trotzdem mit Neugier und echter Offenheit hergekommen sind. Wenn Sie zu dieser Gruppe gehören, folgen Sie einfach meinen Ausführungen, wie sie Vorträgen zuhören. Wenn Sie interessante Dinge hören, können Sie Ihre Aufmerksamkeit erhöhen. Wenn sich Ihnen nichts Interessantes und Wertvolles darbietet, entspannen Sie sich, und nützen Sie den Vortrag zur Erholung. Sollten Sie diese Zeit als Verschnaufpause nehmen, machen Sie das bitte in diskreter Weise. Achten Sie besonders darauf, daß Sie nicht zu schnarchen anfangen, falls der Schlaf Sie übermannt, denn damit stören Sie vielleicht Ihre Nachbarn!

Teil I:

Allgemeiner Buddhismus

1. Einteilung der Fahrzeuge

In der klassischen buddhistischen Literatur werden verschiedene Systeme des Denkens und der Praxis erwähnt.[1] Solche Systeme werden als *yāna* oder »Fahrzeug« bezeichnet. So gibt es beispielsweise neben den buddhistischen Fahrzeugen – dem Kleinen Fahrzeug *(hīnayāna)*, dem Großen Fahrzeug *(mahāyāna)* und dem Tantrischen Fahrzeug *(vajrayāna)* – die allgemeinen Fahrzeuge der Menschen und Götter. Diese zeigen grundlegende Übungen und Methoden auf, mit denen man wesentliche Ziele in diesem Leben und darüber hinaus eine günstige Wiedergeburt als Mensch oder als göttliches Wesen erreichen kann. Solche Systeme betonen, wie wichtig es ist, ein ethisch reines Leben zu führen und negative Handlungen zu unterlassen; denn Rechtschaffenheit und gutes Verhalten werden als die entscheidendsten Faktoren angesehen, um eine günstige Wiedergeburt zu erlangen.

Der Buddha sprach zudem über ein weiteres Fahrzeug, das Brahma-Fahrzeug: Es umfaßt hauptsächlich Meditationstechniken, die darauf abzielen, die höchste Lebensform im Daseinskreislauf *(saṃsāra)*, dem von *karma* bedingten Kreislauf der Existenzen, zu erreichen. Solche Meditationsmethoden bestehen unter anderem darin, den Geist von allen äußeren Objekten zurückzuziehen, was ihn in einen Zustand punktförmiger Konzentration versetzt. Als Resultat dieser punktförmigen, tiefen Konzentration erfährt man veränderte Bewußtseinszustände, die vom Gesichtspunkt ihrer phänomenologischen Eigenschaften und der Art ihrer Bewußtseinstätigkeit her direkte Übereinstimmungen mit den Existenzformen in den Körperlichen und den Körperlosen Bereichen besitzen.[2]

Aus buddhistischer Perspektive sind all diese Systeme wertvoll, denn sie tragen das Potential in sich, vielen Wesen großen Nutzen zu bringen. Das bedeutet jedoch nicht, daß all diese Systeme in sich vollständig wären und einen Pfad lehrten, der zur vollkommenen Befreiung von Leiden und vom Kreislauf der Existenzen führt. Echte Befreiung ist nur zu erreichen, wenn unsere grundlegende Unwissenheit – unsere gewohnheitsmäßige Fehleinschätzung der Wirklichkeit – vollständig überwunden wird. Diese Unwissenheit, die all unseren Emotionen, Wahrnehmungen und Beurteilungen zugrunde liegt, ist der Hauptfaktor, der uns an den Daseinskreislauf und damit an den unaufhörlichen Kreislauf von Leben und Tod bindet. Ein Denk- und Übungssystem, das einen vollständigen Pfad zur Befreiung von dieser Fesselung lehrt, wird das Fahrzeug des Buddha *(buddhayāna)* genannt.

Innerhalb dieses Fahrzeugs des Buddha gibt es zwei große Denk- und Übungssysteme: das Kleine Fahrzeug *(hīnayāna)* und das Große Fahrzeug *(mahāyāna)*. Das erste schließt das Theravāda-System ein, das in vielen asiatischen Ländern wie Sri Lanka, Thailand, Birma und Kambodscha die vorherrschende Form des Buddhismus ist. In der klassischen Literatur des Buddhismus wird das Kleine Fahrzeug noch einmal unterteilt, und zwar in das Fahrzeug der Hörer und das Fahrzeug der Alleinverwirklicher. Ein grundlegender Unterschied zwischen Kleinem und Großem Fahrzeug besteht in der Auffassung über die Bedeutung der Selbstlosigkeit und in dem Ausmaß, in dem diese Lehre angewendet wird. Das Kleine Fahrzeug bezieht die Sicht der Selbstlosigkeit nur auf die Person und nicht auf Dinge und Ereignisse allgemein. Im Großen Fahrzeug dagegen wird das Grundprinzip der Selbstlosigkeit nicht auf den engen Bereich der Person begrenzt, sondern umfaßt das gesamte Spektrum der Existenz, also alle Phänomene. Mit anderen Worten: Selbstlosigkeit wird hier als ein universelles Prinzip verstanden. Gemäß den Belehrungen des Großen Fahrzeugs vermag die Erfahrung der Selbstlosigkeit beim Praktizierenden nur dann alle Leidenschaften und die ihnen zugrundeliegenden Zustände von Unwissenheit auszulöschen, wenn sie auf dieser universellen und damit tiefgründigeren Interpretation basiert. Indem wir die grundlegenden Zustände von Unwissenheit beseitigen, sind wir in der Lage, die Wurzeln des Daseinskreislaufs zu durchtrennen. Darüber hinaus kann eine tiefe Erfahrung der Selbstlosigkeit auch zur vollkommenen Erleuchtung eines Buddha führen und damit zu einem Zustand völliger Freiheit selbst von den subtilsten Anlagen und hinderlichen Gewohnheitstendenzen, die aus unseren falschen Auffassungen über die Natur der Wirklichkeit geschaffen wurden. Dieses System von philosophischer Sicht und spiritueller Übung wird das Große Fahrzeug genannt.

Das tantrische Fahrzeug *(vajrayāna)*, das in der tibetischen Tradition als höchstes buddhistisches Fahrzeug angesehen wird, ist Teil des Großen Fahrzeugs. Zusätzlich zu den Meditationsübungen, die dazu dienen, die eigene Erkenntnis der Leerheit und den Erleuchtungsgeist *(bodhicitta)*[3] zu fördern, schließt das tantrische Übungssystem fortgeschrittene Techniken ein, mit denen man die verschiedenen Elemente des Körpers in der Meditation nutzen kann. Solche Kräfte *(siddhis)* werden auf der Grundlage anspruchsvoller yogischer Übungsmethoden erlangt, bei denen es hauptsächlich darum geht, daß man mit dem Geist die zentralen Stellen innerhalb des Körpers durchdringt, wo sich die Energiezentren *(cakra)* befinden. Durch dieses subtile und hochentwickelte Zusammenspiel von Körper und Geist ist der Übende in der Lage, rascher bis zur Wurzel der Unwissenheit vorzudringen und deren Auswirkungen und Spuren vollständig zu überwinden – ein Prozeß, der schließlich in der Verwirklichung der vollständigen Erleuchtung gipfelt. Diese besonderen meditativen Methoden, die ein subtiles Zusammenwirken sowohl körperlicher als auch geistiger Elemente im Übenden selbst einschließen, sind das Einzigartige am tantrischen Fahrzeug.

Ich möchte nun kurz den historischen Hintergrund des Buddhismus erklären, wie wir ihn kennen. Gemäß dem Pandit Śākya Śri aus Kaschmir, der im frühen 13. Jahrhundert nach Tibet kam, wurde der Buddha vor etwa 2500 Jahren geboren. Diese Angabe steht im Einklang mit der Position der Theravāda-Tradition. Einige tibetische Gelehrte sagen jedoch, daß der Buddha vor mehr als 3000 Jahren auf die Welt kam.[4] Eine dritte These datiert die Geburt des Buddha auf eine Zeit im 8. Jahrhundert vor Christus. Wenn ich diese widersprüchlichen Meinungen über das vielleicht wichtigste Datum in der Geschichte des Buddhismus betrachte, ist es mir manchmal geradezu peinlich, daß es in der Schlüsselfrage, wann der Lehrer Buddha Sakyamuni tatsächlich gelebt hat, immer noch keinen Konsens gibt. Ich bin der festen Überzeugung, daß es hilfreich wäre, die Reliquien, von denen angenommen wird, daß sie echte Reliquien des Buddha sind, wissenschaftlichen Tests zu unterziehen, natürlich mit der gebührenden Hochachtung. Solche Reliquien sind in Indien, Nepal und Tibet erhalten. Wissenschaftliche Experimente, bei denen hochentwickelte moderne Technologie und geeignete Chemikalien zum Einsatz kommen, könnten die Lebensdaten des Buddha mit größerer Genauigkeit bestimmen. Das wäre sehr hilfreich. In der Vergangenheit haben gelehrte Buddhisten versucht, ihre Version der historischen Tatsachen aus dem Leben des Buddha vor allem durch Logik und Argumentation zu beweisen. Doch angesichts der Beschaffenheit dieses Themas denke ich, daß solche Beweisformen niemals endgültig sein können.

Trotz widersprüchlicher Annahmen in der historischen Erforschung der Geburt des Buddha gibt es in der Literatur einen allgemeinen Konsens über die Schlüsselereignisse in seinem Leben. Wir wissen, daß der Buddha ursprünglich ein ganz gewöhnlicher Mensch

25

war, so wie wir selbst – mit all den grundlegenden Fehlern und Schwächen. Er wurde in eine königliche Familie hineingeboren, heiratete und hatte einen Sohn. Später wurde er jedoch unerwartet mit der unbefriedigenden, leidhaften Natur des Lebens konfrontiert, mit Krankheit, Alter und Sterben. Tief berührt von diesem Anblick, verließ der Prinz schließlich den Palast und entsagte seinem luxuriösen und abgeschirmten Leben. Seine erste Reaktion auf diese einschneidenden Erfahrungen war, den strengen Lebensstil eines Asketen anzunehmen, einen spirituellen Weg mit großen körperlichen Entbehrungen und Bußübungen. Später entdeckte er, daß der wahre Pfad zur Aufhebung des Leidens in einem Mittelweg zwischen den Extremen der strengen Askese und des zügellosen Luxus besteht. Sein aufrichtiges spirituelles Streben mündete letztlich in sein vollständiges Erwachen, in seine vollkommene Erleuchtung: die Buddhaschaft.

Meiner Ansicht nach ist die Lebensgeschichte des Buddha für uns von großer Bedeutung. Sie ist ein Beispiel für die ungeheuren Potentiale und Fähigkeiten, die der menschlichen Existenz innewohnen. Die Ereignisse, die zu seiner vollständigen Erleuchtung führten, haben seinen Nachfolgern ein außergewöhnliches und inspirierendes Beispiel gegeben; sein Lebensweg übermittelt, kurz und bündig ausgedrückt, die folgende Botschaft: »Dies ist die Art, wie du deinen spirituellen Pfad verfolgen sollst. Du mußt dir freilich bewußt sein, daß es keine leichte Aufgabe ist, Erleuchtung zu erlangen. Dafür sind Zeit, Willenskraft und Ausdauer erforderlich.« Deshalb ist es von vornherein entscheidend, keine

Illusionen über einen schnellen und einfachen Pfad zu hegen. Als spirituell Übender muß man bereit sein, die Härten zu ertragen, die mit einem echten geistigen Streben verbunden sind; man muß entschlossen sein, Anstrengung und Willen kontinuierlich beizubehalten. Man muß die verschiedenen Hindernisse einkalkulieren, denen man auf dem Pfad sicher begegnen wird, und man muß verstehen, daß der Schlüssel für eine erfolgreiche Übung darin besteht, niemals seine Entschlossenheit zu verlieren. Solch eine beherzte Herangehensweise ist sehr wichtig. Die Lebensgeschichte des Buddha ist die Geschichte eines Menschen, der die vollständige Erleuchtung durch harte Arbeit und unerschütterliche Hingabe erlangt hat. Es ist nicht ohne Ironie, daß wir manchmal zu glauben scheinen, wir als Nachfolger des Buddha könnten die vollständige Erleuchtung irgendwie bequemer und mit weniger Anstrengung erreichen.

2. Das erste Drehen des Rades der Lehre

Die Vier Wahrheiten der Heiligen

Legt man die allgemein verbreitete Legende zugrunde, schwieg der Buddha nach seiner Erleuchtung zunächst 49 Tage lang und gab keine Unterweisungen. Die erste öffentliche Unterweisung gab er den fünf Asketen, die bereits mit ihm zusammen waren, als er das Leben eines Bettelmönchs führte. Siddhārta Gautama, wie der Buddha zu jener Zeit genannt wurde, hatte erkannt, daß die Askese nicht zu einer Freiheit von Leiden führt. Er gab seine strengen Bußübungen auf und trennte sich von den Gefährten. Seine fünf Freunde sahen dies als Verrat an und schworen, sich nie wieder mit ihm zu verbünden. Für sie zeigte der Wandel in Siddhārta, daß dieser in seiner Verpflichtung, ein asketisches Leben zu führen, gescheitert war. Als sie ihm jedoch nach seiner Erleuchtung wieder begegneten, fühlten sie sich spontan zu ihm hingezogen. So waren es diese fünf früheren Gefährten, denen der Buddha die erste öffentliche Unterweisung im Gazellenhain von Sarnath erteilte.[5] Bei diesem Ereignis, das als das erste Drehen des Dharmarades[6] bekannt ist, legte der Buddha die Vier Wahrheiten der Heiligen[7] dar. Wie viele wissen, handelt es sich bei den Vier Wahrheiten um die Wahrheit vom Leiden, die Wahrheit vom Ursprung des Leidens, die Wahrheit von der Beendigung des Leidens und die Wahrheit von dem Pfad, der zur Beendigung des Leidens führt.

Entsprechend dem Sūtra des ersten Rades der Lehre, in dem der Buddha die Vier Wahrheiten der Heiligen darlegte, lehrte er jede in drei Schritten: Er beschrieb zunächst das Wesen der jeweiligen Wahrheit, dann die damit verbundenen Aufgaben und schließlich die Wirkung, die als Resultat erzielt wird.

Zuerst beschreibt der Buddha die Natur der einzelnen Wahrheiten. Er erklärt: Diese sind die Wahren Leiden, diese sind die Wahren Ursprünge, diese sind die Wahren Beendigungen, diese sind die Wahren Pfade. Im zweiten Schritt erklärt er, welche wichtige Aufgabe sich für den spirituell Übenden aus jeder Wahrheit ergibt: Die Leiden müssen erkannt und ihre Ursachen beseitigt werden; die Beendigung des Leidens muß verwirklicht werden, und deshalb muß der Pfad zur Beendigung geübt werden. Im dritten Schritt erläuterte der Buddha das Ziel, das heißt die Resultate, die mit der vollständigen Verwirklichung der Lehre von den Vier Wahrheiten erreicht werden: Die Leiden werden vollständig erkannt, die Ursprünge des Leidens werden vollkommen überwunden, die Beendigung des Leidens wird vollständig erreicht, und der Pfad zur Beendigung wird vollständig verinnerlicht.

Ich persönlich halte die Unterweisungen über die Vier Wahrheiten der Heiligen für sehr tiefgründig. Sie liefern einen Rahmen für den gesamten Korpus der buddhistischen Lehre und Praxis und bilden den Rahmen für einen individuellen Weg zur Erleuchtung. Ich werde auf diesen Punkt später noch genauer eingehen.

Was wir wünschen und zu erreichen suchen, sind Glück und die Freiheit von Leiden. Die Sehnsucht nach Glück und nach Vermeidung von Schmerz und Leid sind uns angeboren; sie bedürfen in ihrer Existenz und Gültigkeit keiner Rechtfertigung. Glück und Leiden gehen jedoch nicht aus dem Nichts hervor. Sie entstehen aus Ursachen und Umständen. In ihrer Essenz bringt die Lehre von den Vier Wahrheiten der Heiligen das Prinzip der Kausalität zum Ausdruck. Diesen entscheidenden Punkt vor Augen, sage ich manchmal, daß buddhistisches Denken und buddhistische Übung zu zwei Prinzipien verdichtet werden können. Das erste Prinzip ist das Annehmen einer Weltsicht, die die Natur der Abhängigkeit aller Phänomene erfaßt; es besteht in der Entfaltung der Erkenntnis, daß alle Dinge und Ereignisse abhängig entstehen. Das zweite Prinzip ist die auf dieser Sichtweise aufbauende gewaltlose Lebensführung, die andere nicht schädigt.

Der Buddhismus mahnt zur Gewaltlosigkeit auf der Basis von zwei einfachen und offensichtlichen Prämissen. Erstens: Als fühlendes Wesen will niemand von uns leiden. Zweitens: Leiden wird von bestimmten Ursachen und Umständen hervorgerufen. Darüber hinaus behaupten die buddhistischen Lehren, daß die Wurzeln für Leiden in unserem unwissenden und undisziplinierten Geist liegen. Wenn man also kein Leiden wünscht, ist die logische Folge, daß man schädliche Handlungen unterläßt, die natürlicherweise Erfahrungen von Schmerz und Leiden nach sich ziehen. Schmerz und Leiden existieren nicht isoliert; sie entstehen vielmehr als Resultat von Ursachen und Umständen. Das Prinzip des Abhängigen Entstehens spielt eine entscheidene Rolle, wenn man die Natur des Leidens und seine Beziehung zu Ursachen und Umständen verstehen möchte. Im wesentlichen besagt das Gesetz des Abhängigen Entstehens, daß eine Wirkung von bestimmten Ursachen abhängig ist. Wenn man also eine Wirkung nicht wünscht, muß man sich bemühen, die Ursache zu beseitigen.

Innerhalb der Vier Wahrheiten der Heiligen operieren zwei Gruppen von Ursachen und Wirkungen: Leiden ist die Wirkung, und der Ursprung des Leidens ist ihre Ursache; in der gleichen Weise ist die Beendigung des Leidens, also Frieden, das Resultat, und der Pfad dahin ist die Ursache für diesen Frieden.

Die Drei Höheren Schulungen

Das Glück, das wir uns wünschen, ein dauerhaftes Glück, das in echtem Frieden besteht, kann nur durch die Reinigung unseres Geistes erreicht werden. Das ist möglich, wenn wir neue, positive Eigenschaften in unserem Geist entwickeln, mit denen wir uns der Hauptursache für Leiden entledigen können, unserer grundlegenden Unwissenheit. Die Freiheit von Leiden, die Wahre Beendigung, kann sich nur einstellen, wenn wir die Illusion durchschauen, die von unserer gewohnheitsmäßigen Tendenz geschaffen wird, nach einer inhärenten Existenz der Phänomene zu greifen; auf diesem Weg müssen wir eine Einsicht entfalten, die die endgültige Natur der Wirklichkeit versteht. Zu diesem Zweck müssen wir die Drei Höheren Schulungen[8] vervollkommnen: die Übung von Ethik, meditativer Konzentration und Weisheit.

Die Schulung der Weisheit ist das direkte und wirksamste Gegenmittel gegen Unwissenheit und damit gegen die verblendeten, leidverusachenden Bewußtseinszustände, die aus Unwissenheit hervorgehen. Doch nur wenn die Schulung der Weisheit mit einer hochentwickelten Fähigkeit des Geistes zu punktförmiger Konzentration verbunden wird, entsteht die nötige Beweglichkeit und Gefügigkeit im Geist, um die gesamte geistige Energie und Aufmerksamkeit ohne Zerstreuung auf einen gewählten Meditationsinhalt zu richten. Deshalb ist die Schulung der Konzentration für die fortgeschrittenen Stufen der Weisheit unentbehrlich. Damit die zweifache Schulung von Konzentration und Weisheit gelingt, muß der Übende zuerst eine stabile Grundlage schaffen, indem er eine ethisch einwandfreie Lebensführung annimmt; diese ist der Inhalt der Schulung der Ethik.

In Entsprechung zu den Drei Höheren Schulungen von Ethik, Konzentration und Weisheit kann man die buddhistischen Schriften in drei Abteilungen (*tripiṭaka*) untergliedern: Die Schriftabteilung der Disziplin lehrt die Ethik, die Abteilung der Lehrreden handelt von meditativer Konzentration, und die Abteilung des Höheren Wissens hat die Entwicklung der Weisheit zum Inhalt. Wer in der Lage ist, die Drei Schulungen auf der Grundlage des Studiums der Drei Schriftabteilungen in unverfälschter Weise selbst auszuüben und anderen zu vermitteln, kann wahrhaftig als jemand bezeichnet werden, der die Buddha-Lehre aufrechterhält. Die Notwendigkeit, die Drei Höheren Schulungen anzuwenden, gilt für Frauen und Männer gleichermaßen; Studium und Übung sind für alle Übenden wichtig, unabhängig vom Geschlecht. Allerdings gibt es hinsichtlich der Schulung der Ethik geschlechtsbezogene Unterschiede, die sich auf die klösterlichen Regeln beziehen.

Die grundlegende Disziplin ist das Vermeiden der Zehn Unheilsamen Handlungen, wobei sich drei Handlungen auf den Körper, vier auf die Rede und drei auf das Denken beziehen. Die drei körperlichen unheilsamen Handlungen sind: (1) Töten: absichtlich einem Wesen das Leben nehmen, sei dieses ein Mensch, ein größeres Tier oder auch nur ein kleines Insekt; (2) Stehlen: den Besitz einer anderen Person ohne deren Einverständnis an sich nehmen, wobei der Wert des Gegenstandes keine Rolle spielt; (3) sexuelles Fehlverhalten: Ehebruch oder ähnlich geartete sexuelle Verfehlungen begehen. Die vier sprachlichen unheilsamen Handlungen sind: (4) Lügen: andere durch das gesprochene Wort oder durch Gesten täuschen; (5) das Säen von Zwietracht: Streit entfachen, indem man Menschen auseinanderbringt, die sich einig sind, oder Zwietracht dort verstärkt, wo Menschen schon zerstritten sind; (6) grobe Rede: andere verbal verletzen; (7) sinnlose Rede: motiviert durch Begierde oder andere verblendete Geisteszustände über belanglose Dinge reden. Die drei unheilsamen Verhaltensweisen des Geistes sind: (8) Habgier: das Gefühl, etwas unbedingt besitzen zu müssen, das einem anderen gehört; (9) Böswilligkeit: der Wunsch, anderen zu schaden, sei es im großen oder im kleinen; (10) verkehrte Ansichten: darauf beharren, daß Gegebenheiten wie Wiedergeburt, das Gesetz von Ursache und Wirkung oder die Drei Juwelen[9] nicht existieren.

Die Ethik eines spirituell Übenden, der ausdrücklich bestimmte Regeln für eine ethische Lebensführung annimmt, wird als »Disziplin zur Individuellen Befreiung« *(prātimokṣa)* bezeichnet. Was das Wesen und die besondere Aufzählung der Regeln betrifft, sind im alten Indien vier Haupttraditionen entstanden; später zweigten davon 18 Unterschulen[10] ab. Jede der vier Haupttraditionen hat ihre eigene Version des *Sūtra von der Individuellen Befreiung (Prātimokṣa-Sūtra)*. Dieses Sūtra ist die traditionelle Niederschrift von Buddhas Anweisungen zur Disziplin der Mönche und Nonnen, in der die von ihnen einzuhaltenden ethischen Regeln aufgezählt und die Grundsätze des klösterlichen Lebens dargelegt werden. In der tibetischen Tradition stützt man sich für die Gestaltung des klösterlichen Lebens und die Beschreibung der zugrundeliegenden ethischen Regeln auf das System der Mūlasarvāstivāda-Schule. Gemäß der in Sanskrit verfaßten Version des *Sūtra von der Individuellen Befreiung,* wie sie von dieser Schule überliefert wird, hat ein voll ordinierter Mönch *(Bhikṣu)* 253 Regeln und eine voll ordinierte Nonne *(Bhikṣuṇī)* 364 Regeln zu beachten. Diese Aufzählung unterscheidet sich von der Theravāda-Tradition, in der die Pali-Version des *Sūtra von der Individuellen Befreiung* 227 Regeln für Mönche und 311 Regeln für Nonnen auflistet.

Die Übung der Ethik besteht darin, auf Körper, Rede

und Geist zu achten, um sie davor zu bewahren, unheilsame Handlungen zu begehen. Auf diese Weise rüsten wir uns mit Vergegenwärtigung und wachsamer Selbstprüfung, zwei Faktoren, die uns helfen, grobe Formen negativen Verhaltens des Körpers und der Rede zu vermeiden – unheilsame Handlungen, die sowohl uns selbst als auch anderen schaden. Damit ist Ethik die Grundlage des buddhistischen Pfades.

Aufbauend auf der ethischen Lebensführung besteht die zweite Phase der spirituellen Praxis in der Meditation. Wenn man im buddhistischen Kontext über Meditation spricht, so unterscheidet man zwei Arten: die konzentrative und die analytische. Die konzentrative Meditation bezeichnet hauptsächlich den meditativen Zustand von Geistiger Ruhe *(śamatha)* und die meditativen Prozesse, die eng damit zusammenhängen.[11] Die Hauptmerkmale dieser Meditation sind, daß sie die Fähigkeit zu punktförmiger Konzentration auf ein gewähltes Meditationsobjekt vervollkommnet und den Geist festigt. Innerhalb der Drei Höheren Schulungen gehört sie zur Schulung der Konzentration. Analytische Meditation bezieht sich auf meditative Zustände, die, was die Art und Weise betrifft, wie der Geist sich mit dem Meditationsobjekt beschäftigt, mehr untersuchender, argumentativer Natur und weniger punktförmig auf ein einziges Objekt ausgerichtet sind. In beiden Fällen ist es wesentlich, eine stabile Grundlage in Form von Vergegenwärtigung und Wachsamkeit zu haben; diese Kräfte haben, wie wir sehen konnten, ihren Ursprung in einer soliden ethischen Disziplin. Selbst auf der weltlichen Ebene unseres Alltagslebens sollte die Bedeutung von Vergegenwärtigung und Wachsamkeit nicht unterschätzt werden.

Fassen wir noch einmal zusammen: Indem man ethische Disziplin übt, legt man das Fundament für eine mentale und spirituelle Entwicklung. Wenn man darüber hinaus seine Konzentrationsfähigkeit trainiert, macht man den Geist gefügig und empfänglich für höhere Tugenden und bereitet ihn auf eine allmähliche Höhere Schulung der Weisheit vor. Mit der Fähigkeit, seine Konzentration auszurichten, kann man all seine Aufmerksamkeit und geistige Energie auf ein gewähltes Meditationsobjekt bündeln. Auf der Grundlage eines sehr stabilen Geisteszustands ist es dann möglich, echte Einsicht in die endgültige Natur der Wirklichkeit zu erlangen. Tiefe Einsicht in die Selbstlosigkeit ist das einzige direkte Mittel gegen Unwissenheit; denn allein die Erkenntnis der Selbstlosigkeit ist imstande, grundlegend falsche Auffassungen von der Wirklichkeit auszulöschen – sowohl die fundamentale Unwissenheit wie auch die übrigen fehlgeleiteten Bewußtseinszustände und leidverursachenden Emotionen, die durch Unwissenheit verursacht werden.

Die 37 für die Erleuchtung förderlichen Eigenschaften

Die allgemeine Struktur des buddhistischen Pfades wird vom Buddha im Ersten Rad der Lehre in Form der 37 für die Erleuchtung förderlichen Eigenschaften skizziert. Sie sind in sieben Kategorien eingeteilt. Die erste

Gruppe bilden die *Vier Vergegenwärtigungen*, die auf den Körper, die Empfindungen, den Geist und die Phänomene gerichtet sind.[12] Vergegenwärtigung bezeichnet hier kontemplative Übungen, mit denen man sich die völlig unbefriedigende, leidhafte und vergängliche Natur des Daseinskreislaufs bewußt macht – dieses ewigen Kreislaufs unserer gewohnheitsmäßigen Denk- und Verhaltensmuster. Mit Hilfe solcher Kontemplationen entwickelt der Übende die echte Entschlossenheit, sich aus dem Daseinskreislauf zu befreien.

Als nächstes folgen die *Vier Arten des rechten Aufgebens*. Diese werden so genannt, weil ein Übender, der durch die Anwendung der Vier Vergegenwärtigungen die feste Entschlossenheit entwickelt hat, sich zu befreien, fortan so lebt, daß er die Ursachen für künftiges Leiden meidet und die Ursachen für künftiges Glück kultiviert. Dazu braucht er die Vier Arten des rechten Aufgebens: das Aufgeben bereits entstandener unheilsamer Gedanken und Handlungen, das Nicht-Entstehen-Lassen noch nicht entstandener unheilsamer Gedanken und Handlungen, das Weiterentwickeln bereits entstandener heilsamer Gedanken und Handlungen und das Hervorbringen noch nicht entstandener heilsamer Gedanken und Handlungen.

Schon durch Übung der Vier Arten des rechten Aufgebens lassen sich ebenso negative Handlungen und ihnen zugrunde liegende Leidenschaften schwächen, wie positive Faktoren, die zur Reinigung des Geistes führen, gefördert werden können. Doch nur wenn der Geist auch äußerst konzentriert ist, können die weiterführenden Eigenschaften auf dem spirituellen Pfad herausgebildet werden. Hier kommen die *Vier Stützen für Wunderkräfte* ins Spiel: Streben, Tatkraft, Absicht und Untersuchung. Es handelt sich um vier Faktoren, die eng mit der Übung zur Entwicklung der punktförmigen Ausrichtung des Geistes zusammenhängen. Sie werden wörtlich »Beine« für Wunderkräfte genannt, weil sie der Meditierende anwenden muß, um auf der Basis punktförmig konzentrierter Geisteszustände übernatürliche Kräfte zu entwickeln.

Die vierte Kategorie besteht aus den *Fünf Kräften* und die fünfte aus den *Fünf Stärken*. Bei beiden Kategorien handelt es sich um die gleichen Faktoren: Vertrauen, Tatkraft, Vergegenwärtigung, punktförmige Konzentration und Weisheit. Ob es sich um eine Kraft oder um eine Stärke handelt, hängt davon ab, in welchem Maß der Übende die Anwendung der jeweiligen Tugend beherrscht. Auf einer fortgeschrittenen Stufe der Übung, wenn die Tugenden genügend beherrscht werden, so daß sie von ihren Gegenteilen wie mangelndem Vertrauen, Trägheit und so weiter nicht mehr ernsthaft beeinträchtigt werden können, werden die Kräfte zu Stärken.

Es folgen die *Sieben Erleuchtungsglieder*: rechte Vergegenwärtigung, rechte Untersuchung, rechte Tatkraft, rechte Freude, rechte Beweglichkeit, rechte Konzentration und rechter Gleichmut.

Die siebte und letzte Kategorie ist der *Achtfache Pfad des Heiligen*: rechte Ansicht, rechte Absicht, rechte Rede, rechtes Handeln, rechter Lebenserwerb, rechte Tatkaft, rechte Vergegenwärtigung und rechte Konzentration.

Dieses ist die allgemeine Struktur des buddhistischen

Pfades, wie er im Ersten Rad der Lehre vom Buddha dargelegt wurde. Der Buddhismus, wie er in der tibetischen Tradition praktiziert wird, enthält alle diese Aspekte der buddhistischen Lehre.

3. Das Mittlere Rad der Lehre: Die Lehre von der Leerheit

Beim zweiten Drehen des Dharma-Rades auf dem Gei-ergipfel[13] lehrte der Buddha die Weisheits-Sūtras – jene Sammlung von Sūtras, die als »Vollkommenheit der Weisheit« *(prajñāparamitā)* bekannt ist. Diese Sūtras be-fassen sich hauptsächlich mit der Leerheit und den überweltlichen Zuständen, die mit der Erfahrung der Leerheit einhergehen.[14] Das Mittlere Rad sollte als eine Erweiterung und ausführlichere Darlegung jener The-men angesehen werden, die der Buddha im Ersten Rad gelehrt hat. Erläuterte der Buddha in diesem, wie wich-tig es ist, die grundlegend unbefriedigende Natur unse-rer *eigenen* Existenz zu erkennen und damit Leiden und Schmerz als integrale Bestandteile des Lebens im Da-seinskreislauf zu begreifen, so nimmt er beim zweiten Drehen des Rades eine bedeutende Akzentverschiebung vor: Hier wird der Übende ermutigt, seine Kontempla-tion über die leidhafte Natur des Daseinskreislaufs so auszudehnen, daß sie alle Wesen einschließt. Aus die-sem Grund hat das Mittlere Rad von seinem Ansatz und seiner Zielrichtung her eine größere Reichweite.

Auch was die Erläuterung des Urspungs vom Leiden betrifft, ist das Mittlere Rad umfassender. Zusätzlich zu

Unwissenheit und Begierde identifizieren die Weisheits-Sūtras sehr detailliert verschiedene subtile Formen der Täuschung. Diese subtilen Täuschungen verhindern, daß wir die Wirklichkeit in einer Weise begreifen, die von unserem gewohnheitsmäßigen Greifen nach inhärenter Existenz der Phänomene unbeeinträchtigt ist. Deshalb wird von diesem Standpunkt aus der Ursprung des Leidens nicht nur in den gröberen, manifesten Zuständen von Unwissenheit und Anhaftung gesehen, sondern auch in den subtilen Anlagen und Ausformungen dieser Täuschungen.

Die Erörterung der dritten Wahrheit der Heiligen, der Wahren Beendigungen, erreicht im Mittleren Rad ebenfalls größere Tiefe und Komplexität. Anders als die Sūtras, die zum ersten Drehen des Dharma-Rades gehören, gehen die Unterweisungen beim zweiten Drehen sehr detailliert auf die Natur der Beendigungen im allgemeinen, aber auch auf ihre besonderen Eigenschaften ein.

Diese größere Tiefe und Ausführlichkeit wird auch in der Darstellung der vierten Wahrheit der Heiligen, der Wahren Pfade, offenkundig. In den Weisheits-Sūtras lehrte der Buddha einen einzigartigen Pfad zur Erleuchtung, der auf einer tiefen Einsicht in die Leerheit (Selbstlosigkeit), die eigentliche Bestehensweise aller Phänomene, beruht. Diese Einsicht wird auf der Grundlage eines universellen Mitgefühls und des Erleuchtungsgeistes herausgebildet, also des altruistischen Strebens nach vollkommener Erleuchtung zum Wohl aller Lebewesen.

Die altruistische Einstellung ist das Wesentliche für einen Übenden des Großen Fahrzeugs. Die Verbindung der Einsicht in die Leerheit mit der Übung des Erleuchtungsgeistes stellt eine perfekte Einheit von Weisheit und geschickt angewandter Methode dar. In diesem Zusammenhang bezieht sich der Faktor Weisheit vor allem auf die Erfahrung der Leerheit und der Faktor der Methode primär auf die altruistische Motivation. Diese Motivation kanalisiert die Weisheit so, daß sich mit ihrer Hilfe die eigenen altruistischen Ideale erfüllen. Dieser Pfad der Einheit von Weisheit und Methode wird im zweiten, dem Mittleren Rad der Lehre dargelegt.

Warum wird die Darstellung der Vier Wahrheiten der Heiligen im Mittleren Rad als tiefgründiger angesehen als im Ersten Rad? Der Grund ist nicht allein, daß einige Aspekte, die in den Weisheits-Sūtras des Mittleren Rades gelehrt werden, in den Sūtras des Ersten Rades nicht zur Sprache kommen. Vielmehr ist es so, daß die Weisheits-Sūtras weiter gefaßte Verästelungen des Prinzips der Kausalität aufzeigen, das den Vier Wahrheiten zugrunde liegt; somit behandeln sie dasselbe Thema auf einer tiefgründigeren Ebene weiter. Außerdem wird die Lehre über die Vier Wahrheiten innerhalb derselben Grundstruktur des Pfades weiterentwickelt, die im Ersten Rad dargelegt ist. Vor diesem Hintergrund vertrete ich die Ansicht, daß die Erklärungen in den Weisheits-Sūtras in bezug auf die Vier Wahrheiten tiefgründiger und umfassender sind.

Das Mittlere Rad wird als »Dharma-Rad der Merkmalslosigkeit« bezeichnet, weil darin die Leerheit aller Phänomene, also das Fehlen einer inhärenten Wirklichkeit, eines inhärenten Wesens der Dinge, ausführlich behandelt wird.

In den Unterweisungen des Mittleren Rades, die sich in den Weisheits-Sūtras finden, stößt man allerdings manchmal auf Erläuterungen, die der allgemeinen Struktur des Pfades, wie sie im Ersten Rad gelehrt wird, zu widersprechen scheinen. Aus diesem Grund unterscheidet der Mahāyāna-Buddhismus zwei Kategorien von Schriften: solche, die als interpretierbar gelten, deren Bedeutung als bestenfalls vorläufig angesehen werden kann und die über die wörtliche Bedeutung hinaus weiterer Interpretationen bedürfen; und solche, die wörtlich genommen werden können und als endgültige Schriften zu bezeichnen sind. Für diesen Ansatz, die Aussagen des Buddha zu verstehen, ist das Mahāyāna-Prinzip der Vier Stützen sehr wichtig: (1) Man stützt sich auf die Lehre und nicht auf den Lehrer; (2) man stützt sich auf die Bedeutung, und nicht auf die beschreibenden Worte; (3) man stützt sich auf die endgültige Bedeutung und nicht auf die vorläufige; und (4) man stützt sich auf die überweltliche Weisheit der tiefen Erfahrung und nicht auf bloßes intellektuelles Wissen.[15]

Der erste Punkt der Vier Stützen besagt, daß man beim Hören einer Unterweisung oder dem Lesen eines Buches den Wert der Aussagen nicht daran mißt, welchen Ruhm, Reichtum, welche Position oder Macht der Autor genießt, sondern an dem Gehalt der Unterweisung selbst. Der zweite Punkt weist darauf hin, daß man ein Werk nicht nach seiner stilistischen Form bewerten sollte, sondern vielmehr danach, wie überzeugend das Thema behandelt wird. Der dritte Punkt beschreibt, daß man die Überprüfung der Gültigkeit einer These nicht auf der Basis ihrer vordergründigen, sondern ihrer letztgültigen Bedeutung vornehmen sollte. Der vierte Punkt besagt, daß man der Kraft der Weisheit und des Verständnisses, die man durch Erfahrung erlangt hat, Vorrang vor dem bloßen intellektuellen Wissen über das Thema einräumen sollte, auch wenn man sich auf die endgültige Bedeutung stützt. Man kann für diesen Ansatz Hinweise in den Worten des Buddha finden:

> O Bikhṣus und Weise, wie ein Goldschmied das Gold durch Brennen, Schneiden und Reiben prüft, so sollt auch ihr meine Worte aufgrund der Untersuchung annehmen und nicht aus Verehrung für mich.[16]

Im wesentlichen hat der Buddha in den Weisheits-Sūtras das Thema der Wahren Beendigung mit großem Tiefgang untersucht – und zwar im Zusammenhang mit einer ausführlichen Erörterung der Lehre von der Leerheit. Dieser hermeneutische Ansatz hilft uns auch, den implizit gelehrten Inhalt der Sūtras zu verstehen. Obwohl das explizit gelehrte Thema der Belehrungen in den Weisheits-Sūtras die Leerheit ist, ist es möglich, ihnen zusätzlich einen impliziten Inhalt zu entnehmen. Dieses implizit gelehrte Thema der Weisheits-Sūtras sind die verschiedenen überweltlichen Erfahrungsebenen, die mit der Erkenntnis der Leerheit in Verbindung stehen; mit anderen Worten, die verschiedenen Stadien der Entwicklung auf dem Pfad zur Erleuchtung. Diese Ebene der Lehre in den Weisheits-Sūtras ist als der »verborgene Inhalt« oder auch als der »implizite Inhalt« der Weisheits-Sūtras bekannt.

4. Das Letzte Rad der Lehre:
Die Buddha-Natur

Das dritte Rad der Lehre enthält verschiedene Sūtras, wobei das *Sūtra über die Essenz eines Tathāgata (Tathā-gatagarbhasūtra)* das bedeutendste ist. Es beschreibt das jedem von uns innewohnende natürliche Potential, die Erleuchtung zu erlangen: unsere Buddha-Essenz, die Buddha-Natur. Dieses Sūtra ist die Quelle für Nāgār-junas *Sammlung von Lobpreisungen*[17] und für Maitreyas *Abhandlung des Großen Fahrzeugs über das Höchste Konti-nuum (Mahāyāna-Uttaratantraśāstra).*[18] In diesem Sūtra stellt der Buddha weitergehende Untersuchungen über die Hauptthemen an, die er bereits im Mittleren Rad erörtert hatte: die Lehre von der Leerheit und die über-weltlichen Erfahrungen, die ein Individuum auf seinem Pfad zur Erleuchtung in Verbindung mit der Erkenntnis der Leerheit erlangt. Die Leerheit ist die Abwesenheit von inhärenter Existenz in allen Phänomenen. Da der Buddha das eigentliche Wesen dieser Leerheit in subtil-ster Weise bereits in den Weisheits-Sūtras des Mittleren Rades erschöpfend dargelegt hat, findet man im Letzten Rad keine tiefgründigere Deutung dieser Gesetzmäßig-keit. Einzigartig am Letzten Rad ist die Darstellung be-sonderer meditativer Techniken, die darauf abzielen, jene Weisheit zu födern, die die Leerheit erkennt. Etwas Besonderes an diesem Rad ist ferner die aus der Perspektive des erkennenden Subjekts vorgenommene Beschreibung verschiedener subtiler Faktoren, die ins Spiel kommen, sobald eine Person diese Weisheit erfährt.

Zum Letzten Rad der Lehre gehört noch eine weitere Gruppe von Sūtras, deren bedeutendstes das *Sūtra zur Offenlegung der Intention [des Buddha] (Saṃdhinirmocanasūtra)* ist. Hier hebt der Buddha einen Widerspruch auf, der zwischen bestimmten Aussagen im Ersten Rad und Aussagen im Mittleren Rad zu bestehen scheint: Während Aussagen im Ersten Rad von einem inhärenten Wesen der Phänomene ausgehen, verneinen die Aussagen im Mittleren Rad ausdrücklich dieses inhärente Wesen und lehren die Wesenlosigkeit alles Existierenden. Der Buddha beseitigt im Letzten Rad diesen scheinbaren Widerspruch, indem er zeigt, wie die Lehre von der Leerheit bzw. der Wesenlosigkeit auf verschiedene Arten von Phänomenen in jeweils unterschiedlicher Weise angewendet werden muß.

Um dies deutlich zu machen, legt der Buddha die Lehre von den Drei Merkmalen dar. Danach muß das Existierende anhand von drei Kategorien von Phänomenen verstanden werden: *Begrifflich beigefügte Phänomene* bestehen nur als Denkbegriffe in bezug auf andere, substantielle Phänomene, welche eine mehr selbständige Existenz besitzen. Zu diesen begrifflichen Beifügungen gehören abstrakte Größen wie allgemeine Kategorien, Beziehungen und durch Negation definierte Phänomene (etwa die bloße Abwesenheit einer Sache). *Kausal abhän-*

gige Phänomene sind all jene Substanzen und Vorgänge, die aus Ursachen und Umständen hervorgehen, also alle Produkte. *Endgültig erwiesene Phänomene* sind identisch mit der letztgültigen Bestehensweise aller Phänomene, ihrer Leerheit.

Die genannten drei Kategorien können ebenso als verschiedenartige, aber universelle Wesensmerkmale eines jeden Phänomens betrachtet werden: Aus dieser Sicht handelt es sich um die begrifflich beigefügten, die kausal abhängigen und die endgültig erwiesenen Wesensmerkmale eines Phänomens.

Bezogen auf diese drei Kategorien hat der Begriff der Wesenlosigkeit nun eine jeweils andere Bedeutung. Begriffliche Beifügungen sind in dem Sinne wesenlos, daß sie kein Wesen kraft ihrer eigenen Merkmale besitzen. Kausal abhängige Phänomene sind insofern wesenlos, als sie kein aus sich selbst entstandenes Wesen besitzen. Endgültig erwiesene Phänomene sind wesenlos, weil sie durch die Abwesenheit eines endgültigen, absoluten Wesens charakterisiert sind.[19] Aus diesem Grund wird das Dritte Rad der Lehre, in dem der Begriff der Wesenlosigkeit bezogen auf die Drei Merkmale differenziert wird, das »Dharma-Rad der Guten Unterscheidung« genannt.

Diese im Dritten Rad dargelegte Möglichkeit, die Lehre der Wesenlosigkeit zu verstehen, kann als außergewöhnlich geschicktes Mittel des Buddha angesehen werden, auch wenn sie von der Philosophie der Weisheits-Sūtras im zweiten Rad abweicht. Im Mittleren Rad der Lehre war das Prinzip der Wesenlosigkeit als ein allgemeingültiges Prinzip beschrieben worden, das seinen

Ausdruck in der Lehre von der Leerheit aller Phänomene von inhärenter Existenz fand. Vielen Praktizierenden jedoch mag diese Ansicht der Leerheit zu extrem erscheinen und jenseits ihres Verständnishorizonts liegen. Für diese Menschen scheint die Aussage, Phänomene seien frei von einem ihnen innewohnenden Wesen, gleichbedeutend mit der Behauptung zu sein, daß Phänomene überhaupt nicht existierten. In ihrem Verständnis könnte die Negation inhärenter Existenz mit Nicht-Existenz gleichgesetzt werden. Dieser Tatsache können wir entnehmen, daß der Buddha die Sūtras des Letzten Rades wie etwa das *Sūtra zur Offenlegung der Intention* vor allem deshalb formulierte, um seine Lehre den geistigen Fähigkeiten und Veranlagungen einer bestimmten Art von Schülern anzupassen.

Auf der Grundlage dieser beiden unterschiedlichen Systeme, die Lehre von der Leerheit, wie sie in den Weisheits-Sūtras dargelegt ist, zu interpretieren, entstanden in Indien zwei Hauptschulen des Mahāyāna-Buddhismus: die Schule des Mittleren Weges *(Madhyamaka)* und die Nur-Geist-Schule *(Cittamātra* oder *Yogācāra).*

In der buddhistischen Tradition, die aus Indien nach Tibet überliefert wurde, gibt es ein hochentwickeltes Denk- und Übungssystem, das als Tantra bekannt ist. Ich meine, hier bestehen bedeutende Verbindungen zum dritten Rad der Lehre. Das Wort Tantra bedeutet wörtlich »Kontinuum« oder »Überlieferung«. Ein Text aus der Yogatantra-Klasse, das *Tantra der Vajraspitze (Vajraśekharamahāguhyayogatantra),* erklärt, daß Tantra Kontinuität ist, was sich in erster Linie auf die Kontinuität des Geistes bezieht:

»Tantra« ist bekannt als Kontinuität; in diesem Sinne wird Saṃsāra als Tantra betrachtet. »Später« bedeutet jenseits; so ist Nirvāṇa das spätere Tantra.[20]

Zunächst ist unser Geisteskontinuum die Basis für unsere Identität als Person. Auf der Grundlage dieses Kontinuums begehen wir – auf gewöhnlicher Ebene – befleckte Handlungen, durch die wir wieder und wieder außerhalb unserer Kontrolle in den Kreislauf von Tod und Wiedergeburt geworfen werden. Ebenfalls auf der Basis dieses Geisteskontinuums entwickeln wir unseren Geist auf dem spirituellen Pfad und erlangen hohe Verwirklichung. Schließlich können wir auf der Basis dieses gleichen Geisteskontinuums, das oft mit unserer Buddha-Natur gleichgesetzt wird, die Allwissenheit als höchsten und endgültigen Zustand erreichen. Mit anderen Worten: Saṃsāra, das heißt unsere unfreie Existenz in einem unaufhörlichen Kreislauf gewohnheitsmäßiger Tendenzen, und Nirvāṇa, die echte Freiheit von einer solchen Existenz, sind nichts anderes als verschiedene Erscheinungsformen dieses grundlegenden Kontinuums. Somit ist dieses Geisteskontinuum immer präsent. Dies ist die eigentliche Bedeutung von Tantra, der Kontinuität.

Ich glaube, daß es eine enge Verbindung zwischen den Unterweisungen des Tantra und dem Letzten Rad der Lehre des Buddha gibt. Tantra ist ein Denk- und Übungssystem, das hauptsächlich darauf abzielt, die schlummernden Potentiale unseres grundlegenden Geisteskontinuums zur vollen Entfaltung zu bringen, und dies ist auch das Anliegen der Unterweisungen im Letzten Rad.

Wenn wir die Lehren des zweiten und dritten Rades sorgfältig untersuchen, stoßen wir auf besondere Punkte, die auf den tantrischen Pfad hindeuten. Beide Unterweisungen zusammengenommen bilden eine wertvolle Brücke zwischen den Lehren der Sūtras und den Lehren der Tantras. Die hermeneutische Vorgehensweise, zwei verschiedene Lesarten der Weisheits-Sūtras in Einklang zu bringen – also die explizite Lesart, die sich auf die Lehre von der Leerheit bezieht, und die implizite Lesart, die zeigt, wie die Stadien des Pfades mit der eigenen Erfahrung der Leerheit verknüpft sind –, erleichtert es zu verstehen, daß ein einziger Text unterschiedlich interpretiert werden kann. Dies ist entscheidend für das Verständnis tantrischer Schriften. Zudem handeln die Unterweisungen des Letzten Dharma-Rades unter anderem die verschiedenen Ebenen der Subtilität in der eigenen Erfahrung der Leerheit ab, indem sie die Erkenntnis der Leerheit aus der Perspektive des subjektiven Geistes beschreiben. Dadurch bereiten sie den Boden für die tantrischen Unterweisungen, in denen die vielen gröberen und subtileren Ebenen im eigenen Bewußtsein und ihre Bedeutung für die Verwirklichung der verschiedenen überweltlichen Zustände dargelegt werden.[21]

5. Verschiedene Erklärungen der Selbstlosigkeit

Aus philosophischer Sicht ist das Kriterium, das eine Schule als buddhistisch ausweist, vier Grundlehren zu akzeptieren, die als die Vier Siegel bekannt sind:

Alles Geschaffene ist unbeständig.
Alles Befleckte ist leidhaft.
Alle Phänomene sind leer und ohne Selbst.
Nirvāṇa ist wahrer Frieden.

Jedes philosophische System, das diese Vier Siegel akzeptiert, ist buddhistisch. In den Mahāyāna-Schulen (Yogācāra und Madhyamaka) wird das Prinzip der Selbstlosigkeit – der Leerheit von Selbst-Existenz – auf tiefgründigste Weise erklärt.

Wie schon erwähnt, gibt es hauptsächlich zwei Philosophien über die Selbstlosigkeit: die des Hīnayāna und die des Mahāyāna. Die Schulen des Hīnayāna (Vaibhāṣika und Sautrāntika) vertreten die Ansicht der Selbstlosigkeit der Person so, wie sie im Ersten Rad gelehrt wurde. Die Mahāyāna-Schulen hingegen machen sich die umfassendere Ansicht der Selbstlosigkeit zu eigen, wie sie in den Weisheits-Sūtras im Mittleren Rad gelehrt wird. Lassen Sie uns unsere eigenen Erfahrun-

51

gen heranziehen und die Art und Weise untersuchen, wie wir uns auf andere Personen und auf die Welt beziehen, damit wir die unterschiedliche Subtilität dieser beiden Ansichten der Selbstlosigkeit richtig einschätzen können. Wenn ich beispielsweise meinen Rosenkranz beim Gebet benutze oder auch nur mit ihm spiele, habe ich ein natürliches Gefühl, daß er mein Besitz ist. Ausgehend von diesem Gedanken des »Mein« existiert in bestimmtem Maß Anhaftung im Geist. Wenn man das Haften und Festhalten an persönlichem Besitz genauer untersucht, wird man verschiedene Ebenen von Anhaftung ausfindig machen. Sogar ein einziger emotionaler Zustand wie die Anhaftung setzt sich aus einem komplexen Netz von emotionalen und kognitiven Faktoren zusammen. Auf einer Ebene haben wir das Gefühl, als gebe es eine eigenständig und substantiell existierende Person. Diese Person scheint als eine von meinem Körper und Geist gesonderte Größe vollkommen unabhängig zu existieren, und der Rosenkranz wird als Besitz dieses vermeintlich einheitlichen, unveränderlichen und unabhängigen Selbst oder »Ich« wahrgenommen. Durch Meditation jedoch, wenn man die Nichtexistenz einer solchen eigenständigen und substantiell existierenden Person wahrzunehmen beginnt, löst man schrittweise die mächtige Fessel des begehrlichen Klammerns an Freunde und Besitztümer. Mit dieser Methode überwindet man die starken, verblendeten Formen der Anhaftung, indem man das Greifen nach einem festen, aus sich selbst bestehenden »Ich« als Subjekt lockert. Dies hat in der Tat einen befreienden Effekt. Doch wird bei dieser Vorgehensweise noch nicht die Vorstellung angegriffen, äußere Objekte besäßen ein inhärentes Wesen, das von der Seite des Objekts her existiert. Subtilere Ebenen der Anhaftung, die auf dieser Wahrnehmungsweise beruhen, werden von dieser Ebene der Erkenntnis nicht berührt. Wenn wir beispielsweise eine schöne Blume sehen, so neigen wir gewohnheitsmäßig dazu, ihr Eigenschaften wie Schönheit und Makellosigkeit zuzuschreiben, die scheinbar aus sich selbst heraus existieren und objektiven Status besitzen. Um auch gegen diese subtileren falschen Wahrnehmungsweisen Gegenmittel bereitzustellen, dehnte der Buddha im Mittleren Rad der Lehre das Prinzip der Selbstlosigkeit aus, so daß es die ganze Bandbreite des Existierenden umfaßt: Personen, Dinge und Ereignisse. Nur wenn man das universelle Prinzip der Leerheit vollständig erkennt, kann man alle Ebenen getäuschter Bewußtseinszustände überwinden.

Dieser Punkt wird klar, wenn man über die folgende Aussage von Candrakīrti in seiner Schrift *Ergänzung zum Mittleren Weg (Madhyamakāvatāra)* nachdenkt:

> Der Meditierende, der die Nichtexistenz eines Selbst [nur als Nichtexistenz eines ewigen Selbst] erkannt hat, würde die [endgültige] Wirklichkeit der körperlichen Phänomene und der anderen [Aggregate noch] nicht verstehen. Aus diesem Grund würden noch immer Anhaftung und die anderen [Leidenschaften] erzeugt; denn sie gehen aus dem [falschen] Erfassen des Körperlichen [und der anderen Aggregate] hervor, deren endgültige Natur [– nämlich ihre Leerheit –] er noch nicht erkannt hätte.[22]

Candrakīrti sagt in dieser Textpassage, daß die Lehre von der Selbstlosigkeit, wie sie in den unteren Schulen buddhistischer Lehrmeinungen, dem Hīnayāna , ausgelegt wird, nicht vollständig ist. Denn für diese Schulen ist das Prinzip der Selbstlosigkeit auf die Person begrenzt und damit ausschließlich für die Erörterung des Wesens der Person relevant. Außerdem wird diese Selbstlosigkeit lediglich als Nichtexistenz einer substantiell existierenden Person verstanden, welche eine von den körperlichen und geistigen Aggregaten verschiedene, eigenständige Entität besitzt. Selbst wenn man eine Einsicht in diese Selbstlosigkeit erlangt hat, wird man, wie zuvor schon erwähnt, das subtile Haften an äußeren Objekten noch nicht aufgeben können und folglich auch nicht das Haften an dem persönlichen Selbst.

Obwohl alle philosophischen Schulen des Buddhismus die Selbstlosigkeit akzeptieren, gibt es bedeutende Unterschiede in ihrem Verständnis dieser Lehre. Gemessen an den unteren Schulen wird die Selbstlosigkeit in den höheren Schulen tiefgründiger erklärt; die Erkenntnis der Selbstlosigkeit in den unteren Schulen stellt nicht die vollständige Erkenntnis dieses Grundsatzes dar. Auch wenn man erkannt haben mag, daß die Person keine eigenständige und substantielle Existenz besitzt, bleibt noch immer Raum für die falsche Vorstellung von einem Selbst, das inhärent existiert. Wenn man aber die Abwesenheit von inhärenter Existenz der Person erkannt hat und damit versteht, daß die Person völlig leer von irgendeiner unabhängigen Exsitenz ist, so schließt dies die Möglichkeit aus, die Person weiterhin als eigenständig und substantiell existent zu erfassen.

Wenn es richtig ist, daß die Verneinung des Selbst, die in den höheren Schulen im Zusammenhang mit dem Verständnis der Leerheit vorgenommen wird, sehr viel radikaler ist, so folgt daraus, daß es zur Feststellung dieser Selbstlosigkeit natürlicherweise einer größeren Kraft bedarf. Denn man muß sowohl den Leidenschaften begegnen wie auch der ihnen zugrundeliegenden Täuschung, daß wir die Phänomene als inhärent existent auffassen und wir an dieser Erscheinung von inhärenter Existenz festhalten, als sei sie die eigentliche Realität. Es muß jedoch hervorgehoben werden, daß die Lehre von der Leerheit in keiner Weise die konventionelle Existenz der Phänomene widerlegt: Die Wirklichkeit unserer konventionellen Welt, in der all die Funktionen und Gesetzmäßigkeiten wie Kausalität, Beziehung, Negation und so fort gültig und wirksam sind, bleibt unversehrt; sie wird durch diese Lehre nicht in Frage gestellt. Niedergerissen werden die konkretisierten Einbildungen, die unserer gewohnheitsmäßigen Tendenz entspringen, an einer Selbstexistenz der Phänomene festzuhalten.

Die divergierenden Ansichten der verschiedenen Schulen über die Natur der Selbstlosigkeit müssen innerhalb eines Gesamtsystems gesehen werden: Die Sichtweise einer philosophischen Ebene führt natürlicherweise zur nächsthöheren, so wie eine Stufe einer Treppe zur nächsten führt. Ein solches stufenweises Verständnis wird möglich, wenn man die verschiedenen Ansichten der Selbstlosigkeit vor dem Hintergrund des Abhängigen Entstehens analysiert. Damit ist hier das Gesetz der Abhängigkeit gemeint, das die Beziehung zwischen Ursachen und Wirkungen beherrscht, besonders jene Kausalitätszusammenhänge, die unsere Glücks- und Leidenserfahrungen beeinflussen. In der klassischen Literatur wird dieses Prinzip anhand der Zwölf Glieder des Abhängigen Entstehens erklärt.[23] Die Zwölf Glieder bilden zusammen jene Faktoren, die eine Geburt in der durch Unwissenheit und Karma bedingten Existenz, also im Daseinskreislauf *(saṃsāra)*, vervollständigen. Das Prinzip des Abhängigen Entstehens ist grundlegend für die buddhistische Weltsicht; deshalb kann eine Interpretation der Lehre von der Selbstlosigkeit, die darin scheitert, die Leerheit anhand des Abhängigen Entstehens zu begreifen, niemals vollständig sein. Je subtiler die Verneinung von Selbstexistenz ist, um so fester wird die Überzeugung von der Wirksamkeit der relativen Welt. Um es auf den Punkt zu bringen: Eine echte Erkenntnis der Leerheit bestätigt die Einsicht in die abhängige Natur der Dinge und Ereignisse, und das Verständnis der gegenseitigen Abhängigkeit verstärkt wiederum die Feststellung der Leerheit aller Phänomene.

Die Menschen haben allerdings verschiedenartige Veranlagungen mit unterschiedlichen Interessen, Intelligenzgraden und Fähigkeiten. Deshalb ist die Ansicht der Leerheit, wie sie zuvor umrissen wurde – welche die Leerheit als Negation von inhärenter Existenz aller Phänomene versteht –, nicht unbedingt für die geistige Verfassung aller Übenden geeignet. Für so manchen mag die Verneinung von inhärenter Existenz gleichbedeutend sein mit der Verneinung von Existenz überhaupt: Leerheit als Nichtexistenz. Kommt es dazu, besteht die große Gefahr, in das Extrem des Nihilismus zu verfallen. Angesichts dieser Gefahr lehrte der Buddha auch weniger subtile Ansichten der Selbstlosigkeit, um die Übenden in geschickter Weise schließlich zu einer Erkenntnis der subtilsten Lehre von der Leerheit zu führen. Wenn man die Ansichten der höheren Schulen aus der Perspektive der unteren Schulen analysiert, sind keine Widersprüche oder logischen Ungereimtheiten innerhalb der höheren Lehrmeinungen zu finden. Wenn man aber umgekehrt die Lehrmeinungen der unteren Schulen aus der Perspektive der höheren Philosophien beleuchtet, stößt man auf einige unhaltbare Prämissen und Widersprüche.

6. Die Vier Siegel des Buddhismus

Die Vier Siegel, also jene Prämissen, auf die sich alle Schulen des Buddhismus stützen, haben für den Übenden eine tiefe Bedeutung. Wie schon erwähnt, besagt das erste Siegel, daß alle aus Ursachen und Umständen entstandenen Phänomene unbeständig sind. Das Wesen der Unbeständigkeit wird in vollem Umfang in der Sauträntika-Lehrmeinung erforscht. Dieser Auffassung nach ist alles Geschaffene unbeständig, da es augenblicklich ist: Genau die Bedingungen, die es hervorgebracht haben, verursachen auch seine Auflösung. Jedes Ding oder Ereignis, das aus anderen Faktoren entsteht, ist zwangsläufig augenblicklich; es benötigt keinen zweiten Umstand für sein Vergehen. In dem Moment, in dem es entsteht, hat der Prozeß der Auflösung bereits begonnen. Mit anderen Worten: Der Mechanismus für das Vergehen wohnt den Gestaltungen von Natur her inne; man könnte sagen, daß die Dinge den Keim ihrer eigenen Auflösung in sich tragen. Der einfache Grund dafür ist, daß alles durch Ursachen Hervorgebrachte von einer anderen Kraft bestimmt ist: Seine bloße Existenz kommt nur in Abhängigkeit von anderen Faktoren zustande. Die buddhistische Sichtweise, daß produkthafte Phänomene von dynamischer und augenblicklicher Natur sind – was sich als Konsequenz aus dem universellen Gesetz der Unbeständigkeit ergibt –, kommt der Theorie eines dynamischen, sich permanent wandelnden Universums, wie sie die moderne Physik vertritt, sehr nahe.

Das zweite Siegel besagt, daß alle befleckten Phänomene ihrer Natur nach leidhaft sind. Hier bezieht sich der Ausdruck »befleckte Phänomene« auf alle Dinge, Ereignisse und Erfahrungen, die Wirkungen befleckter Handlungen und der ihnen zugrunde liegenden Leidenschaften sind. Wie schon beschrieben, unterliegt alles Geschaffene anderen Kräften: seinen Ursachen und Umständen. Die besonderen Ursachen für befleckte Phänomene sind grundlegende Unwissenheit, die Leidenschaften, das heißt verblendete Emotionen und Denkweisen, sowie daraus hervorgehende befleckte Handlungen. Unwissenheit darf nicht als passiver Zustand des bloßen Nichterkennens gesehen werden. Es handelt sich vielmehr um einen getäuschten, verblendeten Geisteszustand, eine grundlegend falsche Auffassung von der Natur der Wirklichkeit. Dies wird von verschiedenen indischen Meistern wie Dharmakīrti und Vasubhandu sehr klar hervorgehoben. Vasubhandu sagt uns im *Schatzhaus des Höheren Wissens (Abhidharmakośa)*, daß Unwissenheit nicht bloß die Abwesenheit von Wissen ist, sondern der Gegenpol von Wissen; sie ist eine falsche Beurteilung, eine Kraft, die dem Wissen aktiv entgegensteht so wie Feindseligkeit der Freundlichkeit entgegensteht und Unwahrheit der Wahrheit.[24]

Solange Lebewesen der Kontrolle der Unwissenheit

unterliegen, werden Leiden und Frustrationen immer ein integraler Bestandteil ihrer Existenz sein. Wir sollten nicht denken, daß sich Leiden (Sanskrit *duḥkha*) nur auf offenkundige körperliche und geistige Empfindungen bezieht; es ist äußerst wichtig, sich zu vergegenwärtigen, daß die ihnen zugrunde liegenden Erfahrungen in Form von Unbehagen und Unzufriedenheit ebenfalls *duḥkha* sind.

Indem man über die Unbeständigkeit und die Leidhaftigkeit als die zwei grundlegenden Aspekte des Daseinskreislaufs nachdenkt, kann man echte Entsagung entwickeln – den tief empfundenen, aufrichtigen Wunsch, sich von allen Fesseln des Leidens zu befreien. Dann erhebt sich die Frage: Kann ein Individuum einen solchen Zustand der Freiheit erreichen? An diesem Punkt wird die Bedeutung des dritten Siegels offenbar: Es besagt, daß alle Phänomene leer von Selbstexistenz sind. Der Weg von Unbeständigkeit und Leidhaftigkeit zu diesem Prinzip der Selbstlosigkeit ist klar. Wir entnehmen dem Gesetz des Abhängigen Entstehens, daß Dinge und Ereignisse nicht ohne entsprechende Ursachen entstehen. Insbesondere haben wir festgestellt, daß Leiden und unbefriedigende Zustände aus den eigenen Leidenschaften und befleckten Taten hervorgehen. Die Wurzel aller Täuschungen aber ist die grundlegende Unwissenheit, die die Natur der Wirklichkeit falsch auffaßt. Diese Unwissenheit ist ein verblendeter Bewußtseinszustand; da er die Natur der Wirklichkeit falsch auffaßt, hat er weder eine gültige Basis in unserer Erfahrung noch in der Wirklichkeit. Im Gegenteil: Er faßt die Wirklichkeit in einer Weise auf, die der tatsächlichen

Bestehensweise der Dinge diametral entgegensteht. Folglich handelt es sich um einen irrigen und die Wirklichkeit verzerrenden Geisteszustand. Und weil dies so ist, eröffnet sich uns eine echte Chance, ihn von Grund auf zu beseitigen: Dies erreichen wir, indem wir durch Einsicht die Illusion entlarven, die von der falschen Auffassung geschaffen wurde. Wahre Beendigung ist ein Zustand, der frei davon ist, die Welt in einer verblendeten, verzerrten Art wahrzunehmen. Er ist eine Wirklichkeit, die man im eigenen Geist erzeugen kann, und nicht bloß ein Ideal. Die Natur der Beendigung ist der echte Frieden. Daher ist das vierte Siegel – Nirvāṇa ist Frieden – für Ihre Übung von direkter Relevanz.

7. Der Mahāyāna-Pfad von Leerheit und Mitgefühl

Mahāyāna-Schriften lesen: Das Endgültige und das Interpretierbare

Wenn man über die zuvor erklärten Gedanken reflektiert, bemerkt man, daß die erste Unterweisung des Buddha über die Vier Wahrheiten der Heiligen einen Gesamtplan der buddhistischen Lehre liefert. Weiter wird deutlich, daß es notwendig ist, die verschiedenen Sūtras zu unterscheiden, wenn man all die Erklärungen der einzelnen philosophischen Schulen des Buddhismus einschließlich des Mahāyāna in die Betrachtung der Buddha-Lehre einbezieht: Einige Sūtras sind endgültig, andere bedürfen einer Interpretation. Wenn man sich für die Unterscheidung zwischen vorläufigen und endgültigen Aussagen auf eine besondere Schrift oder ein bestimmtes Sūtra als Leitfaden verläßt, braucht man zwangsläufig einen weiteren Text, mit Hilfe dessen man entscheiden kann, ob dieser Leitfaden selbst endgültig ist oder nicht. Dann braucht man wieder einen anderen Text oder ein Sūtra als Leitfaden, das die Gültigkeit des vorigen bestätigt. Dieser Prozeß setzt sich endlos fort. Hinzu kommt, daß die verschiedenen Sūtras widersprüchliche Methoden zur Unterscheidung zwischen endgültiger und interpretierbarer Bedeutung vorschlagen. Die Autorität eines Textes gibt uns somit kein verläßliches Kriterium zur Beurteilung an die Hand. Am Ende muß man die Entscheidung darüber, ob ein Sūtra endgültig oder zu interpretieren ist, auf der Basis von logischen Begründungen treffen. Daran ist klar zu ersehen, daß aus der Perspektive der Mahāyāna-Tradition logische Begründungen höher zu bewerten sind als die Autorität der Schriften.

Doch wie entscheidet man, ob eine bestimmte Aussage oder Textstelle interpretierbar ist? Es gibt verschiedene Arten von Schriften, die zu dieser Kategorie gehören: In einigen Sūtras wird beispielsweise gesagt, man müsse die eigenen Eltern töten. Solche Sūtras bedürfen weiterer Interpretation, weil sie nicht wörtlich genommen werden können. Man muß verstehen, daß mit dem Wort »Eltern« hier befleckte Handlungen und Begierden gemeint sind, die künftige Wiedergeburten verursachen. Ähnliche Aussagen finden sich auch in den Tantras. Im Guhyasamāja-Tantra sagt der Buddha, daß der Tathāgata – der Buddha – getötet werden muß und daß man durch das Töten des Buddha befähigt sein wird, die höchste Erleuchtung zu erlangen.[25] Natürlich können solche Ermahnungen nicht wörtlich genommen werden!

Dann gibt es eine weitere Art interpretierbarer Schriften. Im Sūtra, das die Zwölf Glieder des Abhängigen Entstehens beschreibt, steht beispielsweise: Wenn die Ursache vorhanden ist, wird die Wirkung nachfolgen; wenn es also Unwissenheit im eigenen

Geist gibt, werden befleckte Handlungen folgen, und so fort:

> Weil dieses existiert, entsteht jenes. Weil dieses entstanden ist, ist jenes entstanden. Es ist so: Durch den Umstand der Unwissenheit entsteht die Gestaltende Tat; durch den Umstand der Gestaltenden Tat entsteht das Bewußtsein ...[26]

Diese Art von Sūtras, die allem Anschein nach wörtlich gemeint sind, weil die hier gemachten Aussagen ohne Zweifel wahr sind, fallen aus folgendem Grund dennoch in die Kategorie des Interpretierbaren: Die Unwissenheit, die befleckte Handlungen im Gefolge hat, wird hier vom Standpunkt der konventionellen, relativen Wirklichkeit angesprochen, innerhalb derer ein Phänomen ein anderes hervorbringt. Auf der endgültigen Ebene jedoch ist die Natur der Phänomene die Leerheit; also gibt es eine weitere, tiefere Wirklichkeit, auf die in diesem Sūtra nicht Bezug genommen wird. Deshalb wird es als interpretierbar betrachtet.

Die endgültigen Sūtras sind die Weisheits-Sūtras des Mittleren Rades wie das *Sūtra von der Essenz der Weisheit (Prajñāpāramitāhṛdayasūtra,* auch als »Herzsūtra« bekannt),[27] in dem der Buddha über die endgültige Realität aller Phänomene sprach: Körperliches ist Leerheit, Leerheit ist Körperliches, und getrennt vom Körperlichen gibt es keine Leerheit. Diese Sūtras werden endgültig genannt, weil sie über die endgültige Natur aller Phänomene sprechen, also ihre leere Natur, ihre leere Bestehensweise. Die Klasse der endgültigen Schriften schließt auch das *Sūtra von der Essenz eines Tathāgata* aus dem Letzten Rad der Lehre ein. Wie bereits erwähnt, ist dies die schriftliche Quelle für Maitreyas *Uttaratantra* und Nāgārjunas *Sammlung von Lobpreisungen*.

Man sollte jedoch der Tatsache Rechnung tragen, daß die buddhistischen Schulen unterschiedliche Methoden anwenden, um zwischen interpretierbaren und endgültigen Sūtras zu unterscheiden. Kurz und bündig kann man sagen, daß die Schriften der Prāsaṅgika-Lehrmeinung, einer Unterschule der Madhyamaka-Schule, die verläßlichsten sind, und zwar besonders die Werke von Nāgārjuna und seinem Nachfolger Candrakīrti. Sie legen die endgültige Sicht der Leerheit, wie sie vom Buddha gelehrt wurde, ausführlich dar. Diese Sicht der Leerheit steht einerseits nicht im Widerspruch zu gültiger Analyse und Erfahrung; andererseits ist sie durch logische Begründungen abgesichert.

Die Verfechter der Schäntong-Ansicht, das heißt der Ansicht einer »Leerheit-von-anderem«, akzeptieren nur zehn Sūtras als endgültig, die alle zum dritten Rad der Lehre gehören.[28] Diese Schule behauptet, daß konventionelle Phänomene leer von sich selbst sind und daß alle Phänomene von der Sicht der endgültigen Wahrheit her nicht einmal konventionell existieren. Man könnte diese Ansicht der Leerheit, die konventionelle Phänomene als leer von sich selbst betrachtet, so interpretieren, daß Phänomene nur konventionell sind, weil sie nicht ihre eigene endgültige Natur darstellen. In diesem Sinn sind sie leer von sich selbst. Doch viele tibetische Gelehrte, die der Schäntong-Ansicht beipflichten, interpretieren die Leerheit nicht in dieser Weise. Sie vertreten vielmehr den Standpunkt, daß Phänomene, die von sich

65

selbst leer sind, also leer von ihrer konventionellen Bestehensweise, überhaupt nicht existieren können.

Der Geschichte entnehmen wir, daß viele Meister, die dieser Schule angehörten, hohe Verwirklichung auf der Erzeugungs- und Vollendungsstufe des Tantra erreichten. Da sie diese Verwirklichung durch die Mittel ihrer Meditationspraxis verbunden mit ihrer eigenen Ansicht der Leerheit erlangt haben, scheint es, daß sie eine tiefe Einsicht und Auslegung ihrer besonderen Ansicht der Leerheit erreicht haben müssen. Wenn man jedoch die Aussage, daß die Dinge leer von sich selbst sind, in ihrer wörtlichen Bedeutung so versteht, daß die Dinge gar nicht existieren, würde dies auf die Behauptung hinauslaufen, daß überhaupt nichts existiert! Damit verfiele man in das Extrem des Nihilismus. Meines Erachtens ergibt sich diese Konsequenz, weil die Verfechter der Schäntong-Lehre nicht in der Lage sind, eine Natur und eine Existenz der Phänomene zu akzeptieren, die sich aus einer bloßen Abhängigkeit von anderem herleitet. Die Tatsache, daß sie auf der wörtlichen Bedeutung ihrer Aussage bestehen, konventionelle Phänomene existierten nicht und seien leer von sich selbst, wird deutlich, wenn man ihre Position zu dem ontologischen Status einer endgültigen Wahrheit untersucht. Sie behaupten, daß eine endgültige Wahrheit inhärent, eigenständig und wahrhaft existiert. Ihrer Meinung nach bedeutet die Leerheit der endgültigen, natürlichen Wahrheit nur, daß die endgültige Wahrheit leer von konventionellen Phänomenen sei [aber nicht leer von ihrer eigenen inhärenten, absoluten Existenz].

Dharmeśvara, der geistige Sohn von Yungmo Mikyö Dordsche – einem der Begründer und herausragendsten Verfechter dieser Ansicht –, behauptet in einer Schrift, daß Nāgārjunas Ansicht von der Leerheit nihilistisch sei. Aus Dharmeśvaras Sicht ist das einzige, was existiert, die endgültige Wahrheit, da konventionelle Phänomene leer von sich selbst sind; und diese endgültige Wahrheit existiert für ihn wahrhaft und inhärent, als eine objektive Entität.

Es liegt auf der Hand, daß eine solche philosophische Betrachtungsweise im direkten Widerspruch zu der Ansicht der Leerheit steht, wie sie in den Weisheits-Sūtras erklärt wird. Hier lehrte der Buddha ausdrücklich und klar, daß es in der Sphäre der Leerheit nicht den geringsten Unterschied zwischen konventionellen und endgültigen Phänomenen gibt. Er erläuterte die leere Natur auch endgültiger Phänomene, indem er verschiedene Synonyme für die endgültige Wahrheit[29] benutzte. Als Teil seiner tiefgründigen Lehren von der Leerheit konstatierte der Buddha, alle Phänomene, von sichtbaren Körpern bis hin zur Allwissenheit,[30] glichen sich darin, daß sie leer seien.

Die tiefgründige Ansicht

Obwohl die Vertreter der Prāsaṅgika-Ansicht, der höchsten philosophischen Lehrmeinung, davon sprechen, daß die Phänomene leer sind und eine leere Natur haben, impliziert das nicht, daß die Phänomene überhaupt nicht vorhanden sind; dies wäre eine falsche Interpretation. Vielmehr existieren die Phänomene nicht durch sich selbst, von sich aus oder inhärent. Die Phänomene sind frei von jeder Form einer unabhängigen Existenz, weil sie die Eigenschaft besitzen, in Abhängigkeit von anderen Faktoren wie Ursachen und Umständen zu existieren bzw. sich zu ereignen. Daraus folgt, daß sie eine ganz und gar abhängige Natur haben. Gerade die Tatsache, daß sie eine Natur der Abhängigkeit von anderen Faktoren haben, weist darauf hin, daß sie nicht über einen selbständigen Status verfügen. Wenn also die Vertreter der Madhyamaka-Prāsaṅgikas von der Leerheit sprechen, so meinen sie die leere Natur der Phänomene im Hinblick auf ihr Abhängiges Entstehen. Deshalb widerspricht ein Verständnis der Leerheit nicht der konventionellen Realität der Phänomene.

Um die leere Natur der Phänomene nachzuweisen, ziehen die Prāsaṅgikas als ihre letztgültige und entscheidende Begründung die abhängige Natur der Phänomene heran. Sie argumentieren, daß die Phänomene keine unabhängige Natur besitzen, weil sie in Abhängigkeit von anderen Faktoren entstehen und bestehen. Folglich sind sie frei von einer ihnen inhärent innewohnenden Wirklichkeit, einem inhärenten Wesen. Diese Art und Weise, die Sicht der Leerheit mit Hilfe der Begründung des Abhängigen Entstehens herzuleiten, ist sehr tiefgründig. Denn sie zerstreut nicht nur die falsche Vorstellung, Phänomene als inhärent existent aufzufassen, sondern schützt die Person gleichzeitig davor, in das Extrem des Nihilismus zu fallen.

In Nāgārjunas Texten findet man die Aussage, daß die Leerheit von der Gesetzmäßigkeit des Abhängigen

Entstehens her verstanden werden muß. In seinem Werk *Grundverse zum Mittleren Weg (Mylamadhyamaka-kārikā)* sagt Nāgārjuna, daß in einem System, in dem die Leerheit nicht möglich ist, nichts möglich ist. In einem System, in dem die Leerheit möglich ist, ist jedoch alles möglich.[31] In einer anderen Passage heißt es: »Da es kein Phänomen gibt, das nicht abhängig entstanden wäre, gibt es kein Phänomen, das nicht leer wäre.«[32]

Nāgārjunas Sicht der Leerheit muß also im Zusammenhang mit dem Gesetz des Abhängigen Entstehens verstanden werden. Das ergibt sich nicht nur aus Nāgārjunas eigenen Schriften, sondern auch aus den späteren Kommentaren dazu wie dem klaren, prägnanten Text von Buddhapālita und den Schriften Candrakīrtis. Hier sind besonders zu nennen: Candrakīrtis Kommentar zu den *Madhyamakakārikās* mit dem Titel *Klare Worte (Prasannapadā)*, sein Werk *Ergänzung zum Mittleren Weg (Madhyamakāvatāra)* und sein eigener Kommentar zu dem letztgenannten Text.[33] Auch gibt es einen Kommentar von Candrakīrti zu den *Vierhundert Versen (Catuḥśatakaśāstrakārikā)* Āryadevas.[34] Wenn man all diese Texte vergleichend untersucht, wird sehr deutlich, daß die Ansicht der Leerheit, wie sie Nāgārjuna erklärt, im Hinblick auf das Abhängige Entstehen verstanden werden muß. Liest man diese Kommentare, beginnt man, große Bewunderung für Nāgārjuna zu entwickeln.

Damit möchte ich den kurzen Überblick über den buddhistischen Pfad, wie er in den Unterweisungen der buddhistischen Sūtras dargestellt wird, schließen.

8. Fragen und Antworten

Frage: Wie gelangt man zu der Überzeugung, daß unser Bewußtsein keinen Anfang und kein Ende hat? Oder ist das nur eine Frage des Glaubens?

Dalai Lama: Es gibt grundsätzlich zwei Wege, die Überzeugung zu entwickeln, daß eine bestimmte Ansicht gültig ist. Eine Möglichkeit liegt darin, Argumente zu untersuchen, die die Gültigkeit dieser Ansicht mit den Mitteln der logischen Beweisführung belegen, so daß man dadurch zur Erkenntnis geführt wird. Bei andersgearteten Phänomenen ist man nicht unbedingt in der Lage, eine Schlußfolgerung mit den Mitteln direkter logischer Begründungen zu erreichen, die ihre Gültigkeit nachweisen. In diesem Fall kann man die Prämisse analysieren, indem man einen gegensätzlichen Standpunkt annimmt und sich dann fragt, ob diese gegensätzliche These irgendwelche Unstimmigkeiten oder logischen Widersprüche in sich birgt. Wenn man so vorgeht, kann es sein, daß man in dieser Ansicht rätselhafte Elemente findet, die nicht zu erklären sind. Da diese gegensätzliche Position viele Widersprüche in sich trägt, zieht man den Schluß, daß es sich anders verhalten muß.

Auch ist es zur Beantwortung dieser Frage wichtig zu verstehen, daß es allgemein drei Kategorien von Phänomenen gibt: *offensichtliche Phänomene*, die man mit unmittelbarer Wahrnehmung beobachten kann, so daß argumentative Überlegungen unnötig sind; *leicht verborgene Phänomene*, die man nur durch logische Begründungen erschließen kann; sowie *stark verborgene Phänomene*, die jenseits der gewöhnlichen unmittelbaren Wahrnehmung und der direkt anwendbaren logischen Beweisführung liegen. Allgemein gesprochen, kann man die Existenz stark verborgener Phänomene nur auf der Grundlage von Zeugnissen anderer oder schriftlicher Autorität feststellen und nachweisen.

Darüber hinaus sollte man wissen, daß wir im Buddhismus vier verschiedene Methoden zur Untersuchung dieser unterschiedlichen Kategorien von Phänomenen haben. Sie sind als die Vier Arten der logischen Analyse bekannt. Die erste ist die Analyse unter besonderer Berücksichtigung des *natürlichen Wesens* von Phänomenen. Unser Bewußtsein beispielsweise ist seiner Natur nach Klarheit und Erkenntnis. Warum ist es von dieser Natur? Dafür gibt es keinen weiteren Grund; es ist einfach seine Natur. In ähnlicher Weise ist unser Körper aus Atomen und chemischen Teilchen zusammengesetzt. Auch dies ist einfach seine Natur, es ist so. Als nächstes folgt die Analyse der *Abhängigkeiten*. Diese Untersuchung bezieht sich auf Phänomene, die in Relation zu anderem definiert werden, zum Beispiel Teile und Ganzes oder rechts und links. Die dritte Analyse fragt nach der *Wirkungsweise* und schließt Phänomene ein wie Ursachen, die die Funktion haben, eine

Wirkung zu erzeugen; aber auch Wirkungen, deren Wirkungsweise sich aus der Verbindung mit ihren spezifischen Ursachen ergibt. Als letztes haben wir die Analyse der *logischen Gültigkeit*, die die Gesetzmäßigkeiten der Logik umfaßt, wie sie auf der Grundlage der drei zuvor genannten Analysen ermittelt wurden. Es sind jene Gesetzmäßigkeiten, die die Beziehungen zwischen verschiedenen Entitäten bestimmen und uns damit in die Lage versetzen, Schlußfolgerungen aus gültigen Prämissen zu ziehen.[35]

Der Ansatz bei der vierfachen Analyse ähnelt der Vorgehensweise in der modernen Naturwissenschaft. Die Analyse des natürlichen Wesens beispielsweise ist in einigen Aspekten mit bestimmten Theorien der Teilchenphysik über die Natur der Elementarteilchen zu vergleichen. Einige Stellen im *Kālacakra-Tantra* erklären, daß »Raumpartikel« – Teilchen, die aus Raum bestehen – der Ursprung für die gesamte Materie im Universum sind. Ebenso gibt es eine enge Parallele zwischen den Gesetzen, die in der zweiten Analyse Berücksichtigung finden, und den Gesetzen der Chemie. Auf der subatomaren Ebene wirken die Gesetze des natürlichen Wesens, die in der ersten Analyse untersucht werden. Wo sich Partikel zusammenfügen, Objekte bilden und mit anderen Arten von Teilchen interagieren, gelten die Gesetze der Abhängigkeit, die Gegenstand der zweiten Analyse sind. Wo es zur Interaktion zwischen chemischen Elementen kommt, aus denen sich verschiedene neue Eigenschaften ergeben, tritt die Gesetzmäßigkeit der Wirkungsweise von Phänomenen in Kraft, die in der dritten Analyse untersucht wird. Macht man diese drei Gesetzmäßigkeiten der Verbindung zwischen Phänomenen zum Gegenstand der Untersuchung, kann man die Regeln der logischen Beweisführungen anwenden, die in der vierten Analyse enthalten sind.

Kehren wir zur Ausgangsfrage nach der anfangslosen Kontinuität des Bewußtseins zurück: Wenn wir die gegenteilige Position annehmen, daß es irgendwo einen Anfang gibt, taucht ein großes Fragezeichen auf: Wie entstand dieser erste Moment von Bewußtsein? Wo kam er her? Viele logische Widersprüche und Unstimmigkeiten entstehen, wenn man einen Anfangspunkt postuliert. Wer sich dafür entscheidet, muß entweder akzeptieren, daß der erste Moment ohne jede Ursache entsteht, oder die Existenz eines Schöpfers annehmen.

Jeder Moment von Bewußtsein benötigt eine substantielle Ursache in Form eines anderen, vorhergehenden Moments von Bewußtsein. Weil dies so ist, behaupten wir, daß das Bewußtsein endlos und ohne Anfang ist. Diese Position scheint weniger Widersprüche aufzuwerfen. Obwohl diese Art der Erklärung nicht hundertprozentig zufriedenstellend sein mag, kann man dennoch mit einiger Sicherheit schließen, daß eine solche Position weniger Widersprüche und weniger logische Ungereimtheiten enthält. Und darauf aufbauend, kann man zu einer Überzeugung kommen.

Frage: Wenn die Phänomene, die ich wahrnehme, Projektionen meines eigenen Geistes sind, warum nimmt jeder von uns dann dieselben Phänomene gleich wahr? Ich sehe vor Ihnen einen Text, Eure Heiligkeit, in ein orangefarbenes Tuch eingewickelt. Warum sieht auch jeder andere das so? Darüber hinaus habe ich gelesen, daß die Wesen der anderen fünf Bereiche diese Phänomene zwar als verschiedene Dinge wahrnehmen, aber dennoch gemeinsame Wahrnehmungen miteinander teilen. Warum ist das so?

Dalai Lama: Folgt man den Erklärungen der Prāsaṅgika-Mādhyamikas, der höchsten buddhistischen philosophischen Schule, so sind äußere Phänomene nicht bloße Projektionen oder Schöpfungen des Geistes. Äußere Phänomene haben eine eigene, vom Geist verschiedene Natur. Was bedeutet dann die Aussage dieser Schule, daß alle Phänomene als bloße Benennungen existieren? Phänomene existieren und erhalten ihr jeweiliges Wesen nur dadurch, daß wir sie mit gedanklichen Begriffen und Benennungen belegen. Dies heißt nicht, daß es außer dem Namen, der begrifflichen Benennung und der Bezeichnung kein Phänomen gibt, sondern: Wenn man analysiert und objektiv nach dem Wesen irgendeines Phänomens sucht, so ist dieses nicht auffindbar; aus diesem Grund existieren Phänomene nicht von der Objektseite her. Da sie dennoch vorhanden sind, muß es eine bestimmte Art und Weise geben, wie sie zustande kommen; und deshalb ist anzunehmen, daß Dinge nur im Rahmen unseres Prozesses der begrifflichen Benennung und Namengebung existieren.

Da die Phänomene keine unabhängige Wirklichkeit besitzen, gibt es seitens des Objekts keinen Existenzstatus; daraus schließt man, daß Phänomene nur nominell und konventionell existieren. Doch wenn wir Dinge wahrnehmen, erscheinen sie uns nicht als bloße begriffliche Benennungen; vielmehr erscheinen sie uns so, als hätten sie irgendeine ihnen inhärent innewohnende Existenz, die »da draußen«, ganz von der Seite des Objekts her, bestünde. Folglich gibt es eine Unvereinbarkeit zwischen der Art, wie die Dinge uns erscheinen, und der Art, wie sie tatsächlich existieren. In diesem Sinne ist es zu verstehen, wenn die Phänomene mit Trugbildern verglichen werden.

Die endgültige Bestehensweise von Phänomenen läßt sich nur mit Hilfe der eigenen Erfahrung feststellen, wenn man ihre inhärente Existenz ausgeschlossen hat. Die konventionelle Realität kann jedoch nicht logisch nachgewiesen werden. Der Tisch beispielsweise existiert, denn wir können ihn berühren, fühlen, Dinge auf ihn stellen usw.; folglich existiert er. Wir können die Wirklichkeit der Existenz eines Phänomens nur durch unsere direkte Erfahrung feststellen.[36]

Für die Prāsaṅgikas entscheiden drei Kriterien darüber, ob ein Phänomen konventionell existiert oder nicht: (1) Das Phänomen ist innerhalb der Konventionen bekannt. (2) Es steht nicht im Widerspruch zu einer Gültigen Erkenntnis, die die Phänomene auf der konventionellen Ebene untersucht. (3) Es widerspricht auch nicht einer Gültigen Erkenntnis, die seine endgültige Natur analysiert. Alles, was diese drei Kriterien aufweist, wird konventionell existent genannt.[37]

Es gibt viele verschiedene Arten der Wahrnehmung, die das gleiche Objekt erfassen können. Nehmen wir als Beispiel das Tuch, das um diesen Text gewickelt ist. Den meisten Menschen erscheint es orangefarben, aber einige nehmen diese Farbe aufgrund einer Krankheit oder anderer physischer Gegebenheiten vielleicht nicht wahr, zum Beispiel jene, die farbenblind sind. Andere Wesen sind aufgrund ihres Karmas nicht in der Lage, dieses Tuch so wie wir als organgefarben zu sehen.

Frage: Können Sie uns die Begriffe »Benennung« und »Grundlage der Benennung« erläutern und erklären, wie die unteren und höheren philosophischen Schulen im Buddhismus sich in der Interpretation dieser Begriffe unterscheiden?

Dalai Lama: Alle buddhistischen Schulen außer den Prāsaṅgika-Mādhyamikas sind der Meinung, daß die Existenz der Phänomene innerhalb ihrer Benennungsgrundlage aufzufinden ist. Aus diesem Grund behaupten sie, daß es irgendeine Art von Existenz gibt, die vom Objekt selbst ausgeht. Ein Beispiel: Die unteren Schulen setzen die Person, also das Selbst, mit dem Geisteskontinuum der Person gleich. Aber nach der buddhistischen Literatur der höheren Schulen führt dieser philosophische Standpunkt zu Widersprüchen, wenn man zum Beispiel über Versenkungszustände ohne Bewußtseinstätigkeit spricht. Andere Widersprüche ergeben sich, wenn das Individuum die hohe Stufe der Verwirklichung erlangt hat, die als unbefleckte Weisheit bekannt ist; auf dieser Stufe wird es problematisch, die Person mit ihrem Geisteskontinuum gleichzusetzen.

Da alle unteren Schulen akzeptieren, daß die Dinge inhärent existieren, nehmen sie eine vom wahrnehmenden Subjekt unabhängige Existenz an, indem sie behaupten, daß Dinge von sich aus, von ihrer eigenen Seite her bestehen. Für die Prāsaṅgikas dagegen gilt: Falls ein Phänomen von seiner Seite, der Seite des Objekts her, existiert und mit irgendeinem Faktor innerhalb seiner Benennungsgrundlage gleichgesetzt werden kann, so ist dies in der Tat gleichbedeutend damit, daß das Phänomen autonom existiert. In diesem Fall besäße das Phänomen eine unabhängige Natur und existierte aus sich selbst heraus. An diesem Punkt sollten wir die abhängige Natur der Dinge berücksichtigen. Es ist offensichtlich, daß viele Phänomene nicht als dieses oder jenes bestimmt werden können, ohne von anderen Faktoren abhängig zu sein. Wenn man analysiert und nach der Essenz eines Phänomens forscht, wenn man also nach dem eigentlichen Gegenstand hinter den Bezeichnungen sucht, lösen sich die Dinge auf; man kann keinen konkreten Faktor ausfindig machen, der diese Essenz ist. Statt dessen findet man, daß etwas existiert, aber daß es nur kraft anderer Faktoren und nur in Abhängigkeit von diesen existiert, wobei der wichtigste dieser anderen Faktoren unsere Benennung ist. Der Prozeß der sprachlichen oder gedanklichen Begriffsbildung und Benennung ist ein Hauptfaktor, von dem die Existenz der Phänomene abhängig ist. Aus diesem Grund sagen die Prāsaṅgikas, daß es keine objektive Wirklichkeit im Sinne der Existenz von der Seite des Objekts her, losgelöst von der Beilegung von Begriffen, und damit keine inhärente Existenz gibt.

Betrachten wir zum Beispiel den gegenwärtigen Zeitpunkt. Sicher ist, daß die Gegenwart existiert, aber lassen Sie uns etwas tiefer schauen und untersuchen, was sie ist. Man kann die Zeit unterteilen. Die Zeit, die vergangen ist, bildet die Vergangenheit, und die Zeit, die noch kommen wird, stellt die Zukunft dar. Wenn man die Zeit minutiös unterteilt, wird man zu dem Schluß gelangen, daß kaum irgend etwas bleibt, das man wahrhaft Gegenwart nennen kann. Man erkennt, daß zwischen der Vergangenheit und der Zukunft nur eine hauchdünne Linie liegt – etwas, das einer Analyse nicht wirklich standhält und als Gegenwart übrigbleiben könnte. Wäre auch nur ein einziger Punkt in der Zeit unteilbar, gäbe es keine Basis mehr für eine Unterteilung in Vergangenheit, Gegenwart und Zukunft, denn dann müßten alle Zeitabschnitte genauso unteilbar sein. Wenn man jedoch von teilbarer Zeit spricht, dann gibt es schwerlich irgendeine Gegenwart, die zwischen der Vergangenheit und Zukunft bleibt.

Wenn sich aber die Gegenwart nicht bestimmen läßt, wie will man dann Vergangenheit und Zukunft festlegen? Die Vergangenheit wird in Relation zur Gegenwart als Vergangenheit bezeichnet, und ebenso wird die Zukunft in Relation zur Gegenwart Zukunft genannt. Wenn man daraus nun den Schluß zöge, daß die Gegenwart gar nicht existiert, so würde dies der weltlichen Konvention sowie unseren täglichen Gedanken und Erfahrungen, aber auch vielen anderen Tatsachen widersprechen. Deshalb ist es richtig zu sagen, daß die Gegenwart existiert, aber nicht inhärent, das heißt von ihrer Seite, der Objektseite her. Dies ist ein Beispiel, an dem sich die Gesetzmäßigkeiten des Abhängigen Entstehens deutlich zeigt.

Frage: In seinem *Kommentar [zu Dignāgas Kompendium] der Gültigen Erkenntnis (Pramāṇavārttika)* weist Dharmakīrti darauf hin, daß das Objekt der Erkenntnis immer

zusammen mit seinem Abbild im erkennenden Bewußtsein erfahren wird, und er fragt, wie dann ein Erkennt-
nisobjekt nachgewiesen werden könnte, das von seinem Abbild im erkennenden Bewußtsein substantiell
verschieden wäre. Können Sie diese Passage erklären,
besonders im Hinblick darauf, ob sie für die Erzeugungsstufe des Tantra eine Bedeutung haben könnte?

Dalai Lama: In dieser Textpassage erwähnt Dharmakīrti ein Argument, das als »Gesetz der gleichzeitigen
Beobachtung [von Subjekt und Objekt]« bekannt ist.
Es ist ein Bestandteil der philosophischen Lehrmeinung der Yogācāra- Schule. Diese verneint eine äußere
Wirklichkeit, d. h. eine aus Atomen zusammengesetzte
äußere Welt. Die Vertreter dieses philosophischen
Systems behaupten, daß es keine physische, aus Atomen zusammengesetzte äußere Wirklichkeit gibt,
die losgelöst vom Geist wäre, weil für sie die Dinge
nur als Projektionen des eigenen Geistes existieren
können.

In seiner Schrift *Zwanzig Verse (Viṃśatika)*[38] unterzieht
Vasubandhu die kleinsten Bausteine der Materie, die
von den Schulen der Realisten als unteilbare Atome postuliert werden, einer kritischen Analyse. Er schlägt uns
vor, uns ein kleinstes Materieteilchen vorzustellen, das
überhaupt keine Teile in Gestalt von Richtungen aufweist. Er sagt, wenn es sich um Materie handelt, so kann
sie nicht teilelos sein; denn Materie hat das Wesens-
merkmal, ein Hindernis zu bilden, und deshalb muß sie
Teile in Gestalt der Richtungen ihrer Ausdehnung besitzen. Daraus folgt, daß kleinste Materieteilchen nicht unteilbar sein können. Aufgrund dieser Analyse kommen

Verfechter des Yogācāra zu dem Schluß, daß es keine aus Atomen bzw. unteilbaren Partikeln zusammengefügte äußere Wirklichkeit gibt. Sie gelangen zu dieser Schlußfolgerung, weil sie die subtilste Ebene der Leerheit, wie sie von den Prāsaṅgikas erklärt wird, nicht verstanden haben. Tatsächlich behaupten die Yogācārin, daß Dinge inhärente Existenz besitzen. Sie sagen: Wenn man ein Objekt analysiert und seine Essenz nicht findet, so folgt daraus, daß es überhaupt nicht existiert. Wenn dagegen die Prāsaṅgikas mit der Nicht-Auffindbarkeit der Essenz des Objekts konfrontiert werden, so ziehen sie daraus den Schluß, daß die Objekte nicht inhärent existieren, und nicht, daß sie gar nicht existieren. Hier liegt der Unterschied zwischen den beiden Schulen.

Frage: Bestimmte tantrische Texte erwähnen acht Arten von Bewußtsein ...

Dalai Lama: Wenn acht Arten von Bewußtsein angesprochen werden, ist darin das grundlegende Bewußtsein eingeschlossen. Das grundlegende Bewußtsein, das im tantrischen Kontext gemeint ist, unterscheidet sich völlig von dem Allem-zugrundeliegenden-Bewußtsein, das in den Schriften der Yogācāra-Schule angenommen wird. Das grundlegende Bewußtsein, das im Höchsten Yogatantra angesprochen wird, kann in die Weisheit, die die Leerheit erkennt, umgewandelt werden. Daher ist es synonym mit dem fundamentalen, angeborenen Geist des Klaren Lichts. Das Allem-zugrundeliegende-Bewußtsein, auf das sich die Yogācāra-Schule bezieht, ist immer neutral, d. h. weder heilsamer noch unheilsamer Natur.

Indische Meister wie Śāntipāda und Abhayākara haben allerdings hohe Verwirklichung im Tantra erlangt, indem sie sich auf ein philosophisches System stützten, das die Existenz einer aus Atomen zusammengesetzten äußeren Wirklichkeit negiert. In der Tradition heißt es, daß diese Meister zu Beginn ihrer Tantra-Übung Vertreter des Yogācāra oder des Yogācāra-Svatantrika-Madhyamaka waren. Später waren sie fähig, die tiefgründige Leerheit zu erfahren, wie sie von den Prāsaṅgikas dargelegt wird. Diese Fähigkeit ergab sich als Resultat ihrer hohen Verwirklichung auf dem tantrischen Pfad.

Wenn man Tantra übt, versucht man am besten von Anfang an, der Prāsaṅgika-Ansicht der Leerheit zu folgen, sofern dies möglich ist und dem eigenen geistigen Vermögen entspricht. Mit dieser Sicht der endgültigen Realität haben die meisten großen Meister und Meditierenden der Vergangenheit ihre Fortschritte erzielt. Das Prāsaṅgika-System hat von allen Systemen die wenigsten logischen Widersprüche und Unstimmigkeiten und läßt sich am besten mit gültigen Argumenten begründen.

Candrakīrti übt in seinem Kommentar zu Āryadevas *Vierhundert Versen (Catuḥśataka)* heftige Kritik an Dharmapāla, der der Meinung war, die endgültige philosophische Position Āryadevas sei die der Yogācāra-Schule. In Candrakīrtis Kommentar zu seinem eigenen Werk *Ergänzung zum Mittleren Weg (Madhyamakāvatāra)* stößt man auf die Frage: »Würdest du sagen, daß Meister wie Vasubhandu, Dharmapāla und andere die subtile Ansicht der Leerheit zurückgewiesen haben – aus

Furcht vor der tiefgründigen Lehre der Leerheit von inhärenter Existenz?« Und Candrakīrti antwortet: »Ja. Das ist der Fall.« Praktizierende wie ich, die das von Candrakīrti entwickelte philosophische System schätzen und Candrakīrti so sehr loben, daß sie zwei seiner Abhandlungen, den Kommentar zum *Guhyasamāja-Tantra* und den Kommentar zu den *Mūlamadhyamakakārikas*, mit Sonne und Mond vergleichen, können in jedem Fall Candrakīrtis Beispiel folgen, indem sie sagen: Ja, Meister wie Vasubhandu und Dharmapāla haben die tiefgründige Ansicht der Leerheit zurückgewiesen.

Frage: Eure Heiligkeit, als die anerkannte Wiedergeburt des 13. Dalai Lama besitzen Sie vermutlich das gleiche Geisteskontinuum wie Ihr Vorgänger. Vielleicht könnten Sie erklären, aus welchem Grund Sie – als bereits hoch verwirklichtes Wesen – sich den verschiedenen Schulungen unterziehen, Prüfungen ablegen mußten und dergleichen? Ihr Wissen über diese Dinge könnte doch mit dem eines perfekt ausgebildeten Mechanikers verglichen werden, der grundlegende Dinge der Autoreparatur aufs neue erlernen muß.

Dalai Lama: Ich hätte meinen gegenwärtigen Wissensstand nicht erwerben können, ohne ernsthafte Studien zu betreiben, also mußte ich studieren. Dies ist eine Tatsache, und es gibt keinen Grund, etwas anderes vorzutäuschen. Vielleicht gab es einige Gelegenheiten, bei denen ich das Gefühl hatte, daß ich ohne große Mühe und Anstrengung bestimmte philosophische Punkte verstehen konnte, die gewöhnlich als schwierig gelten. Ich kann meistens in relativ kurzer Zeit und mit geringem Aufwand schwierige Sachverhalte verstehen. Dies deutet darauf hin, daß ich vielleicht in meinen vergangenen Leben einigen Studien nachgegangen bin. Ansonsten bin ich nur eine gewöhnliche Person wie Sie, und damit hat es sich!

Teil II:

Altruistische Lebensanschauung und Lebensweise

9. Vom Nutzen des Altruismus

Die Unterweisungen des Buddha zeigen verschiedene Methoden auf, mit denen der Geist trainiert und umgewandelt werden kann. In Tibet hat sich dann im Laufe der Zeit eine Klassifizierung gewisser Methoden zur Geistesschulung entwickelt, die als »Lodschong« bekannt ist, was soviel wie »Geistestraining« oder »Umwandlung des Denkens« bedeutet. Parallel dazu ist eine eigene Literaturgattung entstanden. Die Praktiken und die damit verbundene Literatur werden »Umwandlung des Denkens« genannt, weil sie auf nichts Geringeres als auf einen radikalen Wandel unseres Denkens und damit unserer Lebensweise abzielen. Die Lodschong-Praxis legt außerordentlich großen Nachdruck darauf, unser Greifen nach einem unveränderlichen, unabhängigen Selbst und die darauf basierende ichbezogene, selbstsüchtige Einstellung zu überwinden. Die selbstsüchtige Haltung hindert uns daran, anderen Lebewesen gegenüber echtes Einfühlungsvermögen zu entwickeln, weil sie unseren Blick auf unsere eigennützigen Belange einengt. Im wesentlichen suchen wir durch das Geistestraining unsere gewöhnliche egoistische Lebensanschauung in eine mehr altruistische zu wandeln, die das

Wohlergehen der anderen zumindest genauso wichtig nimmt wie das eigene und im Idealfall sogar wichtiger.

Der *Bodhicaryāvatāra* von Śāntideva ist die Hauptquelle für den größten Teil der Literatur aus dieser Kategorie. Mir wurde eine mündliche Überlieferung dieses Textes durch den verstorbenen Kunu Lama Rinpoche gegeben. Ich selbst versuche, diese Übungsmethoden so intensiv wie möglich anzuwenden und sie anderen zu erläutern, wann immer sich eine Gelegenheit dazu bietet. Auch hier möchte ich – als Teil unserer Erörterung buddhistischen Denkens und buddhistischer Übung – einige der Hauptpunkte dieser Schulung des Altruismus untersuchen, wie sie im 6. und 8. Kapitel des Textes von Śāntideva erklärt werden. Diese beiden Kapitel sind der Schulung der Geduld und der meditativen Sammlung gewidmet.

Zuerst möchte ich über die Vorteile des Altruismus und des guten Herzens sprechen. Ein gutes Herz ist die wahre Quelle für Glück nicht nur in religiöser Hinsicht, sondern auch im täglichen Leben. Als Menschen sind wir einzigartige soziale Wesen. Aufgrund unserer Natur können wir nur in Abhängigkeit von der Kooperation, Hilfe und Freundlichkeit unserer Mitmenschen überleben. Diese Tatsache wird einem klar, wenn man sich Gedanken über die grundlegende Struktur unserer Existenz macht. Falls es einem um mehr als nur das nackte Überleben geht, braucht man Obdach, Nahrung, Begleiter, Freunde, die Achtung anderer, materielle Güter und dergleichen, und diese Dinge erlangt man nicht aus sich selbst, sondern in Abhängigkeit von anderen. Nehmen wir einmal an, eine einzige Person müßte allein an einem abgelegenen und unbewohnten Ort leben. Ganz gleich, wie stark, gesund oder gebildet sie wäre, sie könnte kein glückliches und erfülltes Leben führen. Stellen wir uns vor, ein Mensch lebte irgendwo abgeschieden im afrikanischen Busch und wäre dort das einzige menschliche Wesen in einem Schutzgebiet für Tiere. Bestenfalls könnte er vielleicht erreichen, zum König des Dschungels zu werden, vorausgesetzt, er wäre intelligent und geschickt genug. Aber kann dieser Mensch Freunde haben? Kann er Ruhm erlangen? Kann er ein Held werden, wenn er es wünscht? Ich glaube, die Antwort auf diese Fragen fällt eindeutig negativ aus, denn all diese Errungenschaften ergeben sich nur in Beziehung zu menschlichen Gefährten.

Sogar wenn man die Dinge aus einer vollkommen eigennützigen Perspektive betrachtet und nur das eigene Glück sowie Bequemlichkeit und Zufriedenheit in diesem Leben im Blick hat, ohne das Wohlergehen anderer oder das eigene Wohlergehen in zukünftigen Leben zu berücksichtigen, würde ich noch immer behaupten, daß die Erfüllung unserer persönlichen Bestrebungen von anderen abhängt. Dies ist eine unstrittige Tatsache. Sogar die Möglichkeit, unheilsame Handlungen zu begehen, hängt davon ab, daß es andere Personen gibt! Zum Beispiel braucht man, um zu betrügen, einen anderen Menschen als Objekt der Tat. Alle Geschehnisse im Leben sind so eng mit dem Schicksal anderer verwoben, daß eine Person allein eine Handlung nicht einmal beginnen könnte. Viele gewöhnliche menschliche Aktivitäten, positive wie negative, sind ohne die Existenz anderer Menschen nicht einmal zu planen. Nur durch das Zutun der anderen haben wir die Gelegenheit, Geld zu verdienen – falls es das ist, was wir in unserem Leben wünschen. Die Medien können eine Person nur ins Rampenlicht rücken oder ihren Ruf schädigen, wenn sie auf andere zurückgreifen. Allein auf sich gestellt, kann eine Person weder Ruhm noch schlechten Ruf erlangen, wie laut sie auch schreien mag. Bestenfalls erzeugt sie ein Echo ihrer eigenen Stimme.

Als Menschen schätzen wir von Natur aus die Hilfe und Zuneigung anderer. Wissenschaftler, die vor allem auf dem Gebiet der Neurobiologie forschen, haben mir von überzeugenden Beweisen dafür berichtet, daß die mentale Verfassung der Mutter während der Schwangerschaft einen großen Einfluß auf das körperliche und geistige Wohlergehen des ungeborenen Kindes hat. Dabei scheint es wesentlich zu sein, daß die Mutter ausgeglichen und entspannt bleibt. Nach der Geburt sind dann die ersten Wochen die entscheidendste Periode für eine gesunde Entwicklung des Kindes. Man sagte mir, daß während dieser Zeit einer der wichtigsten Faktoren, die ein schnelles und gesundes Wachstum des Säuglingsgehirns garantieren, die dauernde Berührung durch die Mutter ist. Wenn das Kind in dieser kritischen Zeit vernachlässigt wird, wirkt sich dies negativ auf sein geistiges Wohlergehen aus; dies mag zwar in dem Moment nicht offensichtlich sein, aber es kann zu physischen Schäden führen, die sich später bemerkbar machen. Wenn ein Kind eine Bezugsperson trifft, die sich offen und liebevoll verhält, die lächelt und eine liebende und fürsorgliche Ausstrahlung hat, fühlt es sich natürlicherweise glücklich und behütet. Wenn dagegen jemand versucht, das Kind zu verletzen, wird es von Furcht ergriffen, was schädliche Konsequenzen für seine Entwicklung nach sich zieht. So beginnt unser Leben.

Wenn man jung, gesund und stark ist, hat man manchmal das Gefühl, völlig unabhängig und auf niemanden angewiesen zu sein. Aber das ist eine Illusion. Selbst in der Blüte seines Lebens braucht der Mensch Freunde. Besonders offenkundig wird dies, wenn man alt wird. Ich selbst bin dafür ein Beispiel: Auch beim Dalai Lama zeigen sich die ersten Zeichen nahenden Alters. Ich finde immer mehr weiße Haare auf meinem Kopf, manchmal habe ich Probleme mit den Knien, wenn ich aufstehe oder mich setze. Wer alt wird, ist mehr und mehr auf die Hilfe anderer angewiesen; dies gehört zur Natur des menschlichen Lebens. Für unser Glück und unsere Zufriedenheit sind Gefährten und Freunde sehr wichtig. Deshalb ist die Frage, wie man gute Freundschaften und Beziehungen zu seinen Mitmenschen aufbaut, zentral. Oberflächlich gesehen kann man sich Freunde »kaufen«; aber dabei handelt es sich in Wahrheit nur um Freunde von Geld und Reichtum. Solange man Geld und Wohlstand hat, sind sie da, sobald aber eine Wende eintritt, werden die sogenannten Freunde schnell Lebewohl sagen, und dann wird man nichts mehr von ihnen hören und sehen. Sie werden irgendwohin entschwinden, um einen anderen zu suchen, der über mehr Reichtum verfügt. Es ist klar, Freunde braucht man am meisten in schwierigen Zeiten. Wer sich in einer solchen Krise davonmacht, ist kein wahrer Freund. Nur wer einem auch dann noch beisteht, wenn man Probleme zu bewältigen hat, ist ein echter Freund.

Werfen wir noch einmal die Frage auf, wie man Freundschaften schließt. Das geschieht gewiß nicht durch Haß und Konfrontation. Es ist unmöglich, Freunde zu finden, indem man Menschen schlägt und mit ihnen kämpft. Echte Freundschaft kann sich nur in gegenseitigem Zusammenwirken entwickeln, das in Ehrlichkeit und Aufrichtigkeit gründet. Und dazu brauchen wir einen offenen Geist und ein warmes Herz. Dies, so meine ich, wird in unseren täglichen Beziehungen zu anderen überdeutlich.

Noch dringlicher ist die Notwendigkeit für eine solche Atmosphäre der Offenheit und Kooperation im globalen Maßstab. Wo es um wirtschaftliche Belange geht, gibt es schon längst keine familiären oder nationalen Grenzen mehr. Von Land zu Land und von Kontinent zu Kontinent ist hier unentwirrbar alles miteinander verflochten. Jeder hängt in großem Umfang vom anderen ab. Um seine eigene Wirtschaft voranzubringen, ist ein Land gezwungen, ernsthaft auch die wirtschaftlichen Bedingungen anderer Länder mit zu berücksichtigen. Und in der Tat wird wirtschaftlicher Fortschritt in anderen Ländern letztlich auch dazu führen, daß sich die wirtschaftliche Lage im eigenen Land verbessert. Angesichts dieser Tatsachen benötigen wir eine Revolution unseres Denkens und unserer Gewohnheiten. Es wird mit jedem Tag klarer, daß ein lebensfähiges Wirtschaftssystem nur auf einem Gefühl universeller Verantwortung beruhen kann. Mit anderen Worten: Was wir wirklich brauchen, ist ein echtes Engagement für die Grundsätze weltweiter Brüderlichkeit. Das ist doch deutlich! Es geht hier nicht um ein heiliges, moralisches

92

oder religiöses Ideal, sondern um die Wirklichkeit unserer menschlichen Existenz in der heutigen Zeit.

Wenn Sie intensiv genug darüber nachdenken, werden Sie erkennen, daß wir überall mehr Mitgefühl und Altruismus brauchen. Diese Notwendigkeit kann man vom gegenwärtigen Zustand der Welt ablesen, sei es auf dem Gebiet der modernen Ökonomie und des Gesundheitswesens, sei es im Hinblick auf die politische und militärische Situation weltweit. Über die vielen sozialen und politischen Krisen hinaus ist die Welt mit einer stetig wachsenden Zahl von Naturkatastrophen konfrontiert. Jahr für Jahr werden wir Zeugen einer drastischen Veränderung des globalen Klimas, was in verschiedenen Teilen der Welt schwerwiegende Folgen hat: Während übermäßiger Regen in einigen Ländern zu schlimmen Überschwemmungen führt, bewirkt mangelnder Niederschlag in anderen Ländern vernichtende Dürreperioden. Glücklicherweise wächst überall das Umweltbewußtsein. Wir beginnen mittlerweile einzusehen, daß Umweltschutz letztlich eine Frage unseres Überlebens auf diesem Planeten ist. Als Menschen haben wir die Pflicht, auch die anderen Mitglieder der menschlichen Familie zu respektieren: unsere Nachbarn, unsere Freunde und andere Mitmenschen. Mitgefühl, liebende Güte, Altruismus und ein Gefühl der Brüderlichkeit sind die Schlüssel zur menschlichen Weiterentwicklung, nicht nur in der Zukunft, sondern schon heute.

Schlicht und einfach: Mitgefühl und Liebe können als positive Gedanken und Gefühle umschrieben werden, die so Wesentliches im Leben hervorbringen wie Hoffnung, Mut, Entschlossenheit und innere Stärke. Erfolg oder Scheitern der Menschheit in der Zukunft hängt vor allem von dem Willen und der Entschlossenheit der jetzigen Generation ab. Wenn wir unsere Fähigkeiten nicht nutzen, unsere menschliche Intelligenz und unseren Willen, gibt es niemanden mehr, der für unsere und die Zukunft der nächsten Generation Garantien abgeben kann. Dies ist eine unbestreitbare Tatsache. Wir können nicht die ganze Schuld den Politikern oder jenen zuschieben, die für verschiedene Situationen als direkt verantwortlich angesehen werden. Nur wenn der einzelne seine persönliche Verantwortung akzeptiert, kann er oder sie beginnen, selbst die Initiative zu ergreifen. Einfach nur zu schreien und sich zu beklagen reicht nicht aus. Ein echter Wandel muß zuerst im einzelnen stattfinden, dann erst kann dieser Mensch spürbar zum Wohlergehen der Menschheit beitragen. Altruismus ist nicht bloß ein religiöses Ideal; es ist ein unverzichtbares Erfordernis für die Menschheit als Ganzes.

Die nächste Frage, die sich stellt, lautet: Ist es möglich oder nicht, Mitgefühl und Altruismus zu fördern? Gibt es Mittel und Wege, um diese positiven Eigenschaften des Geistes zu entfalten und ihr Gegenteil – Wut, Haß, Neid und Mißgunst – zu vermindern? Die Antwort darauf ist ein entschiedenes Ja. Auch wenn Sie nicht auf der Stelle mit mir übereinstimmen, bitte ich Sie, sich für die Möglichkeit einer solchen Entwicklung zu öffnen. Lassen Sie uns zusammen ein wenig experimentieren; vielleicht finden wir dann ein paar Antworten.

Aufgrund meiner eigenen begrenzten Erfahrung bin ich überzeugt, daß man durch kontinuierliches Training seinen Geist wandeln kann. Oder anders ausgedrückt:

Unsere positiven Einstellungen, Gedanken und Anschauungen können entwickelt und ihr jeweiliger Widerpart vermindert werden. Einer der Hauptgründe dafür ist, daß ein einziger Bewußtseinsaugenblick von vielen Faktoren abhängt. Wenn diese verschiedenen ursächlichen Faktoren verändert werden, verändert sich auch die Einstellung. Dies ist eine einfache Wahrheit über die Natur des Geistes.

Lassen Sie mich nun einige andere Vorzüge des Altruismus und eines guten Herzens erläutern, die vielleicht nicht so offensichtlich sind. Wie zu Anfang erwähnt, besteht aus der Perspektive des Fahrzeugs der Menschen und Götter das endgültige Ziel des Lebens darin, die Voraussetzungen für eine günstige Wiedergeburt zu schaffen. Dies ist aber nur möglich, wenn man Handlungen unterläßt, die andere schädigen. Daher sind sogar für das Erreichen eines so vorläufigen wie auf das eigene Wohlergehen gerichteten Ziels Altruismus und ein gutes Herz die Voraussetzung. Darüber hinaus hängen Faktoren wie langes Leben, Gesundheit, Erfolg und Glück, die wir für wünschenswert halten, von der Freundlichkeit und einem guten Herzen ab. Auch ist klar, daß es für einen Bodhisattva äußerst wichtig ist, mit den Wesen zu kooperieren und ihnen mit Freundlichkeit zu begegnen, wenn er die Sechs Vollkommenheiten erfolgreich praktizieren möchte. Freigebigkeit, ethische Disziplin, Geduld, Tatkraft, Konzentration und Weisheit sind jene Tugenden, die ihn auf dem Weg zur vollkommenen Erleuchtung eines Buddha voranbringen.

Wir können also feststellen, daß Freundlichkeit und

ein gutes Herz das Fundament für Erfolg in diesem Leben, für den Fortschritt auf dem spirituellen Pfad und für die Erfüllung unseres endgültigen Anliegens, die vollkommene Erleuchtung, sind. Deshalb sind Freundlichkeit und ein gutes Herz nicht nur am Anfang wichtig, sondern auch in der Mitte und am Ende des Pfades. Die Notwendigkeit und der Wert dieser Tugenden sind nicht auf eine spezifische Zeit, einen Ort, eine Gesellschaft oder Kultur beschränkt.

Da Mitgefühl und ein gutes Herz nur durch kontinuierliche und bewußte Anstrengung entwickelt werden, müssen wir zunächst einmal die günstigen Bedingungen kennenlernen, die sich als Nährboden dafür eignen, aber auch die gegensätzlichen Faktoren, die verhindern, daß wir diese positiven Geisteszustände kultivieren. So ist für uns wesentlich, ein Leben in stetiger Vergegenwärtigung und Wachsamkeit zu führen. Wir sollten diese Eigenschaften so weit beherrschen, daß wir in jeder neuen Situation im Leben erkennen können, inwiefern die Umstände günstig oder nachteilig für die Entwicklung von Mitgefühl und Herzensgüte sind. Indem wir in dieser Weise Mitgefühl einüben, werden wir schrittweise in der Lage sein, die Wirkung von hindernden Kräften abzumildern und die günstigen Bedingungen zu fördern, um Mitgefühl und ein gutes Herz zu entwickeln.

10. Den Feind im Innern erkennen

Das größte Hindernis für die Entwicklung von Mitgefühl und Herzensgüte zu entwickeln, ist die Selbstsucht: die Einstellung, mit der man sich um das eigene Wohlergehen und den eigenen Nutzen kümmert, während man für das Wohl der anderen oft blind ist. Diese egozentrische Einstellung liegt sowohl den meisten unserer gewöhnlichen Geisteszustände zugrunde als auch den verschiedenen Lebensformen im Daseinskreislauf, und sie ist die Wurzel aller Leidenschaften. Deshalb ist es die erste Aufgabe für einen Menschen, der Mitgefühl üben will, sich bewußt zu machen, welche destruktive Natur die Leidenschaften besitzen und wie sie ganz automatisch zu unerwünschten Konsequenzen führen.

Ich werde aus dem *Bodhicaryāvatāra* zitieren, anhand dessen wir uns die schädliche Natur der Leidenschaften und ihre unerwünschten Wirkungen vor Augen führen können. Im vierten Kapitel, das den Titel »Wachsame Sorge um das Erleuchtungsdenken« trägt, erklärt Śāntideva, daß die Folgen von Leidenschaften – Haß, Wut, Begierde und Neid, die in unserem Geist zu Hause sind – unsere wahren Feinde sind. Dabei macht Śāntideva deutlich, daß diese Feinde weder physische Körper mit

Armen und Beinen haben, noch Waffen in ihren Händen tragen; vielmehr wohnen sie in unserem Geist und plagen uns von innen. Sie beherrschen uns von innen heraus und halten uns wie Sklaven gefangen. Gewöhnlich sind wir uns jedoch nicht bewußt, daß unser Feind Verblendung heißt, und wir stellen uns keiner Konfrontation. Da wir die Leidenschaften nie herausfordern, halten sie sich unbehelligt in unserem Geist auf und schädigen uns nach Belieben.

> Die Feinde wie Haß und Begierde haben weder Arme noch Beine und sind weder mutig noch weise. Wie ist es möglich, daß ich von ihnen wie ein Sklave gehalten werde?
> Während sie in meinem Geist wohnen, schädigen sie mich, wie es ihnen gefällt, und ich ertrage sie geduldig, ohne Zorn. Aber in dieser Situation ist es unpassend und schmachvoll, Geduld zu üben.[1]

Negative Gedanken und Emotionen täuschen oft. Sie spielen uns einen Streich. Begierde zum Beispiel empfinden wir als vertrauten Freund, als etwas Schönes und Liebenswertes. In ähnlicher Weise erscheinen uns Wut und Haß als Beschützer, als verläßliche Leibwächter. Manchmal, wenn sich jemand anschickt, uns zu schaden, steigt Wut hoch wie ein Beschützer und gibt uns eine gewisse Stärke. Selbst wenn man physisch schwächer ist als der Gegner, verleiht Wut das Gefühl, stark zu sein. Sie läßt ein falsches Gefühl von Kraft und Energie aufkommen – mit dem Resultat, daß man vielleicht sogar zusammengeschlagen wird. Wir kämpfen niemals ernsthaft gegen Wut und andere negative, destruktive

Emotionen, weil sie in so trügerischer Gestalt auftreten. Es gibt viele Formen, wie uns negative Gedanken und Emotionen täuschen. Wir müssen zuerst einen ruhigen Geisteszustand erlangen, um die Hinterlist dieser negativen Gedanken und Emotionen zu bemerken. Nur auf dieser Grundlage werden wir anfangen, ihre verräterische Natur zu begreifen.

Die Geschichte der Menschheit belegt, daß ein gutes Herz der Schlüssel zur Entwicklung dessen war, was die Welt als große Errungenschaften betrachtet – zum Beispiel auf dem Gebiet der Bürgerrechte, des Sozialen, der politischen Befreiung oder der Religion. Eine aufrichtige Einstellung und altruistische Motivation fallen nicht ausschließlich in das Gebiet der Religion; sie können von jedem entwickelt werden. Es geht ganz einfach darum, echte Sorge für andere zu empfinden, für die Gemeinschaft, in der man lebt, für die Armen und Bedürftigen. Kurz gesagt, eine aufrichtige und altruistische Geisteshaltung entsteht dadurch, daß man ein ernstes Interesse am Wohl anderer, der größeren Gemeinschaft, entwickelt. Handlungen, die einer solchen Motivation entspringen, werden als gut und nützlich, als ein Dienst an der Menschheit in die Geschichte eingehen. Wenn man heutzutage von solchen Taten der Vergangenheit liest, empfindet man Glück und Freude darüber, obwohl sie längst vorbei und zu bloßen Erinnerungen verblaßt sind. Man ruft sie sich mit einer tiefen Bewunderung für die betreffende Person ins Gedächtnis, die eine große und wertvolle Aufgabe vollbracht hat. Auch in unserer Generation lassen sich Beispiele für solche Größe finden.

Auf der anderen Seite ist die Geschichte voll von Berichten über Individuen, die die zerstörerischsten und schädlichsten Handlungen wie Mord und Folter begingen und vielen Menschen Schmerz und unermeßliches Leiden zufügten. Darin zeigt sich die düstere Seite unseres gemeinsamen menschlichen Erbes. Doch derlei Taten kommen nur zustande, wo Haß, Wut, Neid und ungezügelte Gier mit im Spiel sind. Die Geschichte ist eine Aufzeichnung dessen, wie sich negative und positive Gedanken der Menschen ausgewirkt haben. Man kann bei intensiver Betrachtung der vergangenen Geschehnisse zu folgender Schlußfolgerung kommen: Wenn wir eine bessere und glücklichere Zukunft wollen, ist es jetzt an der Zeit, die geistige Verfassung unserer gegenwärtigen Generation unter die Lupe zu nehmen und uns zu überlegen, welche Lebensweise ihre Einstellung in der Zukunft hervorbringen wird. Es kann gar nicht genug betont werden, welche alles beherrschende Energie von negativen Einstellungen ausgeht.

Obwohl ich Mönch bin und die Lehren des *Bodhicaryāvatāra* anwenden sollte, werde ich selbst gelegentlich ärgerlich und benutze als Folge davon anderen gegenüber harsche Worte. Ein paar Momente später, wenn die Wut abgeklungen ist, fühle ich mich peinlich berührt: Die schlechten Worte sind ausgesprochen, und es gibt keinerlei Möglichkeit, sie ungesagt zu machen. Der Ton der Stimme ist verhallt, dennoch wirken die Worte nach. Also ist das einzige, was ich tun kann, zu der Person zu gehen und mich zu entschuldigen, nicht wahr? Aber in der Zwischenzeit fühlt man sich ziemlich niedergedrückt und verlegen. Dies zeigt, daß schon ein kurzer Augenblick von Wut und Ärger einen hohen Grad an Unbeghagen und Unausgeglichenheit im Urheber selbst auslöst, ganz zu schweigen von dem Schaden, den man bei der Person anrichtet, die die Zielscheibe des Ärgers war. Diese negativen Geisteszustände trüben unsere Intelligenz und Urteilskraft und verursachen auf diese Weise großen Schaden.

Eine der besten menschlichen Qualitäten ist unsere Intelligenz, die uns in die Lage versetzt, zu beurteilen, was heilsam ist und was nicht, was nützlich und was schädlich ist. Negative Emotionen wie Wut und starke Begierde vernichten diese besondere menschliche Qualität, und dies ist in der Tat sehr traurig. Wenn Wut oder Begierde sich des Geistes bemächtigen, kann es so sein als verliere die Person beinahe ihren Verstand; dabei bin ich sicher, daß niemand den Verstand verlieren will. Unter der Macht des Negativen vollführen wir Handlungen aller Art – mit oft weitreichenden und zerstörerischen Konsequenzen. Eine Person, die von solchen verblendeten Geisteszuständen ergriffen ist, ist wie ein Blinder, der nicht sehen kann, wohin er geht. Hinzu kommt, daß wir es vernachlässigen, etwas gegen negative Gedanken und Emotionen zu unternehmen – im Gegenteil, oftmals nähren und stärken wir sie noch, was uns an die Grenze des Wahnsinns treibt. So machen wir uns tatsächlich zur Beute ihrer vernichtenden Kräfte.

Wenn man in dieser Weise nachdenkt, erkennt man, daß unser wahrer Feind nicht außerhalb von uns steht. Lassen Sie mich ein weiteres Beispiel anführen. Wenn der Geist in Selbstdisziplin geübt ist, wird der Frieden des Geistes kaum gestört werden, auch wenn man von feindlichen Kräften umgeben ist. Auf der anderen Seite können der Frieden und die Ausgeglichenheit des Geistes durch eigene negative Gedanken und Emotionen sehr leicht zerrüttet werden. Ich wiederhole also: Der wahre Feind befindet sich innen und nicht außen. Normalerweise halten wir unseren Feind für eine Person, einen äußeren Handelnden, von dem wir glauben, daß er uns selbst oder einen Freund schädigt. Ein solcher Feind ist relativ und vergänglich. In einem Moment mag eine Person als ein Feind handeln, aber in einem anderen Moment könnte sie zum besten Freund werden. Dies ist eine Tatsache, die wir in unserem Leben oft erfahren. Negative Gedanken und Emotionen jedoch, die inneren Feinde, werden immer Feinde bleiben. Sie sind heute der Feind, sie waren früher der Feind, und sie werden in Zukunft der Feind bleiben, solange sie dem Geisteskontinuum innewohnen. Deshalb sagt Śāntideva, daß negative Gedanken und Emotionen die wahren Feinde sind, und diese Feinde befinden sich innen.

Der innere Feind ist extrem gefährlich. Das Zerstörungspotential eines äußeren Feindes ist begrenzt, verglichen mit der seines inneren Gegenstücks. Außerdem kann man oftmals gegen einen äußeren Feind physische Verteidigungsmaßnahmen ergreifen. Früher, als sie nur begrenzte materielle Mittel und technologische Möglichkeiten zur Verfügung hatten, bauten die Menschen Festungen und Burgen mit vielen Reihen von Schutzwällen. Im Atomzeitalter sind derlei Befestigungen überholt. Doch auch heute, in einer Zeit, in der jedes Land die Zielscheibe für die Atomwaffen anderer Länder sein kann, setzen die Menschen ihre Bemühungen fort, immer ausgeklügeltere Verteidigungssysteme zu entwickeln. Das strategische Verteidigungssystem der USA, das als »Star Wars« bekannt wurde, ist ein typisches Beispiel. Seiner Entwicklung liegt noch immer der alte Glaube zugrunde, daß wir ein System schaffen können, das uns »endgültigen« Schutz gewährt. Ich weiß nicht, ob es jemals möglich sein wird, ein Verteidigungssystem zu etablieren, das in der Lage ist, weltweit Sicherheit vor äußerer Zerstörung zu garantieren. Eines jedoch ist gewiß: Solange wir jene zerstörerischen inneren Feinde sich selbst überlassen, wird die physische Vernichtung immer drohend über uns schweben. Tatsächlich rührt die destruktive Kraft eines äußeren Feindes letztlich von der Macht dieser inneren Kräfte her. Der innere Feind ist der Auslöser, der die Gewalt des äußeren Feindes freisetzt.

Das einzig wirksame Mittel, um den inneren Feind zu überwinden, ist tiefe Einsicht in die Natur des Geistes. Ich spreche oft davon, daß der Geist ein sehr komplexes Phänomen ist. Entsprechend der buddhistischen Philosophie gibt es viele Arten von Geist oder Bewußtsein. In der naturwissenschaftlichen Forschung analysiert man Materie anhand der Teilchen, aus denen sie besteht. Man nutzt die positive Wirkungskraft der Materie auf atomarer oder molekularer Ebene und im Bereich chemischer Zusammensetzungen, während man jene Materie bewußt unberücksichtigt läßt oder eliminiert, die nicht über nutzbringende Eigenschaften verfügt. Diese differenzierte Vorgehensweise hat sicherlich einige beachtenswerte Resultate zutage gefördert. Würde die Welt ein ähnliches Maß an Aufmerksamkeit darauf verwenden, die innere Welt der geistigen Phänomene zu erkunden, könnte sie eine Vielfalt von Geisteszuständen entdecken, die sich unter anderem in der Art des Erfassens, in ihrem Objekt, im Grad der Intensität der Beschäftigung mit dem Objekt und ihren Wesensmerkmalen unterscheiden. Bestimmte Aspekte des Geistes sind nützlich und vorteilhaft; also sollte man sie korrekt identifizieren und ihr Potential weiterentwickeln. Wir müssen wie Wissenschaftler vorgehen: Wenn wir durch Untersuchung entdecken, daß bestimmte Geisteszustände unheilsam sind, weil sie Leiden und Probleme verursachen, sollten wir dieser Einsicht Rechnung tragen und nach einem Weg suchen, sie zu überwinden. Dies ist ein höchst lohnendes Projekt, an dem uns bei der Übung von Dharma hauptsächlich gelegen sein sollte. Es ist so ähnlich, als würde man die Schädeldecke öffnen und an den winzigen Zellen Experimente anstellen, um herauszufinden, welche Zellen Freude und welche Störungen verursachen.

Śāntideva weist darauf hin, daß Gefahr bestehe, solange die inneren Feinde in uns sicher seien. Er sagt: Selbst wenn alle Wesen der Welt sich als Feinde gegen uns erhöben und uns schädigten, so wären sie nicht in der Lage, den inneren Frieden zu stören, solange der eigene Geist ruhig und diszipliniert bleibt. Doch schon ein einziger Moment der Verblendung im eigenen Geist hat die Macht, an diesem Frieden und der inneren Stabilität zu rütteln.

Sollten auch alle Götter und Halbgötter sich als Feinde gegen mich erheben, so könnten sie mich doch nicht in die tiefsten Höllen bringen und mich dort in die lodernden Feuer werfen. Aber der mächtige Feind in Gestalt der Leidenschaften kann mich in einem Moment mitten in diese Flammen werfen, die so heftig sind, daß sie selbst von dem mächtigsten Berg nicht einmal die Asche übrig ließen.[2]

Śāntideva nennt einen wesentlichen Unterschied zwischen dem gewöhnlichen Feind und den Leidenschaften: Man kann vielleicht einen gewöhnlichen Feind zu einem Freund machen, wenn man sich ihm gegenüber freundlich und verständnisvoll verhält, aber mit den Leidenschaften läßt sich nicht in gleicher Weise verfahren. Je mehr man versucht, sich mit ihnen zu verbünden, um sich mit ihnen anzufreunden, um so schädlicher und verhängnisvoller wirken sie sich aus.

Wenn ich andere in liebenswürdiger Weise ehre und mich ihnen anvertraue, werden sie mir Wohlergehen und Glück bereiten. Aber wenn ich mich diesen Leidenschaften anvertraue, werden sie mir in der Zukunft nur Unglück und Schaden eintragen.[3]

Wie ich zuvor erwähnt habe, ist es möglich, die eigene Geisteshaltung und das eigene Verhalten zu verändern, indem man den Geist trainiert und innere Disziplin übt. Nehmen wir mich selbst als Beispiel: Die Leute halten Tibeter, die aus Amdo stammen, normalerweise für aufbrausend. Wenn in Tibet jemand in Wut geriet, nahmen die Leute dies als Zeichen dafür, daß die Person aus Amdo kam. Das ist die Region, aus der ich stamme. Wenn ich mein Temperament heute jedoch mit dem von früher vergleiche, als ich zwischen fünfzehn und zwanzig Jahre alt war, sehe ich einen beachtlichen Wandel. Heutzutage kommt es kaum noch vor, daß ich verärgert bin, und selbst wenn es geschieht, hält es nicht lange an. Dies ist ein wunderbarer Vorteil, heute bin ich immer recht heiter! Es ist das Resultat meiner eigenen Anwendung der Geistesschulung. Ich habe mein Land verloren und bin dadurch in einen Zustand geraten, in dem ich völlig vom Wohlwollen anderer abhänge. Ich habe meine Mutter verloren, auch die meisten meiner Lehrer und Gurus sind gestorben, auch wenn ich nun einige neue Gurus habe. Natürlich sind dies tragische Ereignisse, und es stimmt mich traurig, wenn ich daran denke. Trotzdem fühle ich mich nicht von Traurigkeit überwältigt. Alte, vertraute Gesichter verschwinden, neue tauchen auf, und trotzdem bewahre ich das Glück und den Frieden meines Geistes. Diese Fähigkeit, die Ereignisse im Leben aus einer weiter gefaßten Perspektive zu betrachten, ist für mich eines der Wunder der menschlichen Natur.

Solange man von Leidenschaften und der ihnen zugrunde liegenden Unwissenheit beherrscht wird, hat man keine Chance auf ein echtes, dauerhaftes Glück. Das ist ein Naturgesetz. Wenn man sich von dieser Wahrheit zutiefst beunruhigt fühlt, sollte man darauf reagieren, indem man einen Zustand der Freiheit von Leidenschaften anstrebt, das Nirvāṇa. Besonders Mönche und Nonnen sollten ihr Leben auf das Erreichen des Nirvāṇa, der wahren Befreiung ausrichten. Wenn man es sich leisten kann, sich vollständig der Übung des Dharma hinzugeben, sollte man jene spirituellen Me-

106

thoden anwenden, die zu diesem Zustand der Freiheit führen. Wenn man wie ich nicht genug Zeit dazu hat, wird es ziemlich schwierig, nicht wahr? Ich weiß, daß ein Faktor, der mich daran hindert, mich ganz solch einem engagierten Lebensweg hinzugeben, in meiner Faulheit liegt. Ich bin ein ziemlich fauler Dalai Lama, der faule Tenzin Gyatso! Aber gut; selbst wenn man sein Leben nicht so führen kann, daß es ganz auf die Ausübung von Dharma gerichtet ist, bringt es großen Nutzen, über die Unterweisungen so viel wie möglich nachzudenken. Auch sollte man sich bemühen, alle widrigen Umstände und Störungen als vergänglich zu betrachten. Sie erscheinen und verschwinden wie kleine Wellen in einem Teich. Soweit unsere Leben karmisch bedingt sind, sind sie von endlosen Problemzyklen durchzogen, die auftauchen und dann wieder vergehen. Ein Problem erscheint und zieht vorüber, und bald erhebt sich ein anderes. Die Schwierigkeiten kommen und gehen in einem endlosen Kontinuum. Zudem ist das Kontinuum unseres Bewußtseins – zum Beispiel das Bewußtsein von Tenzin Gyatso – ohne Anfang. Die grundlegende Natur dieses Bewußtseins wandelt sich niemals, obwohl es sich in einem ständigen Fluß, in einem sich stets wandelnden, dynamischen Prozeß befindet. So ist unsere Existenz im Daseinskreislauf beschaffen, und das Erkennen dieser Wahrheit macht es mir leicht, mich auf die Realität einzustellen. Diese realistische Lebensanschauung hilft mir, meinen Frieden, meine innere Ruhe und Ausgeglichenheit zu bewahren. So denke ich, der Bhikṣu Tenzin Gyatso. Aufgrund meiner eigenen Erfahrungen weiß ich, daß der

Geist trainiert werden kann, und durch die Mittel dieses Trainings kann man sich selbst tiefgreifend wandeln. Soviel ist sicher. Dessen bin ich mir gewiß.

Trotz seines beherrschenden Einflusses und zerstörerischen Potentials gibt es einen Aspekt, in dem der innere Feind schwächer ist als der äußere. Śāntideva erklärt im *Bodhicaryāvatāra*, daß man körperliche Kraft und Waffen benötigt, um gewöhnliche Feinde zu besiegen. Vielleicht muß man sogar Milliarden von Dollars für Waffen ausgeben, um sie zu schlagen. Aber um den inneren Feind zu bekämpfen, die Leidenschaften, muß man lediglich die Faktoren entwickeln, die Weisheit entstehen lassen, mit der man die endgültige Natur der Phänomene erkennt. Man braucht weder irgendwelche materiellen Waffen noch physische Stärke.

> Verblendete Leidenschaften! Wenn ich euch mit dem Auge der Weisheit aufgegeben und von meinem Geist vertrieben habe, wohin werdet ihr dann gehen? Wo werdet ihr wohnen, um wieder die Kraft zu gewinnen, mich erneut zu verletzen? Doch weil mein Geist schwach ist, ist der einzige Grund [warum ich euch noch nicht überwunden habe], daß ich keine Anstrengungen mache.[4]

Als ich von dem nunmehr verstorbenen Kunu Lama Rinpoche die mündlichen Unterweisungen zu diesem Text erhielt, machte ich die Bemerkung, der *Bodhicaryāvatāra* behaupte, Leidenschaften seien dürftig und schwach, und dies sei nicht richtig. Die Antwort war: Man brauche keine Atombombe, um sie zu vernichten! Das ist es, was Śāntideva hier anspricht. Es sind keine teuren, aufwendigen Waffensysteme erforderlich, um den inneren Feind zu zerstören. Man muß nur eine starke Entschlossenheit entwickeln, um diesen Feind mit Weisheit zu bezwingen, also mit der Erkenntnis der wahren Natur des Geistes. Man sollte überdies sowohl die relative Natur der negativen Gedanken und Emotionen als auch die endgültige Natur aller Phänomene in unverfälschter Weise verstehen. In der buddhistischen Fachterminologie ist diese Einsicht als »die vollständige Einsicht in die Natur der Leerheit« bekannt. Śāntideva erwähnt auch noch einen anderen Punkt, in dem die inneren Feinden schwächer als die äußeren sind: Anders als äußere Feinde können sich innere Feinde nicht wieder sammeln, um erneut anzugreifen, wenn sie erst einmal durch innere Mittel vernichtet worden sind.

11. Wut und Haß überwinden

Wir haben über die trügerische und Leid verursachende Natur von Leidenschaften gesprochen. Haß und Wut sind die größten Hindernisse für denjenigen, der Bodhicitta übt – den Erleuchtungsgeist, der in dem altruistischen Streben nach Erleuchtung besteht. Bodhisattvas sollten niemals Haß entstehen lassen, sondern rechtzeitig Gegenmittel anwenden. Zu diesem Zweck ist die Schulung der Geduld und der Toleranz erforderlich. Śāntideva erklärt zu Beginn des 6. Kapitels seiner Schrift, das den Titel »Geduld« trägt, wie ernst der Schaden ist, den Wut und Haß anrichten: Sie schädigen uns jetzt und in Zukunft, und sie schädigen uns, indem sie unsere Ansammlung von Verdienst aus der Vergangenheit zunichte machen. Da der Geduld Übende dem Haß entgegenwirken und ihn überwinden muß, betont Śāntideva, wie wichtig es ist, zuerst die Hauptursachen von Wut und Haß zu identifizieren: Unzufriedenheit und Kummer. Wenn wir unzufrieden und unglücklich sind, verlieren wir schnell unsere innere Ausgeglichenheit und fühlen uns enttäuscht und mißvergnügt, und dies zieht Gefühle von Ärger, Haß und Wut nach sich.

Śāntideva erläutert: Wer seine Geduld schulen möchte,

sollte verhindern, daß er unter die Macht von Unzufriedenheit und Gereiztheit gerät. Man wird schnell ungehalten, wenn man sich selbst bedroht fühlt oder jemanden bedroht sieht, den man liebt, wenn einem Unglück widerfährt oder wenn man von anderen am Erreichen seiner Ziele gehindert wird. Gefühle von Unzufriedenheit und Frustration, wie sie dann aufkommen, sind der Brennstoff für Haß und Wut. Somit ist es wichtig, daß man solchen Umständen von vornherein nicht erlaubt, den Frieden des Geistes zu stören.

Śāntideva betont, daß wir dem Haß schon beim ersten Aufflackern mit allen uns zur Verfügung stehenden Mitteln entgegenwirken sollten, denn seine einzige Funktion besteht darin, uns und andere zu schädigen. Dies ist ein sehr tiefgründiger Ratschlag.

Wenn der Haß erst seinen Brennstoff in der Unzufriedenheit gefunden hat, die ensteht, wenn das verhindert wird, was ich wünsche, und das geschieht, was ich nicht möchte, wächst er an und vernichtet mich.[5]

Wenn man hingegen auch unter widrigen Umständen einen ausgeglichenen und glücklichen Gemütszustand beibehält, ist das ein Schlüssel dafür, den aufsteigenden Haß im Keim zu ersticken. Wir fragen uns natürlich, wie dies zu erreichen ist. Śāntideva sagt, daß Unglücklichsein in keiner Weise dazu angetan ist, die unerwünschte Lage zu überwinden. Es ist nicht nur nutzlos, sondern wird zudem nur noch die Angst verschlimmern und Unbehagen und Gereiztheit Tür und Tor öffnen. Man verliert jedes Gefühl der Gelassenheit und Freude. Niedergeschlagenheit und Kummer bemächtigen sich mehr und mehr der Person und beeinträchtigen sogar Schlaf, Appetit und Gesundheit. Wenn mir von einem Feind Schaden zugefügt wird und ich daraufhin unglücklich werde, mag mein Kummer sogar noch Freude bei ihm auslösen. Deshalb ist es sinnlos, in einer schwierigen Situation unglücklich und entmutigt zu sein und auf Rache am Urheber des Schadens zu sinnen.

Śāntideva nennt weitere Argumente gegen Unzufriedenheit, Kummer und Ärger: Falls das Problem gelöst werden kann, gibt es keinen Grund, über die Maßen besorgt oder aufgebracht zu sein. Falls man jedoch die Schwierigkeiten nicht aus dem Weg zu räumen vermag, ist es ebenfalls nutzlos, deshalb unglücklich zu sein. In beiderlei Hinsicht ist Frustration und sich von den Schwierigkeiten überwältigen zu lassen keine geeignete Reaktion.

Allgemein gibt es zwei Arten von Haß oder Wut, die aus Kummer und Unzufriedenheit resultieren. Die eine liegt vor, wenn man von jemandem geschädigt wird und darauf gereizt reagiert oder Haß empfindet. Die andere Art Haß entsteht, wenn man den Erfolg und Reichtum von Feinden sieht; obwohl einem dabei niemand direkt Schaden zufügt, fühlt man sich schlecht, und Haß keimt auf.

Auf ähnliche Weise kann man zwei Arten von Schädigungen unterscheiden, die jeweils von anderen verursacht werden: Das ist zum einen körperlicher Schaden, der einem angetan und direkt erfahren wird; zum anderen sind es Schädigungen des materiellen Besitzes, des Rufs und Ansehens oder der Beziehungen.

Nehmen wir nun an, daß eine Person Sie mit einem

Stock schlägt; Sie haben Schmerzen und werden wütend. Ihre Wut wird sich aber kaum auf das Instrument richten, das den Schmerz ausgelöst hat, also den Stock, oder? Was genau ist also das Objekt Ihres Ärgers? Wenn wir es für angemessen halten, auf den Faktor wütend zu werden, der die Handlung des Schlagens ausgelöst hat, dann sollten wir nicht auf die Person ärgerlich reagieren, sondern auf die verblendeten Emotionen, die sie dazu gebracht haben, so zu handeln. Gewöhnlich treffen wir aber solche Unterscheidungen nicht. Statt dessen halten wir den Handelnden, also das Bindeglied zwischen motivierender Emotion und ausgeführter Handlung, für allein verantwortlich. Wir richten unsere Feindseligkeit auf diese Person, nicht aber auf den Stock oder die Verblendung in deren Geist.

Wir sollten uns auch bewußt sein, daß unser Körper selbst zum Teil zur Erfahrung von Schmerz beiträgt. Unser Körper ist so beschaffen, daß er für Schmerz anfällig ist, wenn er zum Beispiel mit einem Stock geschlagen wird. Und selbst wenn keine akuten äußeren Ursachen für Schmerz vorhanden sind, erleben wir aufgrund unseres Körpers und seiner Konstitution oft physischen Schmerz. Daraus wird klar ersichtlich, daß die Erfahrung von Schmerz und Leiden als Folge der Wechselwirkung zwischen beiden Seiten zustande kommt: unserem eigenen Körper und den äußeren Faktoren.

Man kann auch über folgendes nachdenken: Wenn das Schädigen von anderen untrennbar zur Natur des Schädiger gehört, ist es sinnlos, ärgerlich zu sein, da es nichts gibt, was man selbst oder die andere Person unternehmen könnte, um deren Natur zu verändern. Wenn es tatsächlich die Natur der Person wäre, Schaden zu verursachen, wäre diese Person ganz einfach unfähig, anders zu handeln. Wie Śāntideva sagt:

Selbst wenn es die Natur der Weltlichen wäre, andere Wesen zu schädigen, wäre es dennoch falsch, auf sie wütend zu sein. Denn dies wäre so, als würde man es dem Feuer übelnehmen, daß es seine Natur ist, zu brennen.[6]

Wenn es dagegen nicht in der Natur eines Menschen liegt, anderen zu schaden und sein scheinbar schädlicher Charakter nur gelegentlich und unter bestimmten Umständen zutage tritt, dann gibt es noch immer keinen Grund, auf die betreffende Person wütend zu sein. In diesem Fall wäre das Problem nämlich insgesamt auf bestimmte Bedingungen und Umstände zurückzuführen. Zum Beispiel kann es sein, daß die Person ihre Geduld verloren und deshalb falsch gehandelt hat, aber nicht wirklich die Absicht hatte, mich zu verletzen. Auch so kann man seine Gedanken kanalisieren, um Ärger und Wut einzudämmen.

Oft entwickelt man Haß und Ärger auf andere, weil man sie als Personen wahrnimmt, die dem eigenen Erwerb von Ansehen, gesellschaftlicher Stellung, materiellem Gewinn und ähnlichem im Wege stehen, auch wenn sie einem nicht direkt körperlichen Schaden zugefügt haben. In diesem Fall kann man sich fragen: Gibt es einen Grund, und lohnt es sich wirklich, wegen dieses speziellen Problems besonders ärgerlich zu reagieren? Man analysiert das Wesen des erstrebten Ziels, an dessen Erreichen man gehindert wird, zum Beispiel

Ruhm und Ansehen, und prüft sorgfältig, welchen Nutzen es für einen hat. Ist es wirklich so wichtig, wie es im Augenblick erscheint? Man wird herausfinden, daß es das nicht ist. Warum sollte man dann auf den anderen wütend sein? So zu denken ist ebenfalls nützlich.

Überkommt einen Groll, weil ein Feind Erfolg oder Reichtum hat, so sollte man sich überlegen, daß es den Besitz oder Erfolg der betreffenden Person nicht im geringsten tangiert, wenn man haßerfüllt, wütend, unglücklich oder schlecht gelaunt ist. Schon von diesem Blickwinkel her ist der Ärger ziemlich sinnlos.

Übende, die sich von Śāntidevas Text inspirieren und leiten lassen, streben parallel zur Schulung der Geduld danach, Mitgefühl und Bodhicitta zu entwickeln und ihr Denken mit den Mitteln des Geistestrainings umzuwandeln. Bodhicitta, der Erleuchtungsgeist, ist die altruistische Absicht, die Erleuchtung zum Wohle aller Wesen zu erlangen. Wenn man trotz seiner Schulung unglücklich darüber ist, daß die Widersacher in ihrem Leben erfolgreich sind, sollte man sich ins Gedächtnis rufen, daß solche Gefühle für die Entwicklung von Bodhicitta völlig unangemessen sind. Wenn man bei dieser negativen Einstellung bleibt, ist der Anspruch, den Erleuchtungsgeist zu üben und gemäß den Regeln des Geistestrainings zu leben, nicht mehr als ein bloßes Lippenbekenntnis ohne Bezug zur Wirklichkeit. Statt dessen sollte ein wahrhaft Bodhicitta Übender sich darüber freuen, daß andere in der Lage waren, aus eigener Kraft und ohne fremde Hilfe etwas für sich selbst zu erreichen. Statt unglücklich, neidisch und haßerfüllt zu sein, freut man sich über den Erfolg anderer.

Wenn wir die Zusammenhänge tiefschürfender betrachten, müßten wir in Wahrheit jenen dankbar sein, die uns Schaden zufügen. Schwierige Situationen bieten uns die seltene Gelegenheit, unsere Geduld zu testen. Sie sind aber nicht nur wertvolle Anlässe, um Geduld zu üben, sondern auch die anderen Bodhisattva-Ideale. Sie eröffnen uns die Chance, Verdienst anzusammeln und Nutzen daraus zu ziehen. Dagegen muß der arme Feind die leidvollen Konsequenzen seiner Handlung erleben, da er anderen mit seiner Motivation von Ärger oder Haß Schaden zugefügt hat. Aus dieser Perspektive erscheint es eher so, als habe sich der Täter für unser Wohl geopfert, indem er uns schädigte. Da das Sammeln von Verdienst durch die Übung von Geduld nur aufgrund des Anlasses möglich war, den uns der Feind geboten hat, sollten wir strenggenommen unser Verdienst dem Wohle dieses Feindes widmen. Aus diesem Grund spricht der *Bodhicaryāvatāra* über die Freundlichkeit des Feindes.

Auf der einen Seite erkennen wir vielleicht, welche Freundlichkeit wir aus den genannten Gründen von einem Feind erfahren haben. Auf der anderen Seite sehen wir aber, daß der Feind gar nicht die Absicht hatte, uns zu helfen. Deshalb glauben wir vielleicht, es sei für uns überhaupt nicht notwendig, uns seine Freundlichkeit zu vergegenwärtigen, ihm Respekt zu zollen und ihn wertzuschätzen. Wenn man jedoch meint, es müsse eine bewußte Absicht von der Seite des Objekts her vorliegen, damit man etwas für wertvoll erachtet, dann sollte dieses Argument ebenso auf andere Objekte zutreffen. Die Wahren Beendigungen von Leiden und die

Wahren Pfade, die zu deren Beendigung führen, sind ebenfalls ohne bewußte Absicht und bewirken dennoch Nutzen. Und wir achten und ehren sie, eben weil wir Nutzen aus ihnen ziehen. Wenn allein der Vorteil, den uns diese beiden Wahrheiten der Heiligen verschaffen, unsere Achtung für sie rechtfertigt, obwohl sie keine Absicht hegen, uns zu nutzen, dann sollte dieses logische Prinzip auch auf den Feind angewendet werden.

Man mag nun einwenden, daß es einen entscheidenden Unterschied zwischen einem Feind auf der einen Seite und den Wahren Beendigungen und Wahren Pfaden auf der anderen Seite gibt: Anders als diese beiden Wahrheiten hat der Feind einen bewußten Willen zu schädigen. Aber dieser Unterschied ist keine gültige Begründung dafür, dem Feind keinen Respekt zu zollen; in Wahrheit ist er ein weiterer Grund, den Feind zu achten und ihm dankbar zu sein. Denn es ist dieser spezielle Aspekt, der den Feind einzigartig macht. Wenn das Zufügen bloßen physischen Schmerzes ausreichte, um jemanden zum Feind zu machen, müßte man auch den Arzt als Feind betrachten, denn er verursacht bei einer Behandlung oftmals Schmerzen. Als einer, der ehrlich Mitgefühl und Bodhicitta übt, muß man Geduld entwickeln; das ist die Fähigkeit, Schädigungen ohne Feindseligkeit zu ertragen. Damit man dies ernsthaft üben kann, muß es jemanden geben, von dem man absichtlich geschädigt wird. Folglich eröffnen uns solche Menschen die echte Möglichkeit, diese Geduld anzuwenden und zu stärken. Sie stellen unsere innere Stärke in einem Maße auf die Probe, wie es selbst unser Guru nicht könnte, und sogar der Buddha vermag dies nicht.

Der Feind ist der einzige, der dazu imstande ist. Das ist eine bemerkenswerte Schlußfolgerung. Indem man diese Begründungen anwendet, kann man Feinde auf Dauer in besonderer Weise achten. Das ist der Kern von Śāntidevas Botschaft in diesem Kapitel.

Hat man einmal zu einem echten Respekt vor seinem Feind gefunden, kann man ohne Schwierigkeiten die meisten der Haupthindernisse beseitigen, um grenzenlosen Altruismus zu entwickeln. Śāntideva sagt im *Bodhicaryāvatāra:* Im selben Umfang, wie Buddhas zum Erlangen der eigenen Allwissenheit beitragen, leisten auch andere Lebewesen ihren Beitrag dazu. Allwissenheit kann nur in Abhängigkeit von beiden Feldern erlangt werden: dem Feld der Lebewesen und dem Feld der Buddhas. Denjenigen unter uns, die den Anspruch erheben, Nachfolger von Buddha Śākyamuni zu sein, und die das Bodhisattva-Ideal achten und ehren, sagt Śāntideva: Es ist nicht korrekt, Feinden gegenüber Groll oder Haß zu empfinden, während Buddhas und Bodhisattvas alle Lebewesen von Herzen lieben. Natürlich sind auch unsere Feinde gemeint, wenn wir »alle Lebewesen« sagen. Würden wir jene hassen, die die Buddhas und Bodhisattvas in ihr Herz geschlossen haben, so stünden wir im Widerspruch zu den Idealen und Erfahrungen aller Buddhas und Bodhisattvas und damit im Widerspruch zur Intention genau jener Wesen, denen wir nachzueifern versuchen.

Schon in weltlichen Belangen gilt: Je mehr Respekt und Zuneigung wir für eine Person empfinden, um so mehr Rücksicht nehmen wir auf sie. Wir vermeiden, in einer Art und Weise zu handeln, die diese Person mißbilligen würde, und fürchten, sie zu kränken. Wir nehmen Rücksicht auf die Denkweise und die Prinzipien unserer Freunde. Wenn wir diese Rücksicht schon unseren gewöhnlichen Freunden entgegenbringen, dann sollten wir als Übende des Bodhisattva-Ideals den Buddhas und Bodhisattvas doch mindestens die gleiche, wenn nicht höhere Beachtung schenken, indem wir versuchen, nicht an Gefühlen wie Feindseligkeit und Haß gegenüber unseren Feinden festzuhalten.

Śāntideva schließt dieses Kapitel ab, indem er aufzeigt, welche Vorteile es hat, Geduld zu üben. Zusammenfassend läßt sich sagen: Übt man sich in Geduld, so wird man nicht nur in der Zukunft Allwissenheit erreichen, sondern schon heute, im täglichen Leben, vielfältigen konkreten Nutzen erfahren. Man wird befähigt, den Frieden des Geistes zu bewahren und in Freude zu leben.

Übt man sich in Geduld, um Haß und Wut zu überwinden, so tut man gut daran, sich mit der Stärke der Tatkraft auszurüsten. Wir sollten bei der Entwicklung von Tatkraft Geschick walten lassen. Śāntideva erklärt: Auch wenn man eine gewöhnliche weltliche Aufgabe erfolgreich lösen will, wird man achtsam und klug agieren. Bei der Kriegführung zum Beispiel geht man sehr vorsichtig vor, um dem Feind den größtmöglichen Schaden zuzufügen und gleichzeitig sich selbst vor der Gewalt des Gegners zu schützen. Genauso muß man vorgehen, wenn man Tatkraft schult: Unser Ziel sollte es sein, die höchste Ebene zu erreichen und gleichzeitig sicherzustellen, daß dabei nicht die anderen Übungen geschädigt oder behindert werden.

12. Uns selbst und andere gleichsetzen und austauschen

Im *Bodhicaryāvatāra* wird im Kapitel über meditative Sammlung die Meditation zur Erzeugung von Bodhicitta erläutert, dem Streben nach Buddhaschaft zum Wohle aller fühlenden Wesen. Śāntideva stützt seine Anweisungen auf Nāgārjunas Werk *Der Kostbare Kranz (Ratnāvalī)*[7] und erklärt die Techniken zur Entwicklung des altruistischen Strebens nach Erleuchtung mit der Methode, die als »das Gleichsetzen und Austauschen von uns selbst und anderen« bezeichnet wird.[8]

Beim Gleichsetzen von uns selbst und anderen muß man ein Verständnis für folgenden Zusammenhang entwickeln: Genauso wie ich Glück wünsche und Leiden zu vermeiden suche, streben alle anderen Lebewesen, deren Zahl unendlich ist wie der Raum, nach Glück und suchen Leiden abzuwehren. Śāntideva erklärt: In gleicher Weise, wie wir für unser eigenes Wohl arbeiten, Glück ersehnen und uns vor Leiden schützen, sollten wir zum Wohle anderer arbeiten, damit sie einen Zustand von Glück und Leidfreiheit erlangen.

Śāntideva argumentiert: Obwohl die Körperteile wie Kopf, Gliedmaßen und so weiter voneinander verschieden sind, besteht zwischen ihnen kein Unterschied hinsichtlich der Notwendigkeit, sie zu schützen; denn sie alle sind gleichermaßen Teile desselben Körpers. Genauso haben alle Lebewesen unterschiedslos den natürlichen Wunsch, Glück zu erleben und von Leiden frei zu sein. Im Hinblick auf diese natürliche Veranlagung besteht nicht der geringste Unterschied zwischen den Wesen. Folglich gibt es keinen Grund, daß wir in dem Bemühen, Glück herbeizuführen und Leiden abzuwenden, einen Unterschied zwischen uns und anderen machen.

Wir müssen unsere Einstellung, mit der wir uns selbst und andere Wesen als getrennt und grundsätzlich verschieden ansehen, überdenken und uns ernsthaft bemühen, sie zu überwinden. Wir haben gesehen, daß es im Hinblick auf den Wunsch, Glück zu erlangen und Leiden zu vermeiden, überhaupt keinen Unterschied gibt. Dasselbe gilt für unser natürliches Recht auf Glück. So wie wir als einzelne das Recht haben, Glück und Leidfreiheit zu genießen, so haben alle anderen Lebewesen dieses selbe natürliche Recht. Worin liegt nun aber der Unterschied? Der Unterschied liegt in der Anzahl der Lebewesen, um die es geht. Wenn wir über unser eigenes Wohlergehen sprechen, so dreht es sich um das Wohlergehen nur eines einzigen Individuums, wohingegen das Wohl der anderen das Wohl einer unendlichen Zahl von Wesen umfaßt. Von diesem Standpunkt aus kann man verstehen, daß das Glück der anderen viel wichtiger ist als das eigene.

Falls unser eigenes Wohl und das der anderen nicht miteinander in Beziehung stünden, vielmehr voneinander unabhängig wären, würde uns dies vielleicht ein Argument liefern, um das Wohl der anderen zu vernachlässigen. Aber das entspricht nicht den Tatsachen. Ich stehe immer mit anderen in Beziehung und bin in starkem Maße von ihnen abhängig: als gewöhnliches Wesen, als Übender auf dem Pfad und als Erleuchteter am Ende des Pfades. Wenn man so nachdenkt, ergibt sich natürlicherweise, wie wichtig es ist, zum Wohle der anderen zu wirken.

Obwohl diese Argumentation gültig ist, sollte man zusätzlich untersuchen, ob persönliches Glück und die Erfüllung der eigenen Wünsche überhaupt möglich sind, wenn man wie gewohnt selbstsüchtig und ichbezogen denkt. Bejaht man dies, dann wäre es ein vernünftiges Lebenssprinzip, selbstsüchtigen Gewohnheiten zu folgen. Aber so ist es nicht. Die Natur unserer Existenz ist so angelegt, daß wir für unser Überleben auf die Freundlichkeit und Kooperation der anderen angewiesen sind. Wir können diese Tatsache unschwer beobachten und an uns selbst nachprüfen: Je mehr wir uns das Wohlergehen der anderen zu Herzen nehmen und uns ihrem Nutzen widmen, desto mehr Vorteile erwachsen uns daraus. Andererseits gilt: Je selbstsüchtiger und egozentrischer wir sind, um so einsamer und unglücklicher fühlen wir uns.

Wenn man also den eigenen Nutzen und das eigene Glück gewährleisten möchte, ist es besser, das Wohl der anderen stärker zu berücksichtigen und wichtiger zu nehmen als das eigene, wie es der *Bodhicaryāvatāra* empfiehlt. Indem man diese Gedankengänge wiederholt nachvollzieht, wird man mit Sicherheit mehr und mehr eine Einstellung stärken können, die das Wohl der anderen als wichtig und wertvoll empfindet.

Die Übung des Bodhicitta läßt sich mit Meditationen über die verschiedenen Aspekte der Weisheitsschulung vervollständigen. Zum Beispiel kann man über die Buddha-Natur nachdenken, das Potential, die Buddhaschaft zu erlangen, das uns selbst und allen Lebewesen innewohnt. Auch sind Reflexionen über die endgültige Natur der Phänomene, ihre Leerheit sinnvoll; dabei folgt man logischen Begründungen, um sich über die Natur der Wirklichkeit klar zu werden. Man kann sich vergegenwärtigen, daß die Beendigung von Leiden möglich ist, weil die Unwissenheit als Wurzelursache des Leidens ihrer Natur nach vorübergehend ist und nicht zum Wesen des Geistes gehört; deshalb kann sie vom Geist getrennt werden. Man wird einen echten Wandel im eigenen Geist feststellen können, wenn man mit gebündelter Kraft über lange Zeit einerseits diese Aspekte der Weisheitsschulung reflektiert und meditiert und andererseits kontinuierlich Mitgefühl und Altruismus übt.

Aus diesem Grund folgt im *Bodhicaryāvatāra* der Diskussion über die Übung des Bodhicitta unmittelbar das Kapitel über Weisheit. Das Weisheitskapitel ist im Gegensatz zu den vorhergehenden Kapiteln komplex und schwierig. Ich bin überzeugt, daß Śāntideva, der großes Mitgefühl hatte und die bewundernswerte Gabe besaß, Gedanken einfach und prägnant auszudrücken, dies auch im Weisheitskapitel getan hätte, wenn es möglich gewesen wäre. Aber das hat er nicht vermocht. So müssen wir von unserer Seite her mehr Mühe aufwenden und Schwerarbeit leisten, um dieses Kapitel hinlänglich zu verstehen; einen anderen Weg gibt es nicht.

13. Fragen und Antworten

Frage: Ich finde, daß im Westen der Druck enorm ist, immer mehr zu leisten und alles schneller zu machen. Welche Methoden empfehlen Sie gegen Streß und Ungeduld?

Dalai Lama: Das ist schwer zu sagen. Es hängt sehr stark von der eigenen geistigen Einstellung ab. Auch wenn man körperlich sehr angespannt und ständig in Eile ist, wird es gewiß hilfreich sein, einen ruhigen Geist zu bewahren, sofern das gelingt. Vermutlich sind Sie selbst am ehesten in der Lage, das beste Gegenmittel zu finden, indem Sie Ihre eigenen Erfahrungen auswerten.

Frage: Wäre es angesichts der Tatsache, daß Politik der Faktor ist, von dem die Familie am meisten beeinflußt wird, nicht wichtig, daß sich Menschen, die wahrhaft das Leben eines Bodhisattvas leben, in der Politik engagieren oder sich zumindest objektiv damit abgeben?

Dalai Lama: Ein Bodhisattva ist eine Person, die das Ziel anstrebt, die vollkommene Erleuchtung zum Wohl aller Lebewesen zu erlangen, und sich zudem verpflichtet hat, ihr Handeln stets darauf auszurichten, daß sie dieses Ziel auch erreicht. Dies kann grundsätzlich den

124

Bereich der Politik einschließen. Wenn ein Bodhisattva mit einiger Sicherheit weiß, daß er einen entscheidenden Wandel in der Gesellschaft bewirken kann, indem er sich aktiv in der Politik engagiert, dann sollte er dies in jedem Fall tun.

Frage: Eure Heiligkeit, Sie sprachen über die Beziehung, die wir zu unserem Feind haben sollten. Was sagen buddhistische Schriften über Geisteskranke?

Dalai Lama: Buddhistische Schriften sprechen davon, daß man mit solchen Menschen außergewöhnlich freundlich und mitfühlend umgehen sollte. Eines der wichtigsten Ideale der Bodhisattva-Praxis ist es, jenen gegenüber besonders mitfühlend zu sein, die die meiste Hilfe benötigen, zum Beispiel körperlich oder geistig Behinderten.

Teil III:

Der tibetische Vajrayāna-Buddhismus

14. Die besonderen Merkmale des Tantra

Ich möchte mich nun zum buddhistischen Tantra äußern: dem Denk- und Übungssystem, das als Vajra-yāna (»Diamant- bzw. Vajra-Fahrzeug«) bekannt ist. Zu dessen Chronologie gibt es unterschiedliche Meinungen, vor allem zur Entstehung der buddhistischen Tantra-Unterweisungen, das heißt zur Frage, wann und wo der Buddha die verschiedenen Tantras lehrte.[1] Man braucht jedoch nicht davon auszugehen, daß der Buddha alle tantrischen Lehren innerhalb seiner historischen Lebensspanne gab. Vielmehr ist es aus meiner Sicht durchaus möglich, daß tantrische Lehren auch später aus außergewöhnlichen Einsichten hoch verwirklichter Individuen entstehen konnten. Diese besaßen die Fähigkeit, die physischen Elemente sowie die Potentiale im menschlichen Körper und Geist in vollem Umfang zu erforschen. Als Resultat einer solchen Erforschung kann ein Übender sehr hohe Verwirklichung erzielen und Visionen erleben, die ihn in die Lage versetzen, tantrische Belehrungen auf einer mystischen Ebene zu empfangen. Wenn man über die tantrischen Unterweisungen nachdenkt, sollte man seine Sicht also nicht durch starre Vorstellungen von Zeit und Raum einengen.

129

Obwohl es offensichtlich einige Gruppen von Tantras der unteren Tantra-Klassen gibt, die der Buddha in seiner bekannten Erscheinung als Mönch lehrte, vermittelte er in den meisten Fällen ein bestimmtes Tantra als Erscheinung der Hauptgottheit im Maṇḍala dieses speziellen Tantra.

Wer mit tantrischen Übungen beginnen will, muß durch vorausgehende Übungen eine stabile Grundlage dafür geschaffen haben. Man sollte genügend Erfahrung mit den wesentlichen Aspekten des Pfades zur Erleuchtung gesammelt haben, die der Buddha im Sūtra-System erläutert hat, wie ich das bereits erklärt habe. Drei Hauptaspekte dieses Pfades sind besonders wichtig: Als erstes sollte man eine Geisteshaltung entwickeln, die darauf ausgerichtet ist, die Leidensursachen vollständig zu beseitigen. Zweitens benötigt man eine korrekte Ansicht der Leerheit, wie sie im Mittleren Rad der Lehre erklärt wurde. Drittens sind zumindest einige Erfahrungen mit Bodhicitta erforderlich, dem altruistischen Streben nach Erleuchtung zum Wohl aller Wesen auf der Basis von Liebe und Mitgefühl. Das Verständnis dieser Aspekte bildet zusammen mit der Schulung der Sechs Vollkommenheiten ein einwandfreies Fundament jenes Pfades, der Sūtra und Tantra gemeinsam ist. Nur auf dieser Grundlage kann die Übung des Tantra gelingen.

Die Tiefgründigkeit des Tantra zeigt sich in vollem Umfang in den Unterweisungen und Übungsmethoden des Höchsten Yogatantra. Die vollständige Bedeutung von Begriffen wie »Unbefleckte Weisheit« oder »Buddha-Essenz«, auf die man in einigen Schriften des Letzten

Rades stößt, kristallisiert sich nur im Höchsten Yogatantra heraus. Ungeachtet des Standpunkts, den man zu der Frage einnimmt, ob Maitreyas *Uttaratantra* [ein Werk, das zum Sūtra-System gehört] ausdrücklich über den grundlegenden, angeborenen Geist des Klaren Lichts spricht [ein Begriff aus dem Höchsten Yogatantra], ist es diese grundlegende Natur des Geistes, auf die sich die Lehre von der Buddha-Essenz oder Buddha-Natur[2] letztlich bezieht. Folglich sollte die endgültige Intention dieser Unterweisung über die Buddha-Natur im Sinne des grundlegenden angeborenen Geistes des Klaren Lichts verstanden werden, das ausdrücklich und in aller Ausführlichkeit im Höchsten Yogatantra erklärt wird.

Die Methodik des Höchsten Yogatantra wird als einzigartig und äußerst tiefgründig angesehen. Hier werden nicht allein Methoden gelehrt, mit denen man den Pfad auf einer groben Ebene des Geistes verwirklichen kann, sondern darüber hinaus verschiedene Techniken und Methoden, mit denen man die subtilen Ebenen des Geistes nutzen und in das Wesen des Pfades zur Erleuchtung umwandeln kann. Die subtilste, fundamentale Ebene des Geistes bildet der angeborene Geist des Klaren Lichts. Wer fähig ist, diesen in den Pfad umzuwandeln, ist mit einer sehr kraftvollen Übung ausgestattet.

Wenn man normalerweise eine konzentrative, punktförmige Meditation durchführt, so geschieht dies mit den gröberen Ebenen des Geistes. Folglich sind starke Gegenmittel von Vergegenwärtigung und Wachsamkeit erforderlich, damit der Geist auf das Meditationsobjekt gerichtet bleibt und daran gehindert wird, von Ablenkungen weggetragen zu werden. Deshalb muß man sich bei der Meditation sehr bewußt und mit starker Kraft bemühen, die Konzentration auf das Objekt und die Wachheit des Geistes aufrechtzuerhalten. Was uns am meisten ablenkt, sind unsere üblichen Gedanken, die zu den gröberen Ebenen des Geistes gehören. Wenn es nun Mittel gäbe, um die groben Ebenen des Geistes auszuschalten, so bestünde nicht länger die Notwendigkeit für angestrengte und konstante Übung von Aufmerksamkeit und Wachsamkeit. Demgemäß wird im Höchsten Yogatantra eine besondere Meditationstechnik vermittelt, mit der man die groben Ebenen des Geistes aufzulösen und zurückzuziehen vermag; man bringt den Geist auf seine subtilste Ebene, auf der es nicht mehr möglich ist, daß Ablenkungen auftauchen.

Im Höchsten Yogatantra werden Methoden angewandt, um den Geist auf seiner subtilsten Ebene zu aktivieren und ihn in den Pfad umzuwandeln. Allgemein bestehen diese Techniken darin, sowohl die groben Ebenen des Geistes als auch die inneren Energien (die sogenannten »Winde«), von denen diese groben Geisteszustände bewegt werden, aufzulösen und zurückzuziehen. Die drei Hauptmethoden dafür sind: (1) der Wind-Yoga *(prāṇayoga)*, (2) das Erzeugen der Erfahrung der Vier Glückseligkeiten und (3) die Entwicklung des Unbegrifflichen Zustands.[3]

Man sollte sich bewußt sein, daß diese Methoden recht verschieden voneinander sind. Zwar kann man mit jeder dieser drei Techniken die groben Geisteszustände und die mit ihnen einhergehenden Energien auflösen und zurückziehen. Aber das bedeutet nicht, daß eine Technik allein ausreichend wäre. Bei der Übung von Dharma muß grundsätzlich die Anwendung einer Hauptmethode durch andere, ergänzende Übungen vervollständigt werden. Wenn man beispielsweise heute einen heilsamen Gedanken erzeugt, kann dieser zu einer der Ursachen dafür werden, daß man künftig einmal als Resultat den Zustand der Allwissenheit erlangt. Aber er ist natürlich nicht die einzige und allein ausreichende Ursache.

In der Schrift *Heilige Worte des Mañjuśrī (Mañjuśrīmukhāgama)*, einem Text über die Vollendungsstufe des *Guhyasamāja-Mañjuśrīvajra*,[4] entwickelt der indische Meister Buddhaśrījñāna folgenden Gedanken: Aufgrund der physischen Struktur unseres menschlichen Körpers auf diesem Planeten und der Elemente, die wir besitzen, gibt es sogar auf gewöhnlicher Ebene bestimmte Gelegenheiten, in denen wir natürlicherweise kleine Erfahrungen mit der äußerst subtilen Ebene des Geistes machen, die sich »Klares Licht« oder »Unbegrifflicher Zustand« nennt. Solche Gelegenheiten ergeben sich während des Schlafes, beim Niesen, in einer Ohnmacht und beim sexuellen Höhepunkt. Dies zeigt, daß wir ein Potential, einen Samen in uns tragen, der weiterentwickelt werden kann. Unter diesen vier natürlich auftretenden Zuständen ist der sexuelle Höhepunkt derjenige, der die beste Möglichkeit eröffnet, die Erfahrung des Klaren Lichts hervorzurufen. Obwohl hier der gewöhnliche Begriff »sexuell« benutzt wird, darf er nicht in gewöhnlicher Weise verstanden werden. Die Vorgehensweise ist vielmehr so, daß durch die Erfahrung der

Vereinigung mit einem Gefährten des anderen Geschlechts zuerst die im Scheitel gelagerten vitalen Elemente schmelzen [und durch die Energiezentren nach unten sinken]. Dann wird der Fluß dieser Elemente durch die Kraft der Meditation umgekehrt und wieder nach oben geleitet. [Dabei werden verschiedene Arten der Glückseligkeit auf subtiler Bewußtseinsebene erlebt, die in der Meditation zur Erkenntnis der Leerheit genutzt werden.] Als eine der Voraussetzungen für diese fortgeschrittene Übung muß der Übende in der Lage sein, sich während der Vereinigung des Fehlers zu enthalten, sexuelle Flüssigkeit austreten zu lassen. Die Ejakulation wird als schädlich für die Übung angesehen, besonders nach den Erklärungen im Kālacakra-Tantra. Dieses Tantra streicht heraus, daß ein Übender des Tantra sich sogar im Traum vor dem Erguß schützen sollte. Folglich beschreibt es Techniken, mit denen der Meditierende diese Fähigkeit entwickeln kann. Diese Forderung unterscheidet sich von den Ordensregeln der Mönche und Nonnen: In den Lehren der Ordensdisziplin, wie sie im Vinaya dargelegt sind, nannte der Buddha den Erguß während eines Traums als Ausnahme, die keinen Verstoß gegen das Keuschheitsgelübde darstelle. Denn er sah ihn auf dieser Ebene der spirituellen Übung als unwillkürlichen Vorgang an, der außerhalb der bewußten Kontrolle des Praktizierenden liegt. Im Tantra dagegen wird besonders hervorgehoben, daß man sich vor dem Erguß während eines Traums schützen sollte.

Um das tatsächliche Schmelzen des Bodhicitta[5] zu erfahren, muß der Meditierende ein Gefühl der Begierde erzeugen, wie es normalerweise in Verbindung mit einer sexuell attraktiven Person erlebt wird. Durch die Kraft dieser Begierde ist er in der Lage, die Elemente im eigenen Körper zum Schmelzen zu bringen, was in die Erfahrung eines nicht-begrifflichen Zustands mündet. An diesem Punkt der Meditation sollte man die Aufmerksamkeit auf Bodhicitta ausrichten und darauf verweilen lassen. Durch das Schmelzen des Bodhicitta im eigenen Körper erfährt man einen glückseligen, nicht-begrifflichen Bewußtseinszustand. Wenn man in der Lage ist, diese Glückseligkeit in die Erfahrung der Leerheit zu überführen, dann hat man damit erreicht, eine Leidenschaft in die Weisheit, die die Leerheit erkennt, umzuwandeln; denn diese Weisheit ist aus der Begierde und damit einer verblendeten Emotion hervorgegangen. Wenn man den nicht-begrifflichen Glückszustand für die Erkenntnis der Leerheit zu nutzen vermag, erhält die so erzeugte Weisheit eine außergewöhnliche Wirkungskraft und dient als Gegenmittel gegen alle verblendeten Emotionen und Vorstellungen. Aufgrund dieses Zusammenhangs kann man sagen, daß nun gewissenmaßen die Leidenschaften selbst die Leidenschaften zerstören: Weisheit, die aus einem Zustand der Leidenschaft heraus erzeugt wird, überwindet die Leidenschaften; denn die glückselige Erfahrung der Leerheit, die von der sexuellen Begierde in Gang gesetzt wurde, hebt die Kraft des sexuellen Verlangens auf. Die traditionelle Analogie dafür ist der Holzwurm: Er verzehrt das Holz, aus dem er geboren wurde.

Es ist ein einzigartiges Merkmal des Tantra, in dieser Weise Leidenschaften als integralen Bestandteil des

Pfades zur Erleuchtung nutzbar zu machen. Zur Illustration dieser Methodik erschien der Buddha, als er die höheren Tantras lehrte, in Gestalt der Hauptgottheit des jeweiligen Maṇḍala in Vereinigung mit einer weiblichen Gottheit als Gefährtin. Deshalb müssen Meditierende sich in ihrer Vorstellung ebenfalls in Erscheinung einer Gottheit in Vereinigung mit einer Gefährtin visualisieren.

Ein anderes einzigartiges Merkmal des Tantra betrifft den Prozeß, wie die Zwei »Körper« *(kāyas)* eines erleuchteten Wesens verwirklicht werden, der Formkörper *(rūpakāya)* und der Wahrheitskörper *(dharmakāya)*. Auch nach dem Sūtra-System ist es das Ziel des Praktizierenden, die Zwei Körper eines Buddha zu erlangen, wenn er das altruistische Streben nach vollkommener Erleuchtung entwickelt. Doch die Zwei Körper entstehen nicht ohne ihre spezifischen Ursachen und Umstände. Im besonderen bedarf es solcher Ursachen und Umstände, die in ihrer Art den beiden Körpern entsprechen. Ursachen müssen generell in wesentlichen Aspekten ihren Wirkungen ähnlich sein. Vor diesem Hintergrund wird im Sūtra-System gelehrt, die substantielle Ursache für den Formkörper eines Buddha sei ein einzigartiger Geistkörper, der nur von Bodhisattvas auf den höchsten Ebenen erlangt wird. Dieser werde durch fortgeschrittene Stadien der Läuterung schließlich zur Verwirklichung des Formkörpers geführt. Die Schriften des Kleinen Fahrzeugs betonen diesen Punkt ebenfalls. Zwar legt das Kleine Fahrzeug nicht die vollständigen Ursachen und Methoden zur Verwirklichung von Allwissenheit dar. Doch es spricht von bestimmten Schulungen, die darauf gerichtet sind, die Haupt- und Nebenmerkmale des Formkörpers eines Buddha zu erreichen. Das Tantra hat eine einzigartige Methode, um den Formkörper eines Buddha zu verwirklichen, und im Höchsten Yogatantra werden nicht nur diese außergewöhnlichen Ursachen und Methoden zur Erlangung des Formkörpers skizziert, sondern auch solche zur Erlangung des Wahrheitskörpers.

Ehe ein Ausübender des Tantra die meditativen Übungen aufnimmt, die als substantielle und hauptsächliche Ursache für den Formkörper dienen und somit Methoden sind, diesen zu erlangen, muß er seine geistigen Kräfte und Fähigkeiten zur Reife bringen. Dazu muß er die Erlangung einer so außergewöhnlichen Ursache gewissermaßen »proben«. Vor allem darauf zielt die Praxis des Gottheiten-Yoga, in dem der Meditierende sich selbst in Gestalt der Gottheit visualisiert.

Erläuternde Tantras wie das *Vajra-Zelt-Tantra (Vajrapañjaratantra)* und indische Kommentare, die sich darauf beziehen, heben hervor, daß auf dem Pfad Übungen erforderlich sind, die von ihrer Ausprägung her den verschiedenen Aspekten des angestrebten Resultats entsprechen. Dieses Prinzip der Ähnlichkeit von Ursache und Wirkung gilt bei der Verwirklichung des Wahrheitskörpers wie des Formkörpers gleichermaßen. Die Meditation der unmittelbaren Einsicht in die Leerheit, in der alle dualistischen Erscheinungen und täuschenden Begriffsbilder zur Ruhe gekommen sind, ist nach diesem Prinzip eine adäquate Methode, um den Wahrheitskörper zu entwickeln. Ebenso muß man auf dem Pfad Methoden üben, die in ihren Eigenschaften mit dem Formkörper eines Erleuchteten übereinstimmen. Im Tantra wird ein Pfad gezeigt, der in vierfacher Weise diesem Resultat entspricht. Diese vier Übereinstimmungen bezeichnet man mit dem Begriff der »Vier Reinheiten«, die beim Gottheiten-Yoga geübt werden: (1) die Reinheit der Umgebung, (2) die Reinheit des Körpers, (3) die Reinheit der Gebrauchsgüter und (4) die Reinheit der Handlungen.

Die Vorgehensweise, einen Pfad zu üben, der gleichartige Eigenschaften aufweist wie der resultierende Zustand der Buddhaschaft, ist sehr wichtig und kraftvoll; ja, sie ist unverzichtbar. Das gilt besonders für das Erreichen des Formkörpers.

Um als Resultat die Buddhaschaft zu verwirklichen, die eine Einheit von Formkörper und Wahrheitskörper darstellt, ist es unerläßlich, einen Pfad zu üben, der in einer Einheit von Methode und Weisheit besteht. Diese Tatsache wird von allen Mahāyāna-Schulen akzeptiert. Die Einheit von Weisheit und Methode, wie sie im Sūtra-System erklärt wird, ist jedoch nicht vollständig. Im Sūtra ist die Weisheit auf dem Pfad eine Weisheit, die die Leerheit erkennt, und die Methode besteht in den altruistischen Handlungsweisen im Rahmen der Sechs Vollkommenheiten. Die Weisheit, die die Leerheit erkennt, wird durch die Übung der altruistischen Eigenschaften wie Mitgefühl und Bodhicitta gefördert, und umgekehrt wird die Schulung in den altruistischen Methode-Aspekten von der Erkenntnis der Leerheit ergänzt und unterstützt. Die Einheit von Weisheit und Methode wird also nur im Sinne der Verbindung von zwei substantiell verschiedenen Faktoren verstanden, die einander ergänzen. Im Sūtra-System gibt es aber keine Meditationen, in denen beide Faktoren des Pfades, Weisheit und Methode, in der Entität eines einzigen Bewußtseinszustands präsent sind.

Zwar ist es richtig, daß bei der Schulung der Einheit von Weisheit und Methode, wie sie im Sūtra-System praktiziert wird, die Weisheit nicht von der Methode und die Methode nicht von der Weisheit isoliert wird. Doch es kommt auch nicht zu ihrer vollständigen Verschmelzung. Deshalb kann der Sūtra-Pfad nicht als endgültige Ursache dienen, um den resultierenden Zustand der Buddhaschaft zu verwirklichen, in dem die vollkommene Einheit von Formkörper und Wahrheitskörper besteht. Das führt zu der Frage: Existiert eine Übung oder ein Pfad, der Methode und Weisheit in einer untrennbaren Einheit miteinander verbindet? Die Antwort liegt in der tantrischen Übung des Gottheiten-Yoga. Im Gottheiten-Yoga erfaßt ein einziger Bewußtseinsmoment den reinen Körper der Gottheit, in deren Gestalt sich der Übende visualisiert, während er sich gleichzeitig der leeren Natur dieser göttlichen Erscheinung deutlich bewußt ist. In dieser Meditation ist also sowohl die Meditation über die Gottheit als auch die Erkenntnis der Leerheit innerhalb eines einzigen Bewußtseinsmoments vollständig gegenwärtig. Ein solcher Bewußtseinsmoment umfaßt beide Faktoren, Methode und Weisheit, in einer Entität. Er ist bekannt als »der Yoga des Vajra-Wesens[6] der untrennbaren Einheit von Methode und Weisheit«.

Eines der grundlegenden Merkmale in der Meditation des Gottheiten-Yoga ist die Entwicklung des »göttlichen Stolzes«. Das bedeutet, daß der Meditierende das Selbstbewußtsein und die Überzeugung entwickelt, selbst die Meditationsgottheit zu sein. Er identifiziert sich mit dem Buddha, der in Gestalt eines göttlichen Wesens in einer vollkommenen, reinen Umgebung, dem Maṇḍala der Gottheit, wohnt. Diese Identifikation mit der Gottheit zielt darauf ab, unsere gewöhnlichen Gefühle und Wahrnehmungen zu überwinden. Ich denke, diese Methode hilft uns, das uns innewohnende Erleuchtungspotential noch stärker zu fördern. Um sich möglichst intensiv mit der Gottheit identifizieren zu können, ist eine lebendige und stabile Visualisierung der Gottheit erforderlich. Aufgrund natürlicher Veranlagungen und unserer Wahrnehmungweise des Selbst beruht die Art und Weise, wie wir uns als Ich empfinden, auf der Kombination unseres gewöhnlichen Körpers mit unserem gewöhnlichen Geist. Wenn es uns nun gelingt, uns selbst möglichst klar und stabil in der Erscheinungs-form der Gottheit wahrzunehmen, werden wir statt unseres gewöhnlichen Ich-Gefühls zunehmend den gött-lichen Stolz erzeugen können, das Bewußtsein einer höherentwickelten Identität, das auf dieser göttlichen Erscheinung gründet.

Wir können nur deshalb den allwissenden Geist in uns selbst verwirklichen, weil wir über die substantiel-len Ursachen verfügen, die sich durch die Übungen auf dem Pfad schließlich in das allwissende Bewußtsein um-wandeln lassen. Diese substantiellen Ursachen müssen genauso wie die Allwissenheit die Natur des Bewußt-seins haben, wobei dieses Bewußtsein nicht irgendein kurzzeitiges, vorübergehendes sein darf, sondern ein

Bewußtsein mit einer sehr dauerhaften Kontinuität sein muß. Fassen wir zusammen: Will man den allwissenden Geist der Buddhaschaft verwirklichen, ist es notwendig, die Natur des Geistes zu erkennen. Dieser Geist, dessen Natur man erkennt, um die Allwissenheit zu verwirklichen, muß ein Geist ganz besonderer Art sein: ein Geist, der im Hinblick auf seine Kontinuität unvergänglich ist. Ein anderer Typus von Geist kommt nicht in Frage. Befleckte Bewußtseinszustände wie verblendete Emotionen und Vorstellungen sind vorübergehender und nicht dauerhafter Natur; sie treten in einem Moment unter bestimmten inneren und äußeren Umständen auf, um dann wieder zu vergehen. Der Geist, dessen Natur man erkennt, wenn man allwissend wird, kann dagegen im Sinne seiner Kontinuität nur dauerhaft und nicht vorübergehend sein. Dies bedeutet, daß man in der Lage sein muß, die leere Natur eines unbefleckten Geistes zu erkennen; das ist ein Geist, dessen wirkliche Natur niemals durch Leidenschaften befleckt war.

In bezug auf die Leerheit gibt es keinen Unterschied zwischen den Phänomenen. Die Leerheit eines äußeren Phänomens, zum Beispiel eines Keimlings, und die Leerheit einer Gottheit wie Vairocana unterscheiden sich nicht voneinander. Doch zwischen den Gegenständen, auf die sich die Leerheit jeweils bezieht (den Keimling und den Buddha Vairocana in diesem Beispiel), gibt es große Unterschiede. Die Weisheit, welche diese besondere Leerheit, die Leerheit der Gottheit, erkennt, bildet letztendlich die substantielle Ursache für den allwissenden Geist der Buddhaschaft. Dies ist die Essenz des Gottheiten-Yoga. Ein wesentlicher Bestandteil des

Gottheiten-Yoga ist die Einheit von Klarer Erscheinung und Tiefgründiger Erkenntnis: Mit der Klaren Erscheinung ist die Visualisation als Gottheit gemeint, während die Tiefgründige Erkenntnis die Erkenntnis der Leerheit bezeichnet.

Im Sūtra-System ließ der Buddha im Hinblick auf das Wohl und die Verwirklichungen der Übenden auf den Pfaden außerhalb des Mahāyāna nie Ausnahmen gelten, in denen Leidenschaften toleriert oder gar für den Fortschritt auf dem Pfad genutzt werden könnten. Im Fall eines Bodhisattva wird dies jedoch differenzierter gesehen. In den Sūtras ist von Ausnahmen die Rede, falls die Anwendung bestimmter Leidenschaften nützlich für die Ziele anderer sind. In den Mahāyāna-Sūtras sagt der Buddha, daß die Leidenschaften der Bodhisattvas für das Wohl der anderen nützlich sein können, so wie der Kot einer Stadt zwar schmutzig ist, aber für die Bauern auf dem Land als Dünger hilfreich sein kann. Allerdings ließ er im Sūtra-System nie eine Ausnahme zu, die es einem Bodhisattva erlauben würde, Wut und Haß entstehen zu lassen.

Dennoch ist Haß bei gewöhnlichen Menschen, wie wir es sind, eine starke, kraftvolle Emotion, die uns manchmal sogar zu helfen scheint, bestimmte Aufgaben voranzutreiben. Deshalb können wir verstehen, warum der Buddha im Tantra [nicht nur für die Begierde, sondern] auch für die Wut Ausnahmen zuließ. Im Tantra sind Methoden vorhanden, mit denen man die emotionale Energie von Wut und sogar von Haß für positive Zwecke einsetzen kann. An diesem Punkt muß man sich jedoch klar bewußt sein, daß sich Haß und Wut nur dann positiv nutzen lassen, wenn man kontinuierlich die zugrundeliegende, ursprüngliche Motivation beibehält: das altruistische Streben nach Erleuchtung zum Wohl aller Wesen. Veranlaßt von dieser ursprünglichen, vorrangigen Absicht, mag es sein, daß Haß und Wut einen sekundären Antrieb für unsere Handlungen bilden. Wenn dieser entscheidende Punkt berücksichtigt wird, läßt sich auch verstehen, welche Bedeutung die zornvollen Erscheinungen der Gottheiten im Tantra haben.

Damit haben wir verschiedene Aspekte aufgezeigt, in denen sich die tantrische Übung von der Übung nach dem Sūtra-System unterscheidet. Es sind diese besonderen Merkmale, aufgrund derer der tantrische Pfad als der höchste einzustufen ist.

15. Unterteilungen des Tantra

Im *Vajra-Zelt-Tantra* wird dargelegt, daß es innerhalb des tantrischen Systems vier Klassen gibt. Allerdings finden wir die volle Entfaltung all der tiefgründigen und außergewöhnlichen Merkmale dieses Systems nur im Höchsten Yogatantra. Folglich sind die unteren Tantras als Stufen zu betrachten, die letztlich zum Höchsten Yogatantra führen. Zwar ist es ein gemeinsames Merkmal aller vier Tantra-Klassen, daß man Methoden übt, mit denen man Begierde in den Pfad hineinnimmt, aber der Grad der nutzbaren Begierde variiert beträchtlich von einer Tantra-Klasse zur nächsten. In der ersten Tantra-Klasse gibt es Mittel, um jene Begierde in den Pfad hineinzunehmen, wie sie normalerweise beim Anblick einer attraktiven Person des anderen Geschlechts entsteht. Die übrigen drei Klassen nutzen der Reihe nach solche Formen der Begierde, wie sie aus einem Lächeln, aus dem Berühren und Handhalten und schließlich bei der sexuellen Vereinigung entstehen.

Die Namen der vier Tantra-Klassen beziehen sich auf ihre Funktionen wie auch auf ihre charakteristischen Merkmale. Die erste Tantra-Klasse, das »Handlungs-Tantra« *(kriyātantra)*, wird so genannt, weil hier äußere

Handlungen und Rituale gegenüber dem inneren Yoga hervorgehoben werden. Dazu gehört unter anderem die Betonung von äußerer Reinheit und Reinigungen; ferner Mudrās, also symbolische Handgesten. Die Bezeichnung der zweiten Tantra-Klasse, des »Ausübungs-Tantra« *(caryātantra)*, rührt daher, daß beide Aspekte, die inneren und äußeren, gleichermaßen betont werden. In der dritten Tantra-Klasse, dem »Yogatantra« *(yogatantra)*, wird der innere Yoga der meditativen Sammlung stärker betont als äußere Handlungen. Die vierte Tantra-Klasse, das »Höchste Yogatantra« *(mahānuttarayogatantra)*, trägt diesen Namen, weil es einerseits die Bedeutung des inneren Yoga hervorhebt und es andererseits keine höherentwickelte Tantra-Klasse mehr gibt.

Entsprechend den Erklärungen und der besonderen Terminologie der Nyingma-Schule des tibetischen Buddhismus unterscheiden wir Neun Stufen von Fahrzeugen.[7] Diese Einteilung findet sich besonders in der Schule der Großen Vollendung, tibetisch *Dsogtschen*. Die ersten drei sind die Fahrzeuge der Hörer, Alleinverwirklicher und Bodhisattvas, wie sie im Sūtra-System dargelegt sind; sie werden auch die »drei vom Ursprung des Leidens ausgehenden Fahrzeuge« genannt. Die nächsten drei Fahrzeuge sind: Handlungs-Tantra, Ausübungs-Tantra und Yogatantra; diese werden als »äußere Fahrzeuge« bzw. »äußere Tantras« bezeichnet, weil sie äußere Aktivitäten wie Rituale, Reinlichkeit und dergleichen besonders betonen. Sie werden auch »Tantras der strengen Bewußtheit« genannt; denn diese tantrischen Übungen lehren körperliche Läuterungs-

übungen wie Fasten, das Einhalten bestimmter Essens-
vorschriften und ähnliches. Die übrigen drei werden als
die »drei inneren Tantra-Fahrzeuge« bezeichnet: Vater-
Tantra, Mutter-Tantra und Nicht-Duales Tantra. In der
Dsogtschen-Terminologie heißen diese Mahāyoga, Anu-
yoga und Mahātiyoga. Diese drei inneren Fahrzeuge
werden »die Fahrzeuge der überwältigenden Mittel«
genannt, denn sie enthalten Mittel zur Manifestation
der subtilsten Ebene des Geistes durch Auflösen der
groben geistigen Ebenen und Energien. Dadurch bringt
der Übende seinen Geist auf eine Ebene, die jenseits der
Polaritäten von gut und schlecht, schmutzig und rein
und so weiter liegt. Dadurch ist er in der Lage, die weltlichen Konventionen zu transzendieren, die von solchen polarisierenden Unterscheidungen beherrscht
werden.

16. Initiation

Innerhalb der vier Tantra-Klassen gibt es zahlreiche Untergruppen. Das Höchste Yogatantra besteht aus den Vater-Tantras, den Mutter-Tantras und, gemäß einigen Gelehrten, den Nicht-Dualen Tantras. Große Gelehrte wie Taktsang-Lotsawa Scherab Rintschen untergliedern das Höchste Yogatantra in diese drei Gruppen auf der Basis der drei Initiationen, die dazu dienen, die Anlagen des Schülers für die Übung der Vollendungsstufe zur Reife zu bringen: Tantras, die die Geheime Initiation hervorheben, sind nach dieser Einteilung Vater-Tantras; Tantras, die die Weisheits-Initiation betonen, sind Mutter-Tantras; und Tantras, die die Bedeutung der Vierten Initiation (auch »Wort-Initiation« genannt) herausstreichen, sind Nicht-Duale Tantras. Dieses Prinzip, die drei Gruppen innerhalb des Höchsten Yogatantra zu definieren, hat eine tiefgründige Bedeutung.

Im Sūtra-System ist die Entwicklung des Strebens nach vollkommener Erleuchtung zum Wohl aller Lebewesen (Bodhicitta) das Tor zu den Übungen des Bodhisattva-Fahrzeugs. Im Tantra-System ist die Initiation das einzige Tor zu den Übungen des tantrischen Fahrzeugs. Die allgemeine Gestaltung der Initiationszeremonie ist in den unteren drei Tantras recht einheitlich. Doch im Höchsten Yogatantra gibt es viele verschiedene Arten von Initiationen, weil innerhalb dieser Tantra-Klasse eine große Vielfalt besteht und die Initiationen Mittel sind, die den Geist des Schülers für das jeweilige Tantra zur Reife bringen. Auch gibt es Unterschiede in der Anzahl der Initiationen, die für jede einzelne Tantra-Klasse notwendig ist. So sind im Fall des Handlungs-Tantra zwei Initiationen unabdingbar, die Vasenwasser- und die Kronen-Initiation. Für das Ausübungs-Tantra sind die Initiationen in die Fünf Weisheiten unerläßlich [einschließlich der Vasenwasser- und der Kronen-Initiation]. Für das Yogatantra ist zusätzlich zu den Initiationen in die Fünf Weisheiten [die insgesamt auch als Vajra-Schüler-Initiation bezeichnet werden] die Vajra-Meister-Initiation notwendig. Im Höchsten Yogatantra benötigt man alle vier Initiationen: die Vasen-Initiation [die sich aus den Initiationen in die Fünf Weisheiten und der Vajra-Meister-Initiation zusammensetzt] sowie die Geheime Initiation, die Weisheits-Initiation und die Wort-Initiation [auch Vierte Initiation genannt].

Man sollte sich allerdings darüber im klaren sein, daß in den einzelnen Traditionen für diese Initiationen teilweise unterschiedliche Begriffe verwendet werden. In der Nyingma-Schule beispielsweise wird gemäß der Mahāyoga-Tradition die Vajra-Meister-Initiation als »Initiation des inneren Potentials« bezeichnet, während die Vajra-Schüler-Initiation »Initiation des äußeren Nutzens« heißt. Als eine weitere Initiation wird »die Allumfassende Vajra-Initiation« erwähnt (auch »Zusammengefaßte Vajra-Initiation« genannt). Darüber hinaus hat in der Dsogtschen-Schule die Vierte Initiation vier Untergruppen: die mit Begriffsbildern verbundene Initiation, die von Begriffsbildern freie Initiation, die von Begriffsbildern äußerst freie Initiation und die von Begriffsbildern vollkommen freie Initiation.

Das Sanskrit-Wort *abhiṣeka*, das meist mit »Initiation«, »Einweihung« oder »Ermächtigung« übersetzt wird, hat viele verschiedene Bedeutungen. In seiner allgemeinsten Bedeutung wird es in verschiedenen Zusammenhängen gebraucht: Die »Ursächliche Initiation« bezieht sich auf jene Faktoren, die das Geisteskontinuum des Schülers zur Reife bringen; die »Pfad-Initiation« betrifft den Pfad, der die Läuterung bewirkt; die »resultierende Initiation« steht in Zusammenhang mit dem resultierenden Läuterungszustand. In der Dsogtschen-Schule wird noch eine weitere Initiation erwähnt, die »Initiation der Grundlage«. Unter Grundlage wird hier der grundlegende, angeborene Geist des Klaren Lichts verstanden, der die Basis aller Initiationen ist und damit überhaupt erst ermöglicht, Initiationen zu empfangen. Würde es uns an der grundlegenden Befähigung fehlen, die wir mit dem fundamentalen Geist des Klaren Lichts besitzen, gäbe es keine Möglichkeit für irgendeine der Initiationen. Man kann beispielsweise auf der Grundlage eines äußeren Phänomens weder von einem Mittel zur Reifung noch von einem Pfad, noch von einem resultierenden Zustand sprechen. Nur aufgrund dessen, daß ein Individuum solch ein inneres, geistiges Vermögen besitzt, ist es möglich, diese Dinge zu beschreiben. Somit gibt es, grob gesagt, vier Arten der Initiation.

Für eine Initiationszeremonie braucht man ein Maṇḍala. Ein Maṇḍala ist der göttliche Palast, der reine Aufenthaltsort der Gottheit. Es gibt verschiedene Arten von Maṇḍalas: das in meditativer Konzentration hervorgebrachte Maṇḍala, das auf Stoff gemalte Maṇḍala und das Maṇḍala aus gefärbtem Sand. Im Höchsten Yogatantra hat man noch das Körper-Maṇḍala des Guru. Darüber hinaus gibt es das Maṇḍala des konventionellen Bodhicitta, das Maṇḍala des endgültigen Bodhicitta und andere mehr.

Unter all diesen Arten von Maṇḍalas ist das farbige Sand-Maṇḍala das wichtigste.[8] Nur im Verlauf der Anfertigung dieses Maṇḍala können alle Rituale zur Segnung des Ortes und der Maßbänder durchgeführt werden; im Zusammenhang mit diesem Maṇḍala können auch die Ritualtänze mit den verschiedenen symbolischen Hand- und Beinbewegungen aufgeführt werden. Es gibt verschiedene Formen des rituellen Tanzes. Eine Form besteht aus symbolischen Bewegungen, die dann ausgeführt werden, wenn der Ort gesegnet wird, an dem das Maṇḍala errichtet werden wird. Eine andere Form wird am Ende, wenn das Maṇḍala vollständig errichtet ist, als Opfergabe an die Maṇḍala-Gottheiten vorgetragen. Wieder eine andere Form, die weithin als zeremonieller Maskentanz bekannt ist, steht meist im Zusammenhang mit Ritualen zur Überwindung von Hindernissen. Viele kleine tibetische Klöster verfügen über Spezialisten in der Vorführung der verschiedenen Rituale, aber manchmal ist fragwürdig, wie genau die Menschen die Symbolik hinter den Bewegungen und deren Bedeutung kennen. Auch scheinen die Leute oftmals die zeremoniellen Maskentänze als Darbietung aufzufassen, die der Unterhaltung dient. Dies ist in der Tat ein trauriges und bedauerliches Zeichen für den Niedergang des Tantra.

Ich las einmal in einem Buch über indische Geschichte, daß einer der Faktoren, die den Niedergang des buddhistischen Tantra in Indien verursacht haben, darin zu suchen sei, daß in einer bestimmten Periode der Vergangenheit tantrische Praktiken »wucherten«. Wenn einer tantrischen Übung Grundlage und Vorbedingungen fehlen, können die Techniken und Meditationen des Tantra sich mehr als schädlich denn nützlich erweisen. Aus diesem Grund werden tantrische Übungsmethoden als geheime Lehre und als geheime Lebensführung bezeichnet.

Man sollte sich bewußt sein, daß in der tantrischen Literatur die monastischen Gelübde und die entsprechenden ethischen Richtlinien der Individuellen Befreiung (prātimokṣa)[9] sehr gelobt werden. Das Kālacakra-Wurzel-Tantra (Śrīkālacakranāmatantrarāja), als König aller Tantras innerhalb des Höchsten Yogatantra bezeichnet, erwähnt beispielsweise, daß unter den Vajra-Meistern, die tantrische Unterweisungen geben und Zeremonien leiten, eine voll ordinierte Person, die alle Prātimokṣa-Ordensregeln angenommen hat, der höchste Vajra-Meister ist. Eine Person, die den Ordensregeln eines Novizen folgt, ist ein Vajra-Meister der mittleren Ebene, und eine Person, die nicht nach den Ordensregeln lebt, ist ein Vajra-Meister niedrigster Ebene.[10] Damit gibt es drei Arten von Vajra-Meistern. Anders als bei dem Bodhisattva-Gelübde, das man allein für sich vor einem Bildnis des Buddha ablegen kann, muß man sowohl die Prātimokṣa- als auch das Tantra-Gelübde vor einer lebenden Person, dem Guru, leisten. Damit man die gewünschten Fortschritte auf dem tantrischen Pfad machen kann, muß der Guru, von dem man in der Initiation die Inspiration und den Segen empfängt, Teil einer ununterbrochenen Überlieferung sein, die sich bis zu Buddha Vajradhara selbst zurückverfolgen läßt. Nur so kann die vom Guru geleitete Initiationszeremonie die verborgenen Potentiale in unserem Geist aktivieren und uns ermöglichen, den resultierenden Zustand der Buddhaschaft zu verwirklichen. Somit kommt dem Guru im Tantra eine große Bedeutung zu.

Die tantrischen Schriften schreiben viele Eigenschaften vor, die einen tantrischen Meister qualifizieren, weil der Lehrer ein so wichtiger Bestandteil der tantrischen Übung ist. Ein Meister, der eine Initiation überträgt, sollte über die notwendigen Qualifikationen verfügen. Für den Schüler ist es wichtig zu untersuchen, ob die Person, die er als Guru annehmen möchte, diese Qualifikationen wirklich besitzt oder nicht. Dieser Punkt ist immer wieder sehr deutlich hervorgehoben worden; es wird oft gesagt, man solle einen potentiellen Guru gründlich überprüfen, auch wenn es zwölf Jahre dauert.

Zu den in den Schriften genannten Eigenschaften, über die eine Person als Vajra-Meister verfügen muß, gehört, daß sie ihre drei Tore Körper, Rede und Geist vor unheilsamen Handlungen bewahrt, daß sie diszipliniert und mitfühlend ist, daß sie umfassende Kenntnisse der Drei Schriftabteilungen der buddhistischen

Lehre besitzt und deren Inhalte, die Drei Höheren Schulungen in Ethik, Konzentration und Weisheit, auch anwendet, und daß sie zwei Gruppen von je zehn besonderen inneren und äußeren Eigenschaften besitzt, die speziell mit Tantra zusammenhängen.[11]

Die *Fünfzig Verse über das Anvertrauen an den Meister* (*Gurupañcāśikā*) beschreiben eine Person, die nicht qualifiziert ist, ein tantrischer Meister zu sein, als einen Menschen, dem es an Mitgefühl fehlt, der haßerfüllt ist, der starke Formen der Begierde, des Hasses, des Neids und der Eifersucht aufweist, der sich keine Kenntnis der Drei Höheren Schulungen angeeignet hat und der mit seinem dürftigen Wissen prahlt. Eine solche Person sollte man nicht als seinen tantrischen Meister annehmen.[12]

Ebenso wie der tantrische Meister sollte auch der Schüler über bestimmte Qualifikationen verfügen. Heute läßt sich bei den Dharma-Praktizierenden eine gewisse Tendenz beobachten: Sie sind darauf erpicht, an Initiationen teilzunehmen, die von irgendeinem Lama gegeben werden, ohne zuvor eine kritische Untersuchung vorgenommen zu haben. Wenn dann später die Dinge nicht gut laufen, sind sie schnell dabei, schlecht über den Lama zu reden. Das ist kein gutes Verhalten.

Auf Seiten des Guru ist es wichtig, daß er die Unterweisungen im Einklang mit der allgemeinen Struktur des buddhistischen Pfades vornimmt. Um dies zu gewährleisten, sollte er den Aufbau des buddhistischen Pfades zum Maßstab nehmen, um daran die Geradlinigkeit seiner eigenen Unterweisungen zu messen. Der Lehrer darf sich nicht arrogant wie ein allmächtiger

Gott im Kreis seiner engen Schülern fühlen und denken: »Ich kann alles tun, was ich will.« Es gibt ein tibetisches Sprichwort: »Mag sein, daß deine geistige Ebene der von Göttern gleicht, trotzdem mußt du dich immer noch wie ein Mensch verhalten.«

17. Gelöbnisse und Gelübde

Wenn eine Initiation erfolgt ist, hat der Betreffende große Verantwortung, die Gelöbnisse und Gelübde einzuhalten. Eine schwere Bürde! In den ersten beiden Tantra-Klassen, im Handlungs- und Ausübungs-Tantra, ist es nicht notwendig, das Tantra-Gelübde abzulegen, wohl aber das Bodhisattva-Gelübde. In jedem Tantra, in dem eine Vajra-Meister-Initiation erteilt wird, ist es notwendig, das Tantra-Gelübde zu leisten.

Wenn der Schwerpunkt der Praxis auf den drei unteren Tantra-Klassen liegt, besteht ein wesentlicher Punkt der Lebensweise darin, vegetarisch zu essen. Vegetarismus ist sehr bewundernswert. Im Fall der Menschen, die in der Vergangenheit in Tibet gelebt haben, ist vielleicht verständlich, daß sie dort aufgrund der klimatischen Bedingungen und des Mangels an Gemüse allgemein keine vegetarische Kost zu sich genommen haben. Heute jedoch ist es viel besser, wenn wir unseren Konsum nicht-vegetarischer Nahrung so weit wie möglich verringern, vor allem in Ländern, in denen frisches Gemüse und Obst reichlich vorhanden sind. Besonders wenn man anläßlich von Festen oder Feiern viele Menschen bewirtet, ist es vorzuziehen, zu solchen gesellschaftlichen Anlässen vegetarische Gerichte vorzubereiten.

Dazu eine tibetische Geschichte: Ein Nomade besuchte eines Tages Lhasa. Als er sah, daß die Menschen dort viel Gemüse aßen, war er äußerst erstaunt. Nach Hause zurückgekehrt, sagte er: Man müsse keine Angst haben, daß die Menschen von Lhasa irgendwann Hungers sterben, denn sie essen alles, was grün ist!

Die allgemeine buddhistische Position zur Frage des Vegetarismus ist, daß es, sogar aus der Perspektive des Vinaya, kein eindeutiges Verbot gibt, Fleisch zu essen – von einigen besonderen Anlässen abgesehen. Dies ist die vorherrschende Auffassung in buddhistischen Ländern wie Sri Lanka, Birma und Thailand, wie sie sich in den Essensgewohnheiten der buddhistischen Mönche dieser Länder widerspiegelt. In den Schriftensammlungen des Mahāyāna, in den Lehren des Bodhisattva-Fahrzeugs also, wird jedoch generell verboten, nicht-vegetarische Nahrung zu sich zu nehmen. Doch obwohl es dieses generelle Verbot gibt, wird es nicht immer streng befolgt. Bhāvaviveka wirft in seinem Werk *Essenz des Mittleren Weges (Madhyamakahṛdayakārika)*[13] die Frage auf, welche Bedeutung der Vegetarismus für die buddhistische Lebensweise hat. Er argumentiert: Die Handlung des Fleischessens stelle keinen direkten Schaden für das Lebewesen dar, weil zu der Zeit, in der man das Fleisch wirklich ißt, das Tier bereits tot ist. Allerdings ist es ausdrücklich verboten, jegliches Fleisch bzw. nicht-vegetarische Nahrung zu sich zu nehmen, die man im Bewußtsein oder auch nur mit dem Verdacht bestellt, daß das Tier besonders der eigenen Per-

156

son wegen getötet wird. Derartiges Fleisch sollte man nicht essen.

In den drei unteren Tantra-Klassen ist der Genuß nicht-vegetarischer Kost strikt untersagt. Im Höchsten Yogatantra jedoch werden die Praktizierenden sogar angewiesen, sich bei der Übung auf die fünf Arten von Fleisch und die fünf Arten von Nektar zu stützen.[14] Der beste Übende des Höchsten Yogatantra besitzt so hoch entwickelte Fähigkeiten, daß er in der Lage ist, die fünf Arten von Fleisch und die fünf Arten von Nektar in reine Substanzen umzuwandeln; demgemäß nutzen solche Übenden diese Substanzen, um den »Brennstoff« für glückselige Energie im Körper zu vermehren. Vor diesem Hintergrund mögen einige den Verzehr von Fleisch damit rechtfertigen, daß sie Übende des Höchsten Yogatantra seien. Aber sie sollten nicht vergessen, daß in den fünf Arten von Fleisch und Nektar Substanzen enthalten sind, die normalerweise als unrein und abstoßend angesehen werden. Ein echter Übender des Höchsten Yogatantra macht den Unterschied zwischen Fleisch und unreinen Substanzen, indem er zwar Fleisch essen, unreine Substanzen aber von sich weisen würde, nicht; wir aber halten uns die Nase zu, wenn solche unreinen Substanzen nur irgendwo in unserer Nähe sind, ganz zu schweigen von der Möglichkeit, sie zu uns zu nehmen!

An diesem Punkt möchte ich mich der Rolle das Geschlechts im Buddhismus zuwenden, im besonderen der Haltung gegenüber Frauen. Im Vinaya, den Lehren der ethischen Disziplin, der die Regeln für das klösterliche Leben enthält, werden männlichen und weiblichen

Übenden die gleichen Möglichkeiten für die verschiedenen Ebenen der Ordination gewährt. Wir haben männliche und weibliche Laienschüler, männliche und weibliche Novizen und schließlich voll ordinierte Mönche und Nonnen. Doch obwohl männlichen und weiblichen Übenden grundsätzlich dieselben Möglichkeiten offenstehen, die verschiedenen Stufen der Ordensregeln anzunehmen, kommt es vor, daß voll ordinierte Mönche im Vergleich zu voll ordinierten Nonnen als höherstehend oder als Objekte des Respekts und der Verehrung angesehen werden. In dieser Hinsicht mag man sagen, daß ein gewisses Maß an Diskriminierung vorhanden ist.

In den Schriften des Hīnayāna gibt es ferner Passagen, die besagen, daß der Bodhisattva auf der höchsten Stufe des Pfades, an der Schwelle zur vollkommenen Erleuchtung – also derjenige, der im gegenwärtigen Leben die vollkommene Erleuchtung erlangt –, nur ein Mann sein kann.[15] Auf ähnliche Aussagen trifft man in bestimmten Mahāyāna-Sūtras sowie in der Literatur aller drei unteren Tantra-Klassen.

Anders ist die Position des Höchsten Yogatantra. Hier ist schon der Zugang zur Übung, die Initiation, nur auf der Grundlage der Erfahrung einer visualisierten sexuellen Vereinigung von männlicher und weiblicher Gottheit möglich: Männliche und weibliche Gottheiten müssen im visualisierten Maṇḍala präsent sein – sowohl die Buddhas als auch die Gefährtinnen der fünf Buddhafamilien im Maṇḍala. Wie die Beziehung zu Frauen im Höchsten Yogatantra beschaffen ist, kann den Gelöbnissen und Verpflichtungen, die sich aus der Initiation ergeben, entnommen werden. Beispielsweise ist es ein Verstoß gegen eine Hauptregel des Tantra-Gelübdes, Frauen herabzuwürdigen. Die Tantras sprechen allerdings nicht von der Überschreitung einer Hauptregel, falls man Männer erniedrigt! Männliche Praktizierende haben vielleicht Schwierigkeiten, diese offensichtliche Diskriminierung nachzuvollziehen! Bei der Meditationsübung vieler Mutter-Tantras, zum Beispiel des Vajrayoginī-Tantra, erscheint die Hauptgottheit des Maṇḍala in weiblicher Gestalt.

Wenn Meditierende hohe Ebenen des tantrischen Pfades erreichen, wird empfohlen, daß sie für den weiteren Fortschritt auf dem Pfad nach einem Gefährten bzw. einer Gefährtin Ausschau halten. Wenn der männliche Übende in seiner Verwirklichung fortgeschrittener ist, kann er zum Zeitpunkt der Vereinigung seiner Gefährtin helfen, die angestrebten Resultate zu verwirklichen. Entsprechendes gilt, wenn die weibliche Übende höher entwickelt ist: Sie vermag dem männlichen Gefährten gleichermaßen zu höherer Verwirklichung zu verhelfen. Somit ergänzen die Wirkungen sich gegenseitig, ganz gleich, welchem Geschlecht der Meditierende angehört.

Somit wird im Höchsten Yogantantra, zum Beispiel im *Guhyasamāja-Wurzel-Tantra*, ausdrücklich und unzweideutig festgestellt, daß eine weibliche Praktizierende in ihrem gegenwärtigen Leben vollkommene Erleuchtung verwirklichen kann. Dies ist grundsätzlich deshalb möglich, weil im Tantra, speziell im Höchsten Yogatantra, der oder die Übende Methoden anwendet, mit denen das in ihm oder ihr schlummernde Potential

aufgedeckt und weiterentwickelt wird – das gilt besonders für die Möglichkeiten, die mit dem grundlegenden, angeborenen Geist des Klaren Lichts gegeben
sind. Was die Existenz dieses fundamentalen, natürlich
innewohnenden Geistes angeht, gibt es keinen Unterschied zwischen Männern und Frauen. Folglich besteht
auch kein Unterschied in Hinblick auf das erreichbare
Resultat. Das bedeutet, daß es vom höchsten buddhistischen Standpunkt, aus Sicht des Höchsten Yogatantra,
keine Diskriminierung aufgrund des Geschlechts gibt.

18. Tantrische Praxis: Die ersten drei Tantra-Klassen

Ich möchte nun den Pfad der tantrischen Übung darlegen. In den unteren Tantra-Klassen werden zwei Ebenen des Pfades beschrieben, die als »Yoga mit Merkmalen« und »Yoga ohne Merkmale« bezeichnet werden. Das Handlungs-Tantra präsentiert den Pfad überdies von den Methoden her, die zur Verwirklichung von Körper, Sprache und Geist der resultierenden Buddhaschaft dienen: Der Pfad, durch den man den erleuchteten Körper verwirklicht, besteht in der Visualisierung der Gottheit; der Pfad, durch den man die erleuchtete Rede erlangt, wird als Mantra-Rezitation erklärt, wobei die geflüsterte Rezitation und die geistige Rezitation unterschieden werden; und der Pfad, durch den man den erleuchteten Geist erreicht, trägt den Namen »meditative Konzentration, die Befreiung am Ende des Klangs verleiht«. Als Voraussetzung für den letztgenannten Meditationszustand sind weitere Formen meditativer Konzentration erforderlich, die in der Fachsprache »Konzentration des Verweilens im Feuer« und »Konzentration des Verweilens im Klang« heißen.[16]

Unter den tantrischen Meistern herrschen unterschiedliche Auffassungen darüber, ob die Ausübung des

Handlungs-Tantra die Meditation der Selbsthervorbringung als Gottheit einschließt oder nicht. Die vorherrschende Ansicht ist, daß – allgemein gesprochen – für die Übenden des Handlungs-Tantra keine unbedingte Notwendigkeit besteht, sich selbst als Gottheit hervorzubringen; die Meditation kann sich darauf beschränken, daß der Übende die Gottheit vor sich im Raum visualisiert. Die Hauptschüler des Handlungs-Tantra sind jedoch solche, die sich in der Meditation tatsächlich als Gottheit hervorbringen können. Sie visualisieren sich selbst als die Gottheit.

Dieser im Handlungs-Tantra dargelegte Visualisierungsprozeß der Gottheit erfolgt durch eine Meditation, in der man die Gottheit in sechs Schritten erzeugt. Diese sechs Schritte, die für die Hauptschüler des Handlungs-Tantra bestimmt sind, werden als die »Sechs Gottheiten« bezeichnet: (1) Gottheit der Leerheit, (2) Gottheit des Klangs, (3) Gottheit der Silben, (4) Gottheit der körperlichen Erscheinung, (5) Gottheit der Mudrā, (6) Gottheit der symbolischen Merkmale.

Die Gottheit der Leerheit, auch endgültige Gottheit genannt, ist gleichbedeutend mit der Kontemplation der endgültigen Natur des Meditierenden und der Gottheit. Man vergegenwärtigt sich in der Meditation die Leerheit der eigenen Person und die Leerheit der Gottheit. So macht man sich bewußt, daß diese leere Natur der Gottheit und dem Meditierenden gemeinsam ist. Wie Āryadeva in seinen *Vierhundert Versen (Catuḥśataka)*[17] erläutert, gibt es aus der Perspektive der endgültigen Natur nicht den geringsten Unterschied zwischen den verschiedenen Phänomenen. Sie alle sind insofern gleich, als sie von inhärenter Existenz frei sind; in dieser Hinsicht sind sie von »*einem* Geschmack«. Deshalb spricht man davon, daß im Hinblick auf die endgültige Wirklichkeit das Mannigfaltige und Verschiedene einen einzigen Geschmack haben. Doch obwohl alle Phänomene letztlich die gleiche leere Natur besitzen, manifestieren sie sich auf der konventionellen Ebene in vielen verschiedenen Formen und Erscheinungen. Somit kann man von der Verschiedenheit sprechen, die aus der Einheit entsteht.

Der zweite Schritt ist die Gottheit des Klangs. In der Sphäre der Leerheit, der einheitlichen endgültigen Natur seiner selbst und der Gottheit, stellt sich der Meditierende nun sowohl die Gottheit als auch sich selbst als Widerhall der Mantra-Laute vor. Die Visualisation geschieht nicht in Form von Buchstaben, sondern als bloßer Klang.

Im dritten Schritt, der Gottheit der Silben, visualisiert der Meditierende, daß an der Stelle, an der er sich befindet, hervorgehend aus diesem Zustand des Mantra-Klangs, der Mantra der Gottheit in geschriebener Form auf einer weißen Mondscheibe erscheint.

Im vierten Schritt, der Gottheit der körperlichen Erscheinung, bringt der Meditierende sich selbst aus den Silben des Mantra in der eigentlichen körperlichen Gestalt der Gottheit hervor.

Nachdem der Übende sich als Gottheit hervorgebracht hat, führt er im fünften Schritt bestimmte Mudrās, symbolische Handgesten, aus.[18] Wenn die Gottheit beispielsweise zur Lotus-Buddha-Familie gehört, führt man vor dem eigenen Herzen die besondere Geste dieser Familie aus. Dies wird als Gottheit der Mudrā bezeichnet.

Der sechste und letzte Schritt beim Aufbau der Visualisation ist die Gottheit der Merkmale. Nachdem man die Handgesten ausgeführt hat, stellt man sich in den drei Orten, die Körper, Rede und Geist repräsentieren, nämlich Scheitel, Kehle und Herz, die drei Keimsilben *oṃ, āḥ* und *hūṃ* vor. Dann lädt man die Weisheitswesen ein, in den eigenen Körper einzutreten.

In allen buddhistischen Tantra-Übungen muß der Schüler über die Leerheit meditieren, ehe er sich selbst als Gottheit hervorbringt. Wenn immer man sich selbst als Gottheit visualisieren möchte, sollte der Ausgangspunkt die Vergegenwärtigung der Leerheit sein, unabhängig davon, ob der Meditationstext *(sādhana)* mit den Sanskrit-Formeln *oṃ svabhāvaśuddhā sarvadharmā svabhāvaśuddho haṃ* oder auch *oṃ śūnyatā jñāna vajra svabhāvātmako haṃ* beginnt oder nicht. (Diese Formeln bringen zum Ausdruck, daß die Leerheit von inhärenter Existenz die endgültige Natur aller Phänome ist.) Zu Beginn wird über die Leerheit meditiert, weil man die eigene Weisheit, das eigene Bewußtsein, das die Leerheit erkennt, in die Erscheinung der Gottheit umwandelt. Am Anfang findet dies nur in der Vorstellung statt. Gleichwohl dient diese Meditation als eine Art Nachahmung, die allmählich zu der echten Erfahrung wird, in der die eigene Weisheit, die die Leerheit erkennt, dann wirklich die Gestalt der Gottheit annimmt. Aus diesem Grund wird eine erfolgreiche Übung des tantrischen Yoga unmöglich, wenn es am Verständnis der Leerheit mangelt, wie es entweder von der Yogācāra- oder der

Madhyamaka-Schule dargelegt wird. Die Visualisation als Gottheit, die aus der eigenen Weisheit, welche die Leerheit erkennt, aufgebaut wird, bildet den Methodeaspekt des Pfades.

Darüber hinaus muß der Übende während der Meditation in Abständen immer wieder die Vergegenwärtigung der leeren Natur der erzeugten Gottheit stärken. Dies ist, kurz gesagt, die Meditation über Mahāmudrā, das Große Siegel, das den Erklärungen des Handlungs-Tantra zufolge die Befähigung des Übenden reifen läßt, den Formkörper eines erleuchteten Wesens zu verwirklichen.

Es mag sein, daß der Meditierende bisher noch keine punktförmige Geistige Ruhe (śamatha) erlangt hat, sondern Geistige Ruhe in Verbindung mit der tantrischen Meditation üben möchte. Dann sollte er sich in der punktförmigen Konzentration schulen, nachdem er die Gottheit visualisiert hat und bevor er die Mantra-Rezitation beginnt. An dieser Stelle des Sādhana wird also still meditiert. Viele tantrische Meditationsanweisungen und Ritualtexte empfehlen, daß man von der Meditation zur Mantra-Rezitation wechseln soll, wenn man durch die intensive Meditation ermüdet ist und nahe daran ist einzuschlafen. Für diejenigen, die in der Sitzung aber sofort intensiv Mantras rezitieren und überhaupt nicht still meditieren, bleibt somit nichts übrig, was sie tun können, wenn sie müde werden – außer die Meditationssitzung zu beenden! Die Texte der Meditationsanweisungen legen die Hauptbetonung auf die Meditation, während die Mantra-Rezitation als sekundär angesehen wird.

Das Handlungs-Tantra erwähnt in Zusammenhang mit der Meditation des Sādhana zwei Aspekte des Schulungspfades: den Aspekt der tiefgründigen Weisheit und den Aspekt der umfassenden Methode. Die Schulung in dem Aspekt der tiefgründigen Weisheit auf dem Pfad ist eine besondere, außergewöhnliche Meditation über die Leerheit, nämlich die Meditation über die leere Natur der visualisierten Gottheit. Man konzentriert sich auf die Leerheit der Gottheit, um die tiefgründige Weisheit zu üben. Die Übung des Aspekts der umfassenden Methode auf dem Pfad besteht aus zwei Teilen: Zuerst versucht man, in klarer Visualisation die Gestalt der Gottheit zu entwickeln. Auf der Grundlage einer stabilen und klaren Erscheinung seiner selbst als Gottheit bemüht man sich dann, den göttlichen Stolz zu entwickeln, also das Selbstbewußtsein, tatsächlich die Gottheit zu sein. Zuerst erzeugt man eine klare Visualisation seiner selbst als Gottheit, dann entwickelt man als Gottheit ein starkes Gefühl göttlichen Selbstbewußtseins.

Der indische Meister Buddhaśrījñāna wirft in einer Meditationsanleitung[19] folgende Frage auf: Die Unwissenheit ist die Hauptursache für unser Leben im Daseinskreislauf. Auf der Erzeugungsstufe des Gottheiten-Yoga gibt es aber keine explizite Meditation über die Leerheit. Wie kann man dann behaupten, der Gottheiten-Yoga diene als Gegenmittel zur Überwindung der Unwissenheit, sprich der Hauptursache des Daseinskreislaufs? Buddhaśrījñāna antwortet: Auf der Erzeugungsstufe meditiert man innerhalb des Gottheiten-Yoga über die leere Natur des Körpers der Gottheit. Folglich reicht es nicht aus, die Gottheit zu visualisieren. Vielmehr meditiert man über die Leerheit der Gottheit, während man die Visualisation der göttlichen Erscheinung aufrechterhält. Daher hat die Schulung des Gottheiten-Yoga zwei Aspekte: den Gottheiten-Yoga, der sich auf die konventionelle Natur, also die Erscheinung der Gottheit richtet, und den Gottheiten-Yoga, der sich auf die endgültige Natur, nämlich die Leerheit der Gottheit konzentriert.

Im Tantra übt man zudem drei Sichtweisen: (1) Alle Erscheinungen werden als Maṇḍala-Gottheiten und ihre reine Umgebung angesehen; (2) alle Laute werden als Mantras wahrgenommen; (3) alle geistigen Erfahrungen und Erkenntnisse werden als die verschiedenen Aspekte der nicht-dualen Weisheit der Gottheit betrachtet. Die erste Sichtweise, mit der man sich alle Erscheinungen als reine Erscheinungen des Körpers und des Maṇḍala der Gottheit vorstellt, zielt darauf ab, unsere gewöhnlichen Wahrnehmungsweisen zu überwinden; sie wird nicht etwa geübt, weil man glaubte, sie entspräche der Wirklichkeit. Vielmehr sollten wir auf der Ebene der Imagination versuchen, die Fähigkeit zu fördern, alle Erscheinungen als reine göttliche Erscheinungen wahrzunehmen. Dies führt dazu, daß die Verbindung zur Vergegenwärtigung der Leerheit gewahrt bleibt, wann immer wir mit dem Denken etwas erfassen.

Es gibt in diesem Punkt jedoch eine abweichende Auffassung: Ihre Vertreter behaupten, daß solche Sichtweisen nicht bloße Imagination sind, sondern echte Erkenntnisse, die mit der Wirklichkeit übereinstimmen. Gemäß der Lamdrä-Lehre in der Sakya-Tradition des tibetischen Buddhismus wird der Begriff Tantra, wörtlich »Kontinuum«, anhand von »drei Kontinuen«[20] erklärt. Das erste, das ursächliche Kontinuum, ist das geistige Fundament, auf dem Saṃsāra und Nirvāṇa gleichermaßen beruhen, der Ursprung aller Phänomene von Saṃsāra und Nirvāṇa; dies ist eine Ebene, auf der es zwischen Saṃsāra und Nirvāṇa keinen Unterschied gibt. Damit der Übende die Sichtweise entwickeln kann, alles als rein und göttlich wahrzunehmen, wird er in die Sicht der Ununterscheidbarkeit von Saṃsāra und Nirvāṇa und dadurch in die Natur dieser allem-zugrundeliegenden Bewußtseinsebene eingeführt. Vergleichbares bringt der Dsogtschen-Meister Dodrup Dschikme Tänpä Nyima in seinem Werk *Allgemeine Darlegung des Guhyagarbha (gSang snying spyi don)* zum Ausdruck. Er sagt, daß der Begriff der ursprünglichen Bewußtheit, tibetisch »Rigpa«, der in der Terminologie der Nyingma-Tradition eine wichtige Rolle spielt, sich auf diese Kultivierung einer reinen Wahrnehmung bezieht, die sieht, daß alle Dinge und Ereignisse, die in Saṃsāra und Nirvāṇa auftreten, in Wirklichkeit nichts anderes als Manifestationen oder »Darbietungen« des fundamentalen, allem-zugrundeliegenden Bewußtseins[21] sind. Er setzt die ursprüngliche Bewußtheit mit der subtilsten Ebene des Geistes, dem Klaren Licht gleich.

In der Madhyamaka-Philosophie wird die Leerheit auch als Ursprung aller konventionellen Phänomene beschrieben. Die Leerheit ist in gewisser Weise wie ein Schöpfer; denn alle Phänomene können als Manifestationen dieser allem-zugrundeliegenden, endgültigen Wirklichkeit gesehen werden. In gleicher Weise sind alle Phänomene, die im Daseinskreislauf und im Nirvāṇa auftreten, Manifestationen oder Darbietungen der ursprünglichen Bewußtheit bzw. des allem-zugrunde-liegenden Bewußtseins; so erklären es der Nyingma-Meister Dodrup Dschikme Tänpä Nyima und die Sakya-Tradition. Dieses fundamentale Bewußtsein, der subtile Geist des Klaren Lichts, ist von seiner Konti-nuität her betrachtet unvergänglich, und sein ursprüng-liches Wesen ist nicht von Leidenschaften verunreinigt; deshalb ist es seinem Wesen nach rein und klar.

Von diesem Standpunkt aus können wir unsere reine Sichtweise ausdehnen, so daß sie alle Phänomene ein-schließt, die tatsächlich Manifestationen oder Darbie-tungen des fundamentalen Bewußtseins sind. Man muß jedoch im Gedächtnis behalten, daß diese beiden tief-gründigen Erklärungsweisen [der Sakya- und der Nyingma-Tradition] aus der Perspektive des Höchsten Yogatantra gegeben werden.

An der Stelle im Sādhana, an der man sich vollständig als Gottheit hervorgebracht hat, sollte man also entspre-chend den gerade skizzierten Gedanken eine tiefe Me-ditation durchführen. Kündigt sich ein Gefühl von Über-anstrengung an oder ist die Meditation nahe daran, in Schlaf hinüberzugleiten, so sollte man zum nächsten Abschnitt übergehen, der Mantra-Rezitation.

Das Handlungs-Tantra beschreibt zwei Arten der Mantra-Rezitation. Die erste ist die geflüsterte Mantra-Rezitation, bei der man den Mantra so leise spricht, daß man es selbst kaum noch hören kann. Die zweite ist die geistige Rezitation, bei man den Mantra überhaupt nicht ausspricht, sondern sich den Klang des Mantra nur geistig vorstellt. Beide sind als Methoden gedacht, um die erleuchtete Rede eines Buddha zu verwirklichen. Darüber hinaus sind Mittel zur Verwirklichung des erleuchteten Buddha-Geistes vorhanden. Dazu dienen die Formen meditativer Konzentration, die sich »Verweilen im Feuer«, »Verweilen im Klang« und »Verleihung der Befreiung am Ende des Klangs« nennen.

Die »Konzentration des Verweilens im Feuer« ist eine Meditation, in der der Übende im Herzen der Meditationsgottheit verschiedene Mantras und Keimsilben visualisiert und sich vorstellt, daß von diesen Mantra-Silben Flammen ausgehen. Die »Konzentration des Verweilens im Klang« ist eine Meditation, in der vor allem der Klang der Mantra-Rezitation im Mittelpunkt steht. Der Übende stellt sich den Klang des Mantra vor und konzentriert sich so darauf, als hörte er zu, wie ein anderer, nicht er selbst, den Mantra rezitiert. Der Schüler entwickelt dabei die punktförmige Konzentration der Geistigen Ruhe, indem er mit seiner Konzentration ganz auf dem Klang verweilt. [Die »Konzentration, die Befreiung am Ende des Klangs verleiht« bedeutet, daß der Meditierende den vorgestellten Mantra-Klang auf seine eigentliche Bestehensweise untersucht und dabei die konventionelle Erscheinung des Klangs immer feiner wird, bis sie sich schließlich ganz in die Sphäre der endgültigen Realität, der Leerheit, auflöst. So wird am Ende der Konzentration auf den Mantra-Klang eine Versenkung in die Leerheit geübt; sie ist eine Übung der Besonderen Einsicht. Auf diese Weise wird in den unteren Tantra-Klassen die Vereinigung von Geistiger Ruhe und Besonderer Einsicht angestrebt.][22] In den Schriften des Handlungs-Tantra steht in einigen Passagen, daß der Meditierende durch die »Konzentration des Verweilens im Feuer« körperliche und geistige Beweglichkeit herausbilden wird. Durch die »Konzentration des Verweilens im Klang« erlangt der Schüler dann Geistige Ruhe, die Punktförmigkeit des Geistes. Durch die dritte Form des Yoga, die »Konzentration, die Befreiung am Ende des Klangs verleiht«, erlangt der Übende schließlich die Befreiung. Dies ist die Erklärungsweise in den Handlungs- und Ausübungs-Tantras.

Wenn man die tantrischen Unterweisungen den Drei Schriftabteilungen der Disziplin, der Lehrreden und des Höheren Wissens zuordnen will, kann man sie der Schriftabteilung der Lehrreden zurechnen, die die Schulung der meditativen Konzentration zum Inhalt hat. Der Buddha selbst sagte in den tantrischen Unterweisungen, daß er das Tantra lehren wolle, indem er dem Stil der Sūtra-Unterweisungen folge. Dies weist darauf hin, daß das einzigartige Merkmal, das allen vier Tantra-Klassen gemeinsam ist und die Tantra-Praxis vom Sūtra unterscheidet, die besondere Technik ist, mit der die Geistige Ruhe entwickelt wird; denn die Entwicklung der Geistigen Ruhe ist in der Schriftabteilung der Lehrreden das Hauptthema.

Die Geistige Ruhe (śamatha) ist, allgemein gesprochen, ein Zustand meditativer Versenkung, in dem der Übende fähig ist, seine Aufmerksamkeit punktförmig auf ein von ihm ausgewähltes Objekt zu richten. Die Techniken, mit denen solch ein Geisteszustand kultiviert werden kann, müssen entsprechend konzentrativ und nicht analytisch sein. Die Besondere Einsicht (vipaśyanā) dagegen ist eine analytische Art der Meditation, und entsprechend müssen die Methoden zur Herausbildung der Besonderen Einsicht analytischer Natur sein.

Geistige Ruhe ist ein hochentwickelter Geisteszustand punktförmiger meditativer Konzentration, der mit körperlicher und geistiger Beweglichkeit einhergeht. Beweglichkeit heißt, daß Körper und Geist in hohem Maße flexibel und zur Aneignung von höheren Tugenden nutzbar und gefügig sind. Besondere Einsicht ist ein hochentwickelter Geisteszustand, der mit ebensolcher körperlichen und geistigen Beweglichkeit einhergeht und in dem die Fähigkeit zur Analyse enorm weit entwickelt ist. Somit ist Geistige Ruhe ihrem Wesen nach konzentrativ und Besondere Einsicht ihrem Wesen nach analytisch.

Spricht man über Meditation, sollte man sich bewußt sein, daß es vielfältige Formen von Meditation gibt. Der Begriff Meditation hat also verschiedene Bedeutungen. Um nur einige Beispiele für verschiedene Meditationsweisen zu nennen: Bei einigen Meditationen meditiert man *über* ein Objekt, das der Meditationsinhalt ist, etwa im Fall der Meditation über die Leerheit, bei der die Leerheit das Beobachtungsobjekt des meditierenden Geistes ist. Bei anderen Meditationen versetzt man den Geist in einen bestimmten Zustand. Dieser Zustand ist der Inhalt der Meditation. Dabei übt man den Meditationsinhalt ein – zum Beispiel bei der Meditation der liebevollen Zuneigung, in der der Übende liebevolle Zuneigung in seinem Geist erzeugt.[23] Zu anderen Gelegenheiten visualisiert der Schüler etwas in seiner Vorstellung und meditiert darüber.

172

Folgt man den Erklärungen in den Sūtras und in den drei unteren Tantra-Klassen, erlangt man Geistige Ruhe und Besondere Einsicht immer nacheinander. Zuerst muß man Geistige Ruhe verwirklichen, und dann wird auf der Grundlage der Geistigen Ruhe die Besondere Einsicht erreicht. Wenn man während einer Meditationssitzung Geistige Ruhe übt, so geschieht dies ausschließlich in einer konzentrativen Form, das heißt, man bewahrt die Punktförmigkeit der Konzentration, ohne Analysen durchzuführen. Wenn man Besondere Einsicht schult, geschieht dies vorwiegend durch einen analytischen Prozeß. Demgemäß werden beide als zwei verschiedene, voneinander unabhängige Prozesse betrachtet.

Das Höchste Yogatantra jedoch kennt eine einzigartige Methode, mit der man in der Meditation den Geist punktförmig auf bestimmte lebenswichtige Zentren im Körper richten und diese dann geistig durchdringen kann; so erlangt man Besondere Einsicht durch eine vorwiegend konzentrative Meditation. Folglich können Meditierende mit entsprechend hoher Befähigung Geistige Ruhe und Besondere Einsicht gleichzeitig statt nacheinander verwirklichen.

Die dritte Form des Yoga, die wir oben erwähnt haben, die »Konzentration, die Befreiung am Ende des Klangs verleiht«, ist die Meditation über die Leerheit entsprechend den unteren Tantra-Klassen. Diese Meditation ist auch als »Yoga ohne Merkmale« bekannt, wohingegen die ersten beiden meditativen Konzentrationsformen und ihre vorausgehenden Meditationen »Yoga mit Merkmalen« genannt werden.

Ich möchte nun noch einiges zum Ausübungs-Tantra sagen. Die Maṇḍalas, die zu dieser Tantra-Klasse gehören, sind in der tibetischen Tradition ziemlich rar. Die in der tibetischen Tradition verbreitetste Gottheit aus dieser Tantra-Klasse ist Vairocanābhisaṃbodhi.

Auch das Ausübungs-Tantra spricht vom Pfad zur Buddhaschaft in Form des Yoga mit Merkmalen und des Yoga ohne Merkmale; und auch hier versteht man unter dem Yoga ohne Merkmale eine Meditation, die die Erkenntnis der Leerheit betont, während beim Yoga mit Merkmalen die Erkenntnis der Leerheit nicht im Vordergrund steht.

In beiden Tantra-Klassen, dem Handlungs- und Ausübungs-Tantra, sind die erforderlichen Schulungen der Gottheiten-Yoga und die »Annäherung« an die Gottheit in einer Meditationsklausur. Im Anschluß an die Annäherungsklausur übt man Aktivitäten in Verbindung mit dieser Gottheit aus; zum Beispiel werden in den Handlungs- und Ausübungs-Tantras auf Langlebensgottheiten bezogene Langlebens- und Unsterblichkeitspraktiken erwähnt. In der Literatur dieser Tantra-Klassen werden andere Aktivitäten wie zum Beispiel das Erreichen der höchsten Form der Befreiung nicht im Detail diskutiert.

Die dritte Klasse von Tantras ist das Yogatantra. Innerhalb der ins Tibetische übersetzten Tantras aus dieser Klasse ist Vajradhātu die hauptsächliche Gottheit. Auch Vairocana gehört dazu. Bei der allgemeinen Vorgehensweise im Yogatantra sind drei Aspekte von Bedeutung: (1) die Grundlagen bzw. Gegenstände der Läuterung, (2) der Pfad als Mittel zur Läuterung und (3) der reine Zustand als Ergebnis der Läuterung. Die Gegenstände der Läuterung, also die Faktoren, die gereinigt werden sollen, sind Körper, Sprache, Geist und Verhalten des Schülers. Der läuternde Pfad besteht in der Übung der »vier Mudrās« (»vier Siegel«); diese sind das Große Siegel, das Siegel der Phänomene, das Weisheits-Siegel und das Handlungs-Siegel. Diese vier Mittel zur Läuterung sind in Verbindung mit den vier Gegenständen der Läuterung zu sehen; ebenso die reinen Resultate als Ergebnis des Läuterungsprozesses: Körper, Sprache, Geist und Heilsaktivitäten auf der Ebene der Buddhaschaft.

In Entsprechung zu dieser vierfachen Einteilung von Grundlage, Pfad und Ergebnis gibt es in der Yogatantra-Klasse ein Wurzel-Tantra, das sich aus vier Teilen zusammensetzt und in seiner Darstellung hauptsächlich diesem vierfachen Ansatz folgt. Dieses Tantra heißt *Kompendium der Gesetzmäßigkeiten (Sarvatathāgatatattvasaṃgraha)*. Obwohl ich Initiationen aus dieser Tantra-Klasse empfangen habe, verfüge ich nur über wenig Erfahrung, da ich nicht genügend Meditationspraxis in dieser speziellen Klasse besitzte. So ist es vielleicht besser, wenn ich die Diskussion an diesem Punkt beende.

19. Fortgeschrittene Übung des Tantra: Das Höchste Yogatantra

Allgemeine Einführung

Während es in Japan viele Übende der unteren Tantra-Klassen zu geben scheint (zum Beispiel sind Rituale in Verbindung mit Vajradhātu und Vairocanābhisaṃbodhi sehr verbreitet), ist uns Tibetern das Höchste Yoga-tantra besonders vertraut. Offenbar wird nur in der tibetischen Tradition das Höchste Yogatantra geübt. Allerdings bin ich mir dessen nicht völlig sicher.

Die Schriften des Höchsten Yogatantra betonen, daß die Schüler, für die diese Tantra-Klasse vorrangig konzipiert ist, Menschen sind, wie sie auf diesem Planeten leben: Sie gehören zum Sinnlichen Bereich und besitzen einen Körper, der aus sechs wesentlichen Elementen zusammengesetzt ist, wobei drei vom Vater stammen – Knochen, Knochenmark und regenerative Flüssigkeit – und drei von der Mutter – Fleisch, Haut und Blut.[24] Das ist deshalb von Bedeutung, weil, anders als in den drei unteren Tantra-Klassen, im Höchsten Yogatantra Meditationstechniken angewendet werden, die nicht nur mit dem resultierenden Zustand der Buddhaschaft Ähnlichkeiten aufweisen, also mit den Drei Buddha-

Körpern *(kāyas)*,[25] sondern auch mit Zuständen einer gewöhnlichen menschlichen Existenz. Denn die natürlichen Vorgänge während des Todes, des Zwischenzustands und der Wiedergeburt bilden die Grundlage für die Läuterungsübungen. Das ist eine Besonderheit, aus der sich die außergewöhnliche Tiefgründigkeit dieser Tantra-Klasse erklärt.

Wie zuvor schon angedeutet, ist die tantrische Lehre im Höchsten Yogatantra noch tiefgründiger als in den unteren drei Tantra-Klassen. Der Grund dafür ist, daß der Begriff des Tantra hier aus der Perspektive von drei Entwicklungsphasen verstanden wird, die als die »drei Tantras« oder die »drei Kontinuen« bezeichnet werden: Und zwar ist (1) das ursächliche Kontinuum die Grundlage, (2) das Kontinuum der Methode der Pfad, und (3) das resultierende Kontinuum das Ergebnis des Pfades, und alle diese drei Ebenen des Tantra gehen letztlich aus dem grundlegenden, angeborenen Geist des Klaren Lichts hervor.

Wenn man diese Darlegung richtig versteht, weiß man auch die einzigartige Darstellung des ursächlichen Kontinuums zu würdigen, wie sie in der Sakya-Tradition gegeben wird. Das ursächliche Kontinuum wird hier als allem-zugrundeliegendes Fundament bezeichnet. Mit diesem Begriff werden sowohl die Maṇḍala-Gottheit als auch das sie umgebende Maṇḍala belegt; das heißt all diese reinen Erscheinungen im Maṇḍala entspringen tatsächlich dem allem-zugrundeliegenden, fundamentalen Geist. Es wird erklärt, daß innerhalb des fundamentalen Geistes – der grundlegenden Befähigung, die wir alle besitzen – alle Phänomene der Grundlage – also der gewöhnlichen Ebene –, des Pfades und des Ergebnisses schon in bestimmter Weise vorhanden sind: Alle Phänomene der Grundlage sind in Form ihrer jeweiligen Wesensmerkmale darin enthalten; alle Phänomene auf dem Pfad sind in Form von Eigenschaften präsent, die den Übenden zur Erleuchtung führen; und alle Phänomene des Ergebnisses, also der Buddhaschaft, existieren in Form des Potentials, die vollendeten Eigenschaften eines Buddha zu verwirklichen. Aufgrund dieses Zusammenhangs stößt man in den Schriften der Nyingma-Tradition, der Schule der Frühen Übersetzungen, auch auf Begriffe wie die »Gleichheit der Grundlage und des Resultats«. Da alle Phänomene des resultierenden Zustands als Potentiale in dem fundamentalen Geist vollständig existieren, lassen sich Aussagen wie jene verstehen, wonach »der erhabene Körper und die erhabene Weisheit weder vereinigt noch getrennt werden können«. Mit dem Körper und der Weisheit eines erleuchteten Wesens sind die Zwei Körper eines Buddha gemeint: der Formkörper und der Wahrheitskörper.

Diese Zusammenhänge sollte man sich immer wieder vergegenwärtigen, wenn man die endgültige Intention der Aussage Maitreyas im *Uttaratantra* verstehen will, daß Befleckungen des Geistes vorübergehend sind, positive geistige Eigenschaften dem Geist dagegen von Natur her innewohnen.[26] Damit ist nicht gesagt, daß alle positiven Eigenschaften und Verwirklichungen des Geistes schon jetzt im Geist vorhanden wären, sondern daß sie in dem grundlegenden, angeborenen Geist des Klaren Lichts in Form eines Potential angelegt sind. Es ist daher enorm wichtig, diese Äußerungen und die mit ihnen verbundenen Konzepte und Inhalte sorgfältig zu untersuchen und korrekt zu verstehen. Sonst besteht die Gefahr, daß man in die falsche Vorstellung verfällt, wie sie die nicht-buddhistische Schule der Sāṃkyas vertritt, die behauptet, der Keimling sei schon zur Zeit seines Samens vorhanden (aber noch nicht sichtbar).

Von diesem Standpunkt aus kann man auch Aussagen verstehen, wonach eine Person dann vollständig erleuchtet ist, wenn sie sich selbst richtig erkennt. Im Tantra stößt man auf ähnliche Passagen, so im Hevajra Tantra: »Obwohl die Lebewesen vollständig erleuchtet sind, sind sie dennoch von vorübergehenden Beflekkungen verdunkelt.« Auch das Kālacakra-Tantra spricht nachdrücklich über den grundlegenden, angeborenen Geist des Klaren Lichts, wenn auch in anderer Terminologie, denn dieser Geist wird hier »allesdurchdringende Vajra-Sphäre« genannt.

Aus diesen Gründen sagt Nāgārjuna in seinem Werk *Fünf Stufen (Pañcakrama)*, einem Kommentar zu den fünf Vollendungsstufen des *Guhyasamāja-Tantra*,[27] daß der Meditierende, während er in der illusionsgleichen Meditation verweilt,[28] alle Phänomene unter demselben Aspekt wahrnimmt. Nāgārjuna spricht hier von einem Übenden auf der Vollendungsstufe des Höchsten Yogatantra, der in der Lage ist, sich in einem »Illusionskörper« zu manifestieren. Dies ist ein sehr subtiler Körper, der eine Entität aus subtilster Energie und subtilstem Bewußtsein ist. Ein solcher Meditierender erweitert seine Wahrnehmung so, daß sie alle Phänomene erfaßt, und er nimmt diese als Manifestationen bzw. Darbietungen oder »Spiel« des grundlegenden, angeborenen Geistes des Klaren Lichts wahr.

Es mag vernünftig erscheinen, alle Lebewesen als Manifestationen oder Darbietungen ihres grundlegenden, angeborenen Geistes des Klaren Lichts anzusehen, da sie alle letztlich aus diesem Geist hervorgegangen sind und er deshalb ihr Ursprung ist. Wir mögen uns aber fragen, wie man nicht nur die Wesen selbst, sondern das gesamte Universum, einschließlich der natürlichen Umwelt, als Manifestation oder Darbietung dieses grundlegenden Geistes des Klaren Lichts verstehen kann. Gewiß muß man sich zur Deutung dieser Aussage Nāgārjunas nicht an der Yogācāra-Schule, der sogenannten »Nur-Geist«-Schule, orientieren, die behauptet, die äußeren Phänomene seien nichts anderes als Projektionen des Geistes. Diese buddhistische Lehrmeinung ist der Ansicht, daß die äußeren Phänomen nur Widerspiegelungen unseres eigenen Geistes sind; sie meint, das wahrnehmende Bewußtsein und die wahrgenommenen Objekte seien dieselbe Entität, und leugnet eine aus Atomen zusammengesetzte äußere Wirklichkeit. Das Zitat aus Nāgārjunas *Pañcakrama* bedeutet indes etwas anderes: Die Umgebung und die äußeren Phänomene sollten in dem Sinne als Manifestationen dieses grundlegenden Geistes begriffen werden, daß sie nur innerhalb von Wahrnehmungsprozessen erscheinen, die letztlich alle von diesem angeborenen, fundamentalen Geist ausgehen, und nicht in dem Sinne, daß ihre Substanz mit der Substanz des Geistes identisch wäre, wie die Nur-Geist-Schule behauptet. Zu dem

Zeitpunkt, da eine Person diesen grundlegenden, angeborenen Geist des Klaren Lichts und damit die subtilste Ebene des Geistes bewußt, klar und deutlich erfährt, haben sich alle gröberen geistigen Prozesse und die mit ihnen einhergehenden gröberen Energien aufgelöst. Gröbere Ebenen von Bewußtsein und Energie sind nicht länger aktiv. Die Erscheinung, die der subtile Geist dann erlebt, wird auch als »reine Leerheit« bezeichnet; denn der Zustand ähnelt der Erfahrung in dem tiefen meditativen Versenkungszustand, der die Leerheit unmittelbar erkennt.

Das Höchste Yogatantra erklärt verschiedene Techniken, den grundlegenden Geist des Klaren Lichts zu nutzen, der sich zum Zeitpunkt des Todes auf natürliche Weise manifestiert. Man kann diesen Zustand für positive Zwecke gebrauchen, da es möglich ist, daß man ihn bewußt in eine heilsame Geisteshaltung versetzt und in das Wesen des Pfades wandelt. Im Sūtra-System wird allgemein davon gesprochen, daß dieser letzte, subtile Bewußtseinszustand zum Zeitpunkt des Todes immer karmisch neutral, das heißt weder heilsam noch unheilsam ist. Im Tantra aber gibt es Methoden, sich diesen letzten Bewußtseinsmoment zunutze zu machen, so daß er nicht neutral bleibt, sondern in einen heilsamen Zustand umgewandelt wird.

In den Schriften heißt es, daß allgemein heilsame Geisteszustände verglichen mit verblendeten Geisteszuständen weitaus kraftvoller sind, da sie eine gültige Grundlage haben; sie gründen in der Wirklichkeit, beruhen auf guten Begründungen und sind fehlerfrei. Außerdem können heilsame Geisteszustände zur Zeit des Todes oder zu anderen Gelegenheiten, bei denen die Erfahrung des Klaren Lichts eintritt, erzeugt und ausgedehnt werden; negative Geisteszustände dagegen können zum Zeitpunkt des Todes oder zu einer anderen Zeit, in der der Zustand des Klaren Lichts sich manifestiert, nicht entstehen oder sich fortsetzen.

Die Sicht, die in der Übung des Großen Siegels (Mahāmudrā) in der Kagyü-Tradition geschult wird, und die Sicht, die bei der Übung des »Durchtrennens« (Trek-tschö) in der Schule der Großen Vollendung (Dsogtschen) der Nyingma-Tradition[29] entwickelt wird, haben letztlich den gleichen Inhalt: die Erfahrung des grundlegenden, angeborenen Geistes des Klaren Lichts. In der Nyingma-Darstellung der neun Fahrzeuge wird das Fahrzeug der Großen Vollendung als das höchste aller Fahrzeuge dargestellt. Dies wird damit begründet, daß man bei der Übung der Großen Vollendung die ursprüngliche Bewußtheit nutzt und nicht unseren gewöhnlichen Geist, wie dies in den vorausgehenden acht Fahrzeugen der Fall ist.

Es stellt sich nun die Frage, ob die verschiedenen Schulungsmethoden von Mahāmudrā, Dsogtschen und Höchstem Yogatantra gleich sind, da sie letztlich alle dasselbe Thema haben: Meditation auf der Ebene des grundlegenden, angeborenen Geistes des Klaren Lichts. Eine Antwort darauf wurde von Dodrup Dschigme Tänpä Nyima gegeben: Es sei in der Tat richtig, daß die Lehren des Höchsten Yogatantra wie die Lehren der Großen Vollendung das Erforschen und Entwickeln des grundlegenden, angeborenen Geistes des Klaren Lichts stark betonen. Der Unterschied liege allerdings in der

Methodik. Im Höchsten Yogatantra durchlaufe der Übende die Techniken, mit denen der grundlegende Geist erforscht und entwickelt wird, in einem schrittweisen Prozeß, der mit der Erzeugungsstufe beginnt und schließlich in die Meditationen der Vollendungsstufe sowie die Verwirklichung des Klaren Lichts mündet. In der Praxis der Großen Vollendung dagegen nähere man sich der Entwicklung und Förderung dieses grundlegenden, angeborenen Geistes des Klaren Lichts nicht in einem stufenweisen Prozeß an, sondern ad hoc, indem man die eigene ursprüngliche Bewußtheit nutzt, als würde man schon von Anfang an den Geist des Klaren Lichts selbst unmittelbar erfassen.

Tantras entziffern: Die Schlüssel zur Interpretation

Wenn man das Höchste Yogatantra studiert, sollte man sich stets daran erinnern, daß selbst ein einziges Wort auf vielfältige Weise interpretiert werden kann, ähnlich wie die Weisheits-Sūtras zwei Ebenen der Interpretation haben – den explizit gelehrten Inhalt und den verborgenen, implizit gelehrten Inhalt.[30] Im Falle des Tantra muß der Auslegungsprozeß noch weiter gehen, so daß er viele verschiedene, noch komplexere Ebenen umfaßt.

Ein einziges Wort kann im Tantra vier unterschiedliche Bedeutungen haben, die mit vier Ebenen der Interpretation übereinstimmen:

1. Die wörtliche Bedeutung: Sie ist die explizite, direkte Bedeutung, die man somit aufgrund der sprachli-

chen Konvention und der grammatikalischen Strukturen des Satzes verstehen kann.

2. Die allgemeingültige Bedeutung: Sie bezieht sich auf die meditativen Schulungen, (1) die das Tantra mit den Sūtra-Lehren gemein hat, (2) die das Höchste Yogatantra mit den unteren Tantra-Klassen gemein hat oder (3) die die Vollendungsstufe des Höchsten Yogatantra mit der Erzeugungsstufe dieser Tantra-Klasse gemein hat.

3. Die verborgene Bedeutung, von der es drei Arten gibt: (1) die verborgene Methode, Begierde in den Pfad zu nehmen, (2) die verborgenen Geistesebenen, die beispielsweise im Tod in natürlicher Weise auftreten oder im Höchsten Yogatantra bewußt manifestiert werden; sie gehen mit bestimmten Erscheinungen einher, die als Weiße Erscheinung, als Rote Zunahme und das Schwarze Nahe-Erreichen bezeichnet werden,[31] sowie (3) die verborgene konventionelle Wahrheit; was sich auf den Illusionskörper bezieht.

4. Die endgültige Bedeutung: »Endgültig« bezieht sich hier auf das Endgültige Klare Licht und die Endgültige Vereinigung, die die endgültigen Inhalte sind, mit denen sich alle Schriften und Übungen des Höchsten Yogatantra letztlich beschäftigen.[32]

Obwohl die ersten drei Bedeutungsebenen wichtige Themen in den Schriften des Höchsten Yogatantra sind, finden sie sich auch in den unteren Tantras – wenn auch nicht explizit, so doch in verborgener Weise.

Die Tantras führen noch eine andere hermeneutische Technik an, mit der man sich einem Text aus dem Höchsten Yogatantra anzunähern vermag. Sie besteht in der

Untersuchung der Sechs Alternativen. Bei diesen handelt es sich um drei Gegensatzpaare, die umschreiben, welche Bedeutsamkeit einem Text zukommt. Gefragt wird, (1) ob die Aussagen dieses Textes als interpretationsbedürftig oder endgültig zu verstehen sind, (2) ob in ihnen eine weitere, nicht ausgesprochene Intention enthalten ist oder nicht, und (3) ob sie wörtlich zu verstehen sind oder nicht.

Unterrichtet ein Lehrer seinen Schülern Tantra, so werden, entsprechend der vielschichtigen Bedeutung tantrischer Texte und tantrischer Anweisungen, zwei Erklärungsweisen praktiziert: Es ist möglich, daß die Erklärungen einer Gruppe von Schülern gegeben werden, oder daß sie nur in einer persönlichen Lehrer-Schüler-Beziehung weitergegeben werden.

Tantrische Abhandlungen präsentieren ihr Thema immer in Übereinstimmung mit der Vorgehensweise des Sūtra-Pfades. Wenn tantrische Übungen erklärt werden, wird deutlich gemacht, wie sie auf den Sūtra-Unterweisungen gründen, um sie dadurch als echte buddhistische Übungen auszuweisen, die schließlich zum Erlangen der Buddhaschaft führen. All die feinen, vielschichtigen Differenzierungen und Unterschiede in den Tantras zielen auf die unterschiedlichen geistigen Veranlagungen, natürlichen Neigungen und physischen Eigenschaften der einzelnen Schüler ab. Aus diesem Grund geht den meisten Tantras ein einleitender Abschnitt voraus, der sich vorwiegend mit den Voraussetzungen befaßt, die ein Schüler benötigt. Verschiedene Arten von Übenden werden erwähnt, wobei der beste der »juwelengleiche« Schüler ist, eine Person, die von Vertrauen, Verständnisfähigkeit, Tatkraft und Verdiensten her die besten Voraussetzungen zur Aufnahme und Anwendung der tantrischen Lehren besitzt. Der Sinn, geeigneten Schülern das Tantra in einer solch vielschichtigen Weise zu erklären, liegt darin, den einzelnen zur Erkenntnis der Zwei Wahrheiten zu befähigen. An dieser Stelle sind die endgültige und konventionelle Wahrheit aber nicht in der Weise zu verstehen, wie sie im Sūtra-System dargelegt werden, sondern gemäß dem Höchsten Yogatantra.

Die skizzierte Vorgehensweise bei der Interpretation einer tantrischen Schrift wird eingehend in dem Erklärenden Tantra mit dem Titel *Kompendium des Weisheits-Vajra (Jñānavajrasamuccayanāmatantra)* besprochen.

Ein anderes Erkennungsmerkmal der Tantras ist, daß sie fast alle mit den beiden Silben *e* und *vam* beginnen. Diese beiden Silben enthalten die gesamte Essenz und Bedeutung aller Tantras, und zwar nicht nur ihre wörtliche Bedeutung, sondern auch ihre endgültige. Da jedes Tantra eine Abhandlung darstellt, ist es aus vielen Worten und Silben zusammengesetzt, die sich letztlich alle auf Vokale und Konsonanten reduzieren lassen. Deshalb sind alle Worte, die den Inhalt dieses Tantra übermitteln, in den beiden Silben von *e-vam* enthalten. Da zudem der gesamte Inhalt des Tantra zu den drei Faktoren Grundlage, Pfad und Ergebnis verdichtet werden kann, umfaßt die Bedeutung von *e-vam* zudem alle Aspekte von Grundlage, Pfad und Frucht und damit den gesamten Inhalt dieses Tantra. Somit schließt *e-vam* tatsächlich das gesamte Tantra sowohl von den beschreibenden Worten wie von dem beschriebenen Inhalt her ein.

Candrakīrti faßt die gesamte Bedeutung von Tantra in den einleitenden Versen seines berühmten Kommentars zum *Guhyasamāja-Tantra, Klare Leuchte (Pradīpoddyotananāmaṭīkā)*, knapp zusammen.[33] In diesen Versen schreibt Candrakīrti, daß die erste Stufe der tantrischen Schulung, auf der man den Körper der Gottheit verwirklicht, die Erzeugungsstufe ist. Die Meditation über die Natur des Geistes ist die zweite Stufe. Das Erlangen einer stabilen konventionellen Wahrheit ist die dritte Stufe. Die Reinigung der konventionellen Wahrheit ist die vierte Stufe. Die fünfte Stufe ist die Verschmelzung der beiden Wahrheiten, die Vereinigung. Dies sind die Zweige des Tantra, die in ihrer Essenz das gesamte Thema des Höchsten Yogatantra enthalten.[34] Candrakīrtis Abhandlung erklärt den gesamten Pfad somit in fünf Stufen, beginnend mit der Erzeugungsstufe und gefolgt von vier Ebenen der Vollendungsstufe.

In Entsprechung zu den verschiedenen Stufen auf dem Pfad gibt es auch verschiedene Initiationen, die als förderliche Mittel dienen, den Geist für diese Pfade zur nötigen Reife zu führen:[35] Die Vasen-Initiation ermächtigt den Schüler, die Übungen der Erzeugungsstufe durchzuführen. Die zweite Initiation, die Geheime Initiation, ermächtigt den Schüler, den Illusionskörper zu üben. Der Pfad des Illusionskörpers schließt auch die Übung der drei Isolationen ein: die meditative Konzentration des isolierten Körpers, der isolierten Rede und des isolierten Geistes; denn sie sind die Vorbereitungen für die Übung des Illusionskörpers. Mit der dritten Initiation, der Weisheitsinitiation, erlangt der Schüler die Ermächtigung, die Meditation des Klaren Lichts durch-

zuführen, durch die der Illusionskörpers zum Klaren
Licht geläutert wird. Die vierte Initiation, die Wort-
initiation, ermächtigt den Schüler, die Meditationsübungen der Vereinigung zu praktizieren.

Glückseligkeit und Leerheit

Den Begriff »Vereinigung« verwendet man im Höchsten Yogatantra hauptsächlich auf zwei verschiedene
Weisen: für die Vereinigung der Zwei Wahrheiten und
für die Vereinigung von Glückseligkeit und Leerheit.
Wenn im Höchsten Yogatantra von der Vereinigung der
Zwei Wahrheiten gesprochen wird, so ist mit der endgültigen Wahrheit die untrennbare Einheit von Glückseligkeit und Leerheit gemeint, die eine einzige Entität
bilden. Die konventionelle Wahrheit bezeichnet den
Illusionskörper. Wenn das Bewußtsein, das die untrennbare Einheit von Glückseligkeit und Leerheit erlebt,
und der Illusionskörper untrennbar miteinander verbunden werden, hat man die vollkommene Vereinigung
der Zwei Wahrheiten erlangt.

Die Vereinigung von Glückseligkeit und Leerheit ist
eine untrennbare Vereinigung der Weisheit, die die
Leerheit erkennt, mit einer tiefen Erfahrung von Glückseligkeit. In einer solchen Vereinigung wird die zuvor
entwickelte Weisheit, die die Leerheit erkennt, in einem
glückseligen Geisteszustand hervorgebracht; folglich
werden diese beiden, Weisheit und Glückseligkeit, dann
in einem einzigen Bewußtseinszustand erlebt. Diese
Vereinigung könnte auch dadurch zustande kommen,

daß man eine tiefe Erfahrung von Glückseligkeit nutzt, um die Leerheit neu zu erkennen. Mit anderen Worten: Es sind zwei Abfolgen möglich, um eine Vereinigung von Glückseligkeit und Leerheit zu erreichen. Einige Übende des Höchsten Yogatantra erfahren als Folge des Schmelzens der lebenswichtigen Tropfen innerhalb der Energiekanäle zuerst einen glückseligen Geisteszustand, und diese glückselige Erfahrung führt schließlich zur Erkenntnis der Leerheit. Bei den meisten Schülern aber geht die Erkenntnis der Leerheit der tatsächlichen Erfahrung der großen Glückseligkeit voraus.

Einige Übende mögen eine Ansicht der Leerheit haben, die nicht so vollständig ist wie die der Madhyamaka-Prāsaṅgika-Schule, sondern den Ansichten der endgültigen Realität nähersteht, wie sie von den Schulen der Yogācārin oder Svātantrika-Mādhyamikas vertreten werden. Der Meditierende kann ein Schmelzen der Elemente innerhalb des Körpers erfahren, indem er bestimmte tantrische Meditationstechniken anwendet wie das Entfachen der inneren Hitze (tibetisch »Tummo«) oder das geistige Durchdringen zentraler Stellen des Körpers im Rahmen des Wind-Yoga. Das Schmelzen der Elemente bewirkt eine Erfahrung von Glückseligkeit, bis man schließlich ein Stadium erreicht, in dem man die groben Ebenen des Geistes und die damit einhergehenden Windenergien aufzulösen vermag. Mit dieser Ebene meditativer Erfahrung kann der Schüler selbst dann, wenn sie noch nicht mit einem vollständigen Verständnis der Leerheit verbunden ist, zu einem subtileren Verständnis der Leerheit voranschreiten und schließlich die Wahrnehmung erlangen, daß jedes Phänomen eine bloße geistige Beifügung, eine bloße Benennung ist, die einer Benennungsgrundlage beigelegt wird. Die Erfahrung der großen Glückseligkeit kann dem Übenden helfen, alle Gegenstände und Vorgänge als bloße Manifestationen der Glückseligkeit, als »Spiele« des subtilen Windes wahrzunehmen. Auf diese Weise verwirklicht der Meditierende die subtilste Erfahrung der Leerheit. Ein solcher Übender erlangt zuerst die Erfahrung von Glückseligkeit, und die Erkenntnis der Leerheit folgt später.

Allgemein sollte ein Übender eine Erkenntnis der Leerheit haben, ehe er eine Einweihung in das Höchste Yogatantra erhält. In diesem Fall wird die Weisheit, die die Leerheit erkennt, vor der Erfahrung von Glückseligkeit erlangt. Ein Schüler mit höchsten Fähigkeiten nutzt während der Meditationssitzung über die letztgültige Beschaffenheit des »Selbst« oder »Ich« die Methoden, die innere Hitze zu entfachen, indem er den Gottheiten-Yoga übt und die zentralen Stellen des Körpers durch Manipulation der subtilen Energien oder mit Hilfe anderer Methoden geistig durchdringt. Der Meditierende bringt die Tropfen, die essentiellen Elemente innerhalb des Körpers, zum Schmelzen, und durch die Kraft der Begierde, die zunächst entsteht, erfährt er einen Zustand von Glückseligkeit. An diesem Punkt macht sich der Meditierende die frühere Erfahrung der Leerheit wieder bewußt und verbindet diese Erkenntnis der Leerheit mit der Erfahrung der großen Glückseligkeit.

Wie bringt man eine solche Erfahrung von großer Glückseligkeit hervor? Wenn die Tropfen im Körper schmelzen, erlebt man eine außergewöhnliche Empfindung innerhalb des zentralen Energiekanals im Körper. Dadurch entsteht eine kraftvolle Erfahrung körperlicher Glückseligkeit, die ihrerseits dann dem Geist zu einer sehr subtilen Ebene der Erfahrung verhilft, die von geistiger Glückseligkeit durchdrungen ist. Wenn man sich dann das eigene Verständnis der Leerheit ins Bewußtsein ruft, wird diese geistige Glückseligkeit automatisch mit der Erkenntnis der Leerheit verbunden. Dies ist die Methode, Glückseligkeit und Leerheit zu vereinigen.

Es ist wichtig, den genauen Sinn eines jeden Ausdrucks im Tantra zu verstehen, besonders angesichts der vielfältigen Bedeutungen, die die Begriffe je nach Kontext haben. Allgemein gibt es drei unterschiedliche Arten von Glückseligkeit: (1) die Glückseligkeit, die vom Erguß der Keimflüssigkeiten verursacht wird, (2) die Glückseligkeit, die aus dem Fluß lebenswichtiger Elemente innerhalb der Energiekanäle stammt, und schließlich (3) die Glückseligkeit, die im Tantra als »unveränderliche Glückseligkeit« geläufig ist. In der tantrischen Übung werden die letzten beiden Arten der Glückseligkeit für die Erkenntnis der Leerheit nutzbar gemacht: die Glückseligkeit, die der Bewegung der Elemente in den Kanälen entspringt, und die unveränderliche Glückseligkeit. Viele Meditationsgottheiten im Höchsten Yogatantra werden in sexueller Umarmung abgebildet, um deutlich zu machen, wie wichtig das Nutzen von Glückseligkeit zur Erkenntnis der Leerheit ist. Wie schon zuvor besprochen, ist diese Glückseligkeit sehr verschieden von derjenigen, die beim gewöhnlichen Geschlechtsverkehr erfahren wird.

Tod, Zwischenzustand und Wiedergeburt

Da die Schulung des Höchsten Yogatantra hauptsächlich für Übende gedacht ist, die einen materiellen Körper besitzen, der aus den sechs wesentlichen Bestandteilen besteht,[36] lehnt sich das Vorgehen auf dem Pfad an den gewöhnlichen Prozeß von Tod, Zwischenzustand und Wiedergeburt an und trägt ähnliche Merkmale. Aufgrund der besonderen Struktur des menschlichen Körpers erleben die Menschen auf diesem Planeten natürlicherweise die Stadien von Tod, Zwischenzustand und Wiedergeburt. Tod ist der Zustand, in dem alle groben Ebenen des Geistes und der Energie sich schließlich in ihre subtilsten Ebenen auflösen. An diesem Punkt erlebt die Person das Klare Licht des Todes. Aus dem Zustand des Klaren Lichts heraus nimmt man dann einen subtilen Körper an und erlebt den Zwischenzustand. Schließlich nimmt das Wesen aus dem Zwischenzustand wieder einen grobstofflichen Körper an, der für andere sichtbar ist. Dieser Übergang ist die Wiedergeburt in ein neues Leben.

Nāgārjuna und Āryadeva haben sowohl in ihren Kommentaren über Tantra als auch in ihren essentiellen Meditationsanweisungen die Techniken erklärt, mit deren Hilfe der Meditierende die natürlichen Stadien von Tod, Zwischenzustand und Wiedergeburt für höhere Zwecke nutzen kann. Dies ist möglich, da wir in unserer gewöhlichen Erfahrung diese verschiedenen Stadien von Natur her durchlaufen. Statt sie aber unkontrolliert zu erleben, kann man sie beherrschen und nutzen, um die drei resultierenden Körper der Buddhaschaft – den Wahrheitskörper, den Körper des Vollkommenen Erfreuens und den Ausstrahlungskörper – zu erlangen, die ähnliche Eigenschaften wie Tod, Zwischenzustand und Wiedergeburt aufweisen. Der gewöhnliche Tod ist in seiner Erscheinungsform dem Wahrheitskörper ähnlich, der Zwischenzustand ähnelt dem Körper des Vollkommenen Erfreuens und die Geburt dem Ausstrahlungskörper. Deshalb nennt man Tod, Zwischenzustand und Wiedergeburt im Höchsten Yogatantra »die Drei Körper zur Zeit der Grundlage«.

Im Höchsten Yogatantra wird dargelegt, daß jede Übung der Erzeugungsstufe eine Meditation über die Drei Körper enthalten sollte, die mit dem resultierenden erleuchteten Zustand, also der Buddhaschaft, verwirklicht werden. In den Texten der Schule der Frühen Übersetzungen wird eine andere Terminologie gebraucht. Die Meditation über die Drei Körper wird hier mit den »drei Arten meditativer Konzentration« beschrieben: der »Konzentration der Soheit«, der »Konzentration der Erscheinung von allem«und der »ursächlichen Konzentration«.

Die dem Yogatantra und dem Höchsten Yogatantra gemeinsamen Übungen der Erzeugungsstufe werden oft anhand von drei Arten meditativer Konzentration erklärt, die als »Konzentration der anfänglichen Übungsstufe«, »Konzentration des erhabenen Königs des Maṇḍala« und »Konzentration des erhabenen Königs der Handlungen« bezeichnet werden. Sie unterscheiden sich allerdings von den zuvor genannten drei Arten meditativer Konzentration, wie sie von der Frühen Übersetzungsschule beschrieben werden.

Kurz gesagt läßt sich die Meditation über die Drei Körper als eine Methode beschreiben, mit der die drei Prozesse von Tod, Zwischenzustand und Wiedergeburt in den Pfad integriert werden. Zum Beispiel integriert man den Tod als Wahrheitskörper in den Pfad, indem man sich in der Meditation den tatsächlichen Sterbeprozeß vorstellt. So wie es im Tod auf natürliche Weise geschieht, löst man nun in der eigenen Vorstellung alle gröberen geistigen Prozesse und die mit ihnen verbundenen Windenergien auf und zieht sie zurück. Der Sterbeprozeß beginnt mit der Auflösung der Elemente des Körpers. Dies geschieht in acht Stadien, beginnend mit der Auflösung des Erdelements, dann folgen das Wasserelement, das Feuerelement und das Windelement. Nach der Auflösung dieser vier Elemente folgt die Erfahrung der vier Stadien, die nacheinander erlebt werden: die Weiße Erscheinung, die Rote Zunahme, das Schwarze Nahe-Erreichen und das Klare Licht des Todes. Während der Erzeugungsstufe erlebt man diese Auflösungsprozesse lediglich in der eigenen Vorstellung. Auf der Vollendungsstufe aber, wenn der Übende in seiner Verwirklichung fortschreitet, erlangt er schrittweise eine tiefere und realere Erfahrung dieser Prozesse. Letztlich ist der Übende fähig, den tatsächlichen Auflösungsprozeß, vor allem die Erfahrung des Klaren Lichts, in der Meditation genauso zu durchlaufen, wie sie dann zum eigentlichen Todeszeitpunkt auftreten werden.

Einige moderne Wissenschaftler haben über die Erfahrungen und Ereignisse während des Sterbeprozesses geforscht. Manche Resultate lassen sich zutage fördern, wenn man eine solche Forschung auf Personen konzentriert, die einen langsamen und stufenweisen Todesprozeß erleben, denn bei ihnen treten die Zeichen der Auflösung deutlicher auf. Dieser langsame und stufenweise Prozeß erfolgt natürlicherweise zum Beispiel bei Personen, die lange Zeit krank waren.

Ein tantrischer Übender mit fortgeschrittener Verwirklichung kann diese Stadien im Todesprozeß wiedererkennen und für positive Zwecke nutzen, indem er die Bewußtheit aufrecherhält und sich nicht von ihnen überwältigen läßt. Diese Fähigkeit ist das Resultat der Meditationspraxis während des Lebens. Gewöhnliche Menschen verbleiben allgemein maximal drei Tage im Klaren Licht des Todes, aber einige Meditierende können für eine Woche, in Ausnahmefällen sogar für mehrere Wochen in diesem Zustand verweilen. Das äußere Zeichen dafür, daß eine Person im Klaren Licht verweilt, ist, daß sie als klinisch tot gilt, der Körper aber nicht verfällt.

Ich habe einen Freund, der Physiker ist und mit Meditierenden, die im Sterben liegen, Versuche anstellen möchte. Er überließ mir ein spezielles Gerät, um einen solchen Versuch durchzuführen; aber ich finde, es entbehrt nicht der Ironie, daß ich darauf warten muß, bis ein Meditierender stirbt, damit ich dieses Experiment durchführen kann!

An dem Punkt der Erzeugungsstufe, an dem man in seiner Vorstellung das Klare Licht erfährt, sollte man eine tiefe meditative Versenkung in die Leerheit beibehalten. Dies ist die Meditation über den Wahrheitskörper; sie ist das Mittel, das den gewöhnlichen Tod reinigt.

Wenn ein Übender der Erzeugungsstufe aus der Meditation über die Leerheit wieder heraustritt, nimmt er in seiner Vorstellung einen subtilen Körper an. Dies ist die Meditation über den Körper des Vollkommenen Erfreuens. Sie ist das Mittel, mit dem der gewöhnliche Zwischenzustand gereinigt wird; denn sie entspricht dem gewöhnlichen Vorgang, wenn die Person einen subtilen, feinstofflichen Körper annimmt, nachdem sie das Klare Licht des Todes durchlaufen hat und damit in den Zwischenzustand eingeht.

Im nächsten Schritt der Meditation stellt sich der Übende der Erzeugungsstufe vor, daß er sich aus dem Körper des Vollkommenen Erfreuens zum Ausstrahlungskörper umwandelt. Dies entspricht dem gewöhnlichen Vorgang, bei dem das Wesen den Zwischenzustand verläßt und einen grobstofflichen, materiellen Körper annimmt. Diese Meditation über den Ausstrahlungskörper dient als Mittel, um die gewöhnliche Wiedergeburt zu reinigen.

Es gibt viele verschiedene Meditationstexte, die die Selbsthervorbringung als Gottheit auf der Erzeugungsstufe erläutern. Einige sind so angelegt, daß der Übende zunächst als ursächlicher Vajra-Halter entsteht, der sich dann in den resultierenden Vajra-Halter transformiert.[37] In anderen Fällen findet die Selbsthervorbringung durch einen Prozeß statt, der als die Fünf Läuterungen *(abhisaṃbodhi)* bekannt ist.[38] In den verschiedenen Sādhanas und Übungsmethoden der Erzeugungsstufe gibt es eine große Vielfalt, zum Beispiel was die Visualisation als Gottheit betrifft. All diese vielfältigen Aspekte sind wichtig; aber der Kern der Übung ist die Meditation, in der man die Klarheit der Visualisation verbunden mit dem göttlichen Stolz entwickelt und in diesem Zustand die umfassende Methode und die tiefgründige Weisheit schult. Der Übende bringt, wie schon angesprochen, in einer klaren Visualisation sich selbst in der Erscheinung der Gottheit hervor und kultiviert auf dieser Basis dann den göttlichen Stolz, indem er sich selbst mit der Gottheit identifiziert.

Ein ernsthafter Meditierender sollte immer wieder Rückschau auf seine geistige Verfassung und die Ebene seiner spirituellen Verwirklichung halten, wenn er diese Meditationen übt. Man sollte den eigenen Geist sorgfältig beobachten. Ein wichtiger Punkt ist, daß man sich bemüht, die Meditation von den negativen Einflüssen des Sinkens und der Erregung freizuhalten. Meditation muß geplant, mit Stetigkeit durchgeführt werden, und die verschiedenen förderlichen geistigen Kräfte und Übungen müssen sinnvoll in Einklang gebracht werden, so daß sie die Meditation insgesamt fördern.

Das größte Hindernis, um die punktförmige Konzentration des Geistes zu erlangen bzw. aufrechtzuerhalten, sind die Ablenkungen durch überflüssige Gedanken. Diese ziehen vielfältige hinderliche Geistesfaktoren nach sich, so die geistige Zerstreutheit und verschiedene Formen der Erregung. Von all diesen ist die geistige Erregung das größte Hindernis. Sie kommt meist dadurch zustande, daß der Geist zu einem begehrenswerten Objekt gezogen wird, oder dadurch, daß die Meditation zu intensiv ist. Dem Meditierenden wird zur Neutralisierung und Überwindung der Erregung empfohlen, Techniken anzuwenden, die den Geist entspannen und seine Intensität dämpfen, zum Beispiel, indem die Aufmerksamkeit von äußeren Objekten abgezogen wird. In diesem Zusammenhang ist es sehr hilfreich, über die unbefriedigende Natur der Existenz im Daseinskreislauf nachzudenken; das hilft, die Erregung zu dämpfen.

Neben der Überwindung der Ablenkung, die durch Zerstreuung und Erregung verursacht wird, muß man beim Erfassen des Meditationsobjekts Klarheit entwickeln, wenn man eine kräftige und stabile Konzentration des Geistes erreichen will. Ohne Klarheit wird man letztlich nicht in der Lage sein, den Geist auf einen Punkt hin zu sammeln, auch wenn man den Geist von äußeren Objekten zurückzuziehen vermag. Diese Klarheit hat zwei Aspekte: einerseits die Klarheit des wahrgenommenen Objekts und andererseits die Klarheit des wahrnehmenden Bewußtseins, also die Klarheit des erfahrenden Subjekts selbst. Der Faktor, der die Klarheit des Geistes verhindert, ist das Sinken. Wenn man das Absinken in der Meditation bemerkt, muß man Techniken anwenden, um die Bewußtheit wieder zu erhöhen. Man muß in der Meditation, wenn man punktförmige Konzentration übt, den eigenen Geisteszustand, seine Stimmung, sein Temperament stetig überwachen; man muß beurteilen, ob Intensität und Wachsamkeit des Bewußtseins zu hoch sind oder ob das Bewußtsein zu entspannt und zu lax ist. Dann kann man für sich selbst beurteilen, inwieweit man die verschiedenen Techniken anwenden muß, die dazu dienen, die stabile und klare Konzentration zu fördern.

In der Schulung des Höchsten Yogatantra ist man in

der Lage, eine Bewegung der lebenswichtigen Elemente innerhalb des Körpers zustande zu bringen. Diese Fähigkeit ergibt sich aus der Einzigartigkeit des Meditationsobjekts, das man selbst in der Gestalt der Gottheit ist, und aus der besonderen Art, wie die ganze Aufmerksamkeit in der punktförmigen Konzentration auf verschiedene Stellen im eigenen Körper gerichtet wird. Ich kenne persönlich einige Meditierende, die mystische Erfahrungen gemacht haben und mir darüber berichteten. Zuerst lehre ich sie, wie man meditiert, und dann bekomme ich die Gelegenheit, ihren Erfahrungsberichten zuzuhören. Das ist ein recht gutes Geschäft, nicht wahr!

Wenn man in seinem Geist über lange Zeit in punktförmig konzentrierter Weise ein klares Bild von der Gottheit aufrechterhalten kann, werden gewöhnliche Wahrnehmungs- und Beurteilungsweisen daran gehindert aufzutauchen, und das Gefühl des göttlichen Selbstbewußtseins entsteht. Im Verlauf all dieser Meditationsstadien ist es wichtig, eine kontinuierliche Vergegenwärtigung der Leerheit beizubehalten, indem man sich die Erkenntnis der Leerheit, die man zuvor entwickelt hat, ins Bewußtsein zurückruft. Als Resultat der korrekten Meditationspraxis kommt man allmählich an einen Punkt, an dem die Visualisation des gesamten Maṇḍala und der darin verweilenden Gottheiten so klar und lebendig ist, als würde man sie direkt mit eigenen Augen sehen. Dieser Punkt markiert das Erreichen der ersten Ebene der Erzeugungsstufe.[39]

Erreicht man dann als Resultat weiterer Meditation das Stadium, in dem man in einem einzigen Bewußtseinsmoment sogar die subtileren Gottheiten klar und deutlich visualisieren kann, die man geistig aus Teilen des eigenen Körpers erzeugt hat, ist man auf der zweiten Ebene der Erzeugungsstufe angelangt. Wenn die punktförmige meditative Konzentration stabil ist, gibt es verschiedene Übungen, die man durchführen kann, um die Meisterschaft über diese Fähigkeit zu erlangen. Dazu gehört die Methode, Gottheiten aus dem eigenen Herzzentrum auszusenden und sie damit wieder verschmelzen zu lassen, und die Technik, subtile Symbole oder Mudrās an der oberen Öffnung des Zentralkanals sowie subtile Tropfen und Wurzelsilben am unteren Ende des Zentralkanals zu visualisieren. Fühlt man sich von diesen Meditationen erschöpft, ist der nächste Schritt im Sādhana die Mantra-Rezitation, wobei es im Höchsten Yogatantra verschiedene Formen gibt. Dazu gehören die Mantra-Rezitation des Gelöbnisses, die Mantra-Rezitation der Zusammenballung von Licht, die sänftengleiche Mantra-Rezitation, die zornvolle Mantra-Rezitation und andere.

Der Mantra-Rezitation folgt die Übungsphase außerhalb der Meditation. Diese Phase ist wichtig, weil ein Praktizierender des Tantra auch im täglichen Leben niemals von der Übung der Vereinigung von Methode und Weisheit getrennt sein sollte. Das Tantra spricht von verschiedenen Yogas für die Phase außerhalb der Meditation. Es gibt Yogaübungen für das Schlafen, für eine angemessenen Ernährungsweise, für das Waschen und so weiter; einem ernsthaften Meditierenden stehen Übungen zur Verfügung, die er sogar beim Urinieren, beim Stuhlgang und bei vielen anderen alltäglichen

Handlungen nutzen kann. Die großen Meister sagen: Der Forschritt, den man in der Meditationssitzung macht, sollte durch Übungen außerhalb der Meditation vervollständigt und verstärkt werden und umgekehrt.

Außerhalb der Meditation kann man definitiv beurteilen, ob die Übung während der Meditation erfolgreich war. Wenn man herausfindet, daß die Art zu denken, die Art zu leben, die Gewohnheiten und das Verhalten außerhalb der Meditation sich nicht verändern, sondern trotz vieler Jahre Meditation gleich geblieben sind, ist dies offensichtlich kein gutes Zeichen. Nimmt man Medizin, ist nicht der Geschmack, die Farbe oder Menge ausschlaggebend, sondern die gute Wirkung für den Körper. Wenn man keine Wirkung erzielt, obwohl man eine Medizin über lange Zeit einnimmt, gibt es keinen Grund, sie sich weiter einzuflößen. Ganz gleich, ob man Dharma nun ausführlich oder knapp ausübt, die Anwendung sollte vor allem so effektiv sein, daß sie einen spürbaren Wandel zum Besseren bewirkt.

Die Vollendungsstufe

Auf der Basis des Gottheiten-Yoga der Erzeugunsstufe kann man die verschiedenen Aktivitäten durchführen, die als Vorbereitungen für die Vollendungsstufe dienen. Mit den fortgeschrittenen Übungen der Erzeugungsstufe beginnt der Meditierende, in seinem Körper bestimmte nützliche Wirkungen wie das Erleben großer Glückseligkeit aufgrund des Schmelzens der lebenswichtigen Elemente zu fühlen. Die anfängliche Erfahrung dieser körperlichen Wirkungen markiert das Erlangen der ersten Ebene der Vollendungsstufe.

Es gibt viele verschiedene Übungen in Verbindung mit der Vollendungsstufe, zum Beispiel den Yoga des inneren Feuers, den Wind-Yoga und den Yoga der Vier Freuden. Der Wind-Yoga schließt Techniken wie die Vasen-Atmung und Vajra-Rezitation ein. Ein Laienschüler, der von der Erzeugungsstufe zu den anfänglichen Ebenen der Vollendungsstufe vorangeschritten ist, sucht nach einer weiteren treibenden Kraft auf dem Pfad, indem er mit einer Gefährtin in die sexuelle Vereinigung eintritt. Für Übende mit den Regeln des Klosterlebens, die Mönche und Nonnen, ist dies jedoch noch nicht die Zeit, eine solche Vereinigung herbeizuführen.

Der Meditierende muß zuerst vollständig mit der subtilen Natur des Körpers vertraut werden, ehe er die tiefgründigen Übungen der Vollendungsstufe durchführen kann. Er muß sich profundes Wissen aneignen über das innere System der Energiekanäle *(nāḍī)*, die Winde *(prāṇa)*, welche innerhalb der Kanäle fließen, und die subtilen Tropfen *(bindu)*, die sich an bestimmten Stellen des Körpers befinden. Was die Kanäle betrifft, nehmen die Tantras allgemein auf die drei Hauptkanäle Bezug, den Zentralkanal sowie den rechten und linken Kanal, aber auch auf die fünf Zentren, in denen die Energiekanäle zusammenlaufen *(cakra)*.[40] Von den drei Hauptkanälen gehen Verästelungen in den ganzen Körper ab; die tantrischen Schriften nennen 72 000 Kanäle, und einige Sūtras wie das *Sūtra von Nandas Eintritt in den Mutterleib (Nandagarbhāvakrāntinirdeśa)*[41] sprechen von 80 000 Kanälen im menschlichen Körper.

Was die im Körper fließenden Energien, die »Winde«, betrifft, gibt es allgemein zehn Hauptformen, die sich in die fünf Haupt- und die fünf Nebenwinde unterteilen.[42] Mit Tropfen sind das Weiße Element [vom Vater] und das Rote Element [von der Mutter] gemeint.

Das *Kālacakra-Tantra* führt vier Arten von Tropfen an: (1) der Tropfen in der Stirn, der im Wachzustand manifest wird, (2) der Tropfen in der Kehle, der im Traumstadium manifest wird, (3) der Tropfen im Herzen, der im Schlafzustand manifest wird, und (4) der Tropfen im Nabel, der im vierten Stadium (dem sexuellen Höhepunkt) manifest wird. Das *Kālacakra-Tantra* liefert eine sehr ausführliche Erklärung über diese Tropfen, und in der Tat wird die gesamte Körperstruktur des Übenden, also das innere System der Kanäle, Energien und Tropfen, das »innere Kālacakra«, das »innere Rad der Zeit« genannt. Dieses innere Kālacakra bildet die Grundlage der Läuterung, folgt man den Schulungen dieses speziellen Tantra. Das *Kālacakra-Tantra* spricht von drei Formen von Kālacakra, dem Rad der Zeit: äußeres, inneres und alternatives.

Auf der Basis der tiefen Einsicht in die subtile Natur des eigenen Körpers ortet der Meditierende entscheidende Punkte innerhalb des Körpers und durchdringt sie in der Meditation. Als Resultat dieser Übung wird er in die Lage versetzt, das Fließen und die Prozesse der groben Ebenen des Geistes mit ihren korrespondierenden Energiewinden aufzulösen und zurückzuziehen. Schließlich kann der Übende die subtilste Ebene des Klaren Lichts, das ist das Klare Licht des Todes, in das Wesen des Pfades wandeln, indem er es als Weisheit nutzt, die die Leerheit erkennt. Diese Fähigkeit zu erreichen ist so, als fände man einen Schlüssel, mit der sich jede Schatztruhe öffnen läßt. Mit diesem Schlüssel kann man die vollkommene Erleuchtung der Buddhaschaft erlangen – sei es, daß man mit Hilfe der Methoden, wie sie im *Guhyasamāja-Tantra* dargelegt sind, den Illusionskörper verwirklicht, sei es, daß man durch den Pfad, wie er im *Kālacakra-Tantra* erklärt wird, die leere Form[43] Wirklichkeit werden läßt, sei es, daß man die Übungen des Regenbogenkörpers anwendet, wie sie im *Cakrasaṃvara-Tantra* oder in den Dsogtschen-Lehren erläutert werden.

Sobald der Schüler Meisterschaft über den Geist erlangt hat und die Fähigkeit besitzt, ihn während der Wachperiode für die Übungen des Pfades zu nutzen, kann er diese Fähigkeit auch während der Traumphase anwenden. Diese Meditationen sind als die »Neun Vermischungen« bekannt. Drei Vermischungen finden während des Wachzustands statt, drei Vermischungen während der Traumphase und drei Vermischungen während des Todes.[44]

Es heißt, der beste Schüler des Höchsten Yogatantra sei derjenige, der die vollkommene Erleuchtung innerhalb dieser Lebenszeit erlangen kann; ein Schüler der mittleren Ebene verwirklicht die vollkommene Erleuchtung im Zwischenzustand; und ein Schüler der niedrigeren Ebene ist jemand, der die vollkommene Erleuchtung in einem zukünftigen Leben erreicht. Schülern der beiden letzten Kategorien wird die Übung der Überleitung des Bewußtseins (tibetisch »Powa«) gelehrt.[45] Auch gibt es eine ähnliche Meditationstechnik, die sich

»Betreten einer Stadt« (tibetisch »Trong-dschuk«) nennt;
dies ist eine Art der Wiedererweckung, bei der das Bewußtsein des Individuums seinen alten Körper verläßt
und in den Körper eines Wesens eintritt, das gerade gestorben ist. All diese Techniken gehören zu einer Sammlung von Meditationsübungen, die als die »Sechs Yogas
von Naropa«[46] bekannt sind. Dabei handelt es sich um
tantrische Instruktionen, die der indische Meister Naropa aus vielen verschiedenen Tantras herausgefiltert
hat und die das Herz der Meditationstradition der
Kagyü-Überlieferung bilden. Auch die Gelug-Tradition
hebt die Praxis der Sechs Yogas von Naropa[47] hervor,
und ebenso findet man diese Meditationen in der
Sakya-Lehre, die sich »Pfad und Ergebnis« (tibetisch
»Lamdrä«) nennt. Die wesentlichen Elemente dieser
Technik sind auch in jener Übung aus der Nyingma-
Tradition vorhanden, die als »Herztropfen« (tibetisch
»Nyingtik«) bekannt ist.

Das Höchste Yogatantra nach der Schule der Frühen Übersetzungen in Tibet

Wir haben gerade die Vorgehensweise im Höchsten Yogatantra gemäß der Neuen Übersetzungsschule[48] diskutiert. Es wird jedoch in der Frühen Übersetzungsschule, der Nyingma-Tradition, auf die Übungen des
Fahrzeugs der Großen Vollendung, Mahātiyoga, Bezug
genommen.

Die Unterweisungen zu den Meditationsübungen
des Fahrzeugs der Großen Vollendung bestehen aus

205

drei Klassen; sie tragen die Bezeichnungen (1) Klasse des Geistes, (2) Klasse des Raumes und (3) Klasse der Anweisungen. Obwohl es umfangreiche Literatur zu diesen Themen gibt, ist es noch immer schwierig, die vielen feinen Besonderheiten der Übungen zu erfassen, die mit diesen drei Kategorien von Unterweisungen zusammenhängen. Unter diesen dreien wird die Klasse der Anweisungen als die tiefgründigste angesehen. Man könnte sagen, daß die Übung der anderen beiden Abteilungen, Geist und Raum, das Fundament für die Dsogtschen-Übung des Durchtrennens legt, die früher schon erwähnt wurde.

Die Sicht der Leerheit, wie sie in den Kategorien Geist und Raum erklärt wird, weist einzigartige Merkmale auf; diese unterscheiden sie von der Sicht der Leerheit, wie man sie in den anderen acht Fahrzeugen innerhalb der Neun Fahrzeuge der Nyingma-Tradition findet. Es ist jedoch schwierig, diesen Punkt zu erklären. Die Belehrungen in der Klasse der Anweisungen haben ein doppeltes Ziel: die Verwirklichung des »ursprünglich reinen, innerlich strahlenden Wahrheitskörpers *(dharmakāya)*« und die Verwirklichung des »spontanen, äußerlich strahlenden Körpers des Vollkommenen Erfreuens *(saṃbhogakāya)*«. Mit anderen Worten, das Ziel die Verwirklichung des erleuchteten Geistes und Körpers eines Buddha. Folgt man den Erklärungen einiger Meister, verwirklicht man die Zwei Körper eines erleuchteten Wesens durch die Übungen des Durchtrennens und des Aufsteigens. Dadurch, daß man diese verschiedenen Elemente der Dsogtschen-Schule kennenlernt, gewinnt man ein besseres Verständnis von der Großen Vollendung zur Zeit der Grundlage, der Großen Vollendung auf dem Pfad und der Großen Vollendung des Ergebnisses.

Diese Themen können, wie schon erklärt, allein in der Erfahrung nachvollzogen werden; nur mit Worten sind sie nicht zu beschreiben. Man beginnt, die tiefgründigen und schwierigen Punkte, die mit der Verinnerlichung dieser Ansicht verbunden sind, wertzuschätzen, wenn man Longtschen Rabdschampas eigenen Text über die Schulung der Großen Vollendung liest, *Schatzhaus des Höchsten Fahrzeugs (Theg mchog mdzod)*. Der Grundtext ist sehr schwierig, und auch der eigene Kommentar des Autors dazu ist sehr umfangreich und schwer zu verstehen. Eine andere Schrift von Longtschenpa ist das *Schatzhaus der Sphäre der Wirklichkeit (Chos dbyings mdzod)*, in der er ebenfalls die Schulungen der Großen Vollendung umreißt. Und in der Tat ist dieser zweite Text der Schlüssel zum Dsogtschen. Nur wenn man die Schulungen der Großen Vollendung auf der Grundlage dieser beiden Schriften begreift, kann man hoffen, ein gutes und verläßliches Verständnis zu haben. Darüber hinaus ist es wichtig, Künkyen Dschikme Lingpas Text *Ein Schatz von erleuchteten Eigenschaften* zu studieren, in dem die Schulung des Dsogtschen im letzten Teil erläutert wird.

Es gibt Texte von hoch verwirklichten Meistern, die aus ihrer eigenen Erfahrungen die Essenz aus den verschiedenen Elementen der Übung der Großen Vollendung extrahieren und diese Essenz kurz und prägnant formulieren konnten. Es handelt sich um authentische Beschreibungen, aber es wäre meiner Meinung nach ein schwieriges Unterfangen, wenn wir die Schulungen des Dsogtschen allein auf der Basis dieser kurzen Texte verstehen wollten. Das kürzeste Weisheits-Sūtra beispielsweise, das der Buddha gelehrt hat, soll aus der einzigen Silbe *āḥ* bestehen. Diese Silbe allein fängt die gesamte Bedeutung der Leerheit aller Phänomene ein. Für uns reicht es jedoch nicht, diese Silbe zu wiederholen und allein darüber zu reflektieren. Obwohl der Buddha gewiß die Gabe hatte, die Essenz der Lehre von der Leerheit in einer einzigen Silbe auszudrücken, gibt es keine Garantie, daß wir sie voll und ganz verstehen, indem wir uns allein auf sie verlassen.

Wie bereits während der Fragestunde diskutiert, müssen wir beim Studium der Madhyamaka-Philosophie diese in ihrer ganzen Vielschichtigkeit erforschen, indem wir die verschiedenen Argumente untersuchen, mit denen die Mādhyamikas zu der Schlußfolgerung kommen, daß alle Phänomene frei von inhärenter Existenz sind. Außerdem müssen wir die Ansichten der unteren Denkschulen verstehen, um diese höchste philosophische Sicht mit all ihren feinen Implikationen ganz zu begreifen.

In gewisser Weise ist unsere letztendliche Konklusion ganz einfach: Die Phänomene sind frei von einem unabhängigen Sein, weil sie von Ursachen und Umständen sowie anderen Faktoren abhängen. Folglich sind alle Phänomene leer von inhärenter Existenz. Doch obwohl diese Schlußfolgerung simpel zu sein scheint, wird man ihre vollständige Bedeutung und ihre Implikationen kaum verstehen, wenn man sich direkt, gleich zu Beginn des Studiums, auf die Prāsaṇgika-Madhyamaka-

Philosophie von der Leerheit konzentriert, die in dem einfachen Satz ausgedrückt wird: »Die Dinge sind leer von Eigenexistenz, weil sie in Abhängigkeit entstehen.« Genau so ist es, wenn man einen kurzen Text über die Große Vollendung liest, auch wenn der Verfasser ein erfahrener Lama ist: Falls man das Gefühl hat, daß Ansicht und Übung von Dsogtschen ganz simpel sind, ist dies ein Zeichen dafür, daß man sie nicht richtig verstanden hat. Es entbehrte nicht der Ironie, wenn das höchste der Neun Fahrzeuge, die Große Vollendung, das simpelste wäre! Das wäre in der Tat sehr merkwürdig.

20. Fragen und Antworten

Frage: Wenn ich es recht sehe, wurden in der Vergangenheit die fortgeschrittenen tantrischen Übungen nur in einem sehr kontrollierten Rahmen und normalerweise in einer persönlichen Guru-Schüler-Beziehung weitergegeben. Heute sind solche Übungen frei verfügbar; sie werden sogar Anfängern gegeben. Warum ist es zu diesem Wandel gekommen? Sehen Sie in dieser neuen Herangehensweise irgendwelche Gefahren?

Dalai Lama: Sicher liegen einige Gefahren in dieser Herangehensweise, aber sie verfolgt auch einen Zweck. Es kommt zunehmend tantrische Literatur auf den Markt, die unglücklicherweise die tantrische Schulung in vielen Fällen falsch interpretiert; dies ist sehr schädlich, weil diese Literatur ein falsches Verständnis von Tantra hervorruft. Unterweisungen, die das Tantra korrekt vermitteln, tragen zu einer Korrektur solcher Fehler bei.

Ich sehe, daß es einige Verwirrung gibt, wenn ich auch nicht behaupte, hohe Verwirklichung oder großes Wissen über das Tantra zu besitzen. Diese Verwirrung wird dadurch gestiftet, daß bestimmte Lehrer, denen es an Wissen fehlt, tantrische Unterweisungen verbreiten;

210

auch ihre Schüler, die selbst nicht wirklich qualifiziert sind, tragen dazu bei. Deshalb können korrekte Erklärungen der tantrischen Schulungen, die von qualifizierten Lehrern gegeben werden, uns wirklich helfen, Licht in das Dunkel dieser Mißverständnisse zu bringen.

Frage: In einem Kommentar zu den Schriften von Longtschenpa schrieb Seine Heiligkeit Dudjom Rinpoche, daß die Natur der Leerheit direkt wahrgenommen werden kann. Können Sie bitte erläutern, wie die gewöhnlichen Praktizierenden lernen, die Leerheit direkt wahrzunehmen? Auch möchte ich wissen: Wenn die Leerheit direkt wahrnehmbar ist, warum ist es dann so schwierig, sie zu erkennen?

Dalai Lama: Zuerst einmal ist es wichtig zu verstehen, was die Begriffe »Leerheit« oder »endgültige Wahrheit« eigentlich bedeuten. In den buddhistischen Schriften gibt es viele Verweise auf die endgültige Wahrheit, zum Beispiel in Maitreyas Werk *Unterscheidung der Mitte und der Extreme (Madhyāntavibhāṅga)*, in dem er drei Arten anführt, wie das Wort »endgültig« benutzt wird: für die endgültige Wirklichkeit, für das endgültige Ziel und für den endgültigen Pfad.[49] Außerdem spricht Maitreya von endgültigen und vorläufigen Zufluchtsobjekten.[50] Der indische Meister Jñānagarbha erwähnt in seiner Abhandlung *Untersuchung der Zwei Wahrheiten (Satyadvayavibhāṅga)* zwei Formen der endgültigen Wirklichkeit: das echte Endgültige und das dem Endgültigen Ähnliche, wobei beide wiederum auf verschiedenen Ebenen dargelegt werden. Darüber hinaus ist gemäß den Tantras wie dem *Guhyasamāja-Tantra* das Tatsächliche Klare Licht die endgültige Wahrheit und der Illusionskörper die konventionelle Wahrheit.

Ähnlich hat auch das Wort »Leerheit« verschiedene Bedeutungen. Wir haben schon gehört, daß die philosophischen Schulen des Buddhismus verschiedene Interpretationen der Leerheit liefern. Das *Kālacakra-Tantra* spricht noch dazu von einer besonderen Art der Leerheit: der Leerheit von jeder Art materieller Beschaffenheit. Diese wiederum wird auf zwei Ebenen verstanden, der objektivierten und der nicht-objektivierten Leerheit. In der Terminologie des *Guhyasamāja-Tantra* werden vier Arten der Leerheit beschrieben, die sich auf die vier Erfahrungen beziehen, welche man im Auflösungsprozeß während des Todes der Reihe nach erlebt: (1) Die *Leere* erscheint, wenn die groben Ebenen des Geistes mit den 80 begrifflichen Konzepten sich auflösen; (2) die *Große Leere* erscheint, wenn alle subtilen Erscheinungen sich auflösen; (3) die *Äußerste Leere* erscheint während der Auflösung des Erlebens der Roten Zunahme, und (4) die Erfahrung des eigentlichen Klaren Lichts wird mit der *Völligen Leere* umschrieben. Das Klare Licht wird noch unterteilt in das objektive Klare Licht, die Leerheit, und das subjektive Klare Licht, der Geist des Klaren Lichts selbst. Vielleicht hat meine Antwort nun noch mehr zur Verwirrung beigetragen, aber ich denke, es ist wichtig, sich bewußt zu sein, daß solch ein Begriff viele verschiedene tiefgründige und schwer zu erfassende Bedeutungen haben kann.

Ebenso kommt dem Ausdruck »frei von Begriffen« oder »jenseits des Begrifflichen« entsprechend den Zusammenhängen, in denen er benutzt wird, eine Bandbreite von Bedeutungen zu. Wir kennen nicht-begriff-liche Geisteszustände, die sowohl buddhistischen als auch nicht-buddhistischen Schulungen gemeinsam sind. Innerhalb des Sūtra-Systems im Buddhismus gibt es nicht-konzeptuelle Zustände von Geistiger Ruhe und nicht-konzeptuelle Zustände unmittelbarer Erkenntnis der Leerheit. Ebenso existieren auf der Erzeugungs- und Vollendungsstufe des Höchsten Yogatantra Zu-stände, die frei von begrifflichem Denken sind. Sogar innerhalb der Vollendungsstufe lassen sich noch be-griffsfreie Zustände gewöhnlicher Wesen und solche von Heiligen unterscheiden. Somit sehen wir, daß sich viele verschiedene Ebenen unterscheiden lassen. Daher müssen in Abhängigkeit von Kontext und Diskussions-ebene verschiedene Bedeutungen sogar für diesen einen Begriff berücksichtigt werden.

Der Nyingma-Meister Dodrup Dschikme Tänpä Nyi-ma sagte: Obwohl man im Dsogtschen einen Begriff wie »Großes Erstaunen« gebraucht, so gibt es doch viele verschiedene Formen des Großen Erstaunens – von dem Schock, den ein Bettler erlebt, wenn er von streu-nenden Hunden angegriffen wird, bis hin zum Großen Erstaunen, wenn man die Vollendungsstufe endgültig verwirklicht.[51]

Alldem läßt sich entnehmen, daß es kaum möglich ist, einen Begriff wie zum Beispiel »Leerheit« einfach herauszugreifen und für sich verstehen zu wollen. Man muß die vielfältigen Bedeutungen in den verschiedenen Zusammenhängen kennen sowie die Art und Weise, wie diese in der Übung zum Tragen kommen. Am Ende erkennt man vielleicht die besondere Bedeutung der

Ansicht des Dsogtschen. In der Praxis des Höchsten Yogatantra und besonders in den Meditationstechniken des Dsogtschen wird allgemein die subjektive Erfahrung der Leerheit mehr hervorgehoben als eine objektive Leerheit.

Die gesamte Schulung des Dsogtschen basiert auf drei Prinzipien: Essenz (oder Ursprüngliche Reinheit), Natur (oder Spontan Gegebenes) und Mitgefühl (die Verbindung dieser beiden).[52] Essenz ist hier gleichbedeutend mit der Ursprünglichen Reinheit; das ist die objektive Leerheit, wie sie der Buddha im zweiten Rad der Lehre dargelegt hat. Ohne ein Verständnis der Leerheit, wie es in den Weisheits-Sūtras gelehrt wird, kann es keinen entscheidenden Fortschritt in der Dsogtschen-Praxis des Durchtrennens und des Aufsteigens geben.

Hat man die Schulungsmethoden der Dsogtschen-Schule korrekt verstanden, so kann man Meditationstechniken anwenden, die nicht von einer Auflösung der gröberen Ebenen des Geistes abhängen, aber trotzdem die Möglichkeit bieten, sich in die Klare-Licht-Natur des eigenen Geistes zu versenken. Selbst dem bewußten Erleben von Leidenschaften wohnt die Natur von Klarheit und Erkenntnis inne; denn die Leidenschaften sind ebenfalls ein Teil des Bewußtseins. So wie ein Sesamkorn von Öl durchzogen ist, sind alle Geistesfaktoren, ob negativ oder positiv, von der grundlegenden klaren und erkennenden Natur des Bewußtseins durchdrungen. Falls man die Techniken des Dsogtschen korrekt erfaßt, wird man der grundlegenden Natur des Geistes sogar gewahr bleiben können, während man die groben

Ebenen der Leidenschaften erlebt. Diese Technik der Dsogtschen-Meditation ist einzigartig.

Longtschen Rabdschampa schreibt:[53] Obwohl man viele Leute Dsogtschen üben sieht, ist das, was in vielen Fällen wirklich meditiert wird, ein bloßes Nichts. Dieser Aussage kann man entnehmen, daß wir es hier mit einer tiefgründigen und schwierigen Schulung zu tun haben. Und weil es sich um einen außerordentlich schwierigen Pfad handelt, kann er nicht allein mit Worten vermittelt und verstanden werden. Statt dessen sollte ein Übender, der eine exzellente Grundlage in Form einer großen Ansammlung von Verdienst besitzt, versuchen, diesen Pfad durch die sachkundige Führung eines erfahrenen Meisters zu verstehen. Wenn all diese Faktoren vollständig sind, wird man aus den Methoden der Großen Vollendung den höchsten Nutzen ziehen.

Frage: Was bedeutet Klarheit in bezug auf die Natur des Geistes?

Dalai Lama: In diesem Zusammenhang mag es interessant sein, über eine Passage aus der Sakya-Literatur nachzudenken, die besagt, daß zwischen dem Entstehen der verschiedenen Momente des begrifflichen Denkens die Klare-Licht-Natur ohne Unterbrechung präsent ist.[54] Nehmen wir an, Sie schauen auf ein Objekt, das nicht besonders farbenprächtig ist, sondern eher blaß und unattraktiv wirkt. Lassen Sie Ihren Blick bewußt eine Weile darauf gerichet. Während Sie dieses langweilige Objekt anschauen, treffen Sie innerlich einen festen Entschluß, Ihre Aufmerksamkeit und Konzentration ganz nach innen auf Ihre Wahrnehmung und Erfahrung zu lenken, ohne es sich zu erlauben, von anderen äußeren oder inneren Objekten abgelenkt zu werden. Auf dieser Ebene der Bewußtheit werden Sie den exakten Moment wahrnehmen können, in dem ihr Geist abgelenkt wird. Wenn Sie zum Beispiel eine schöne Melodie hören, erkennen Sie sofort den Moment, in dem Sie dadurch abgelenkt werden. Dann verstärken Sie Ihre Vergegenwärtigung wieder, indem sie sich von der Ablenkung zurückziehen. Wenn Erinnerungen an die Vergangenheit oder Gedanken an die Zukunft auftauchen, werden Sie diese Ablenkung ebenfalls auf der Stelle bemerken. Im allgemeinen entstehen in unserem Geist permanent, Moment für Moment, die verschiedensten Gedanken, eine Vielzahl von begrifflichen Bewußtseinszuständen – mit der Wirkung, die essentielle Natur des Geistes zu verdecken. Wenn Sie diese Technik der Vergegenwärtigung benutzen und Ihre Wahrnehmung ausschließlich auf dem Objekt vor Ihnen belassen, indem sie Ablenkungen sofort bemerken und sich von diesen abwenden, werden Sie schließlich solche begrifflichen Vorstellungen auflösen, die den natürlichen Zustand Ihres Geistes überdecken. Sie werden mehr und mehr einen sehr stabilen und klaren Geisteszustand wahrnehmen.

Unser Geist ist im allgemeinen von verschiedenen Gedanken und Emotionen stark getrübt. Will man die essentielle Natur des Geistes erfassen, muß man die verschiedenen Schichten von Konzepten ablösen und die Verdunkelungen klären. Auf diese Weise werden wir das wahre Gesicht unseres eigenen Geistes sehen können. Dabei sucht man als Meditationsobjekt den essentiellen Geist selbst und konzentriert sich dann darauf, um Geistige Ruhe zu entwickeln.

Wenn man diese Techniken und Experimente auf sich selbst anwendet und seine eigenen Erfahrungen damit macht, wird man das Bewußtsein nicht länger nur mit bloßen verbalen Beschreibungen erfassen. Die eigenen Erfahrungen befähigen uns zu verstehen, was der Begriff »Bewußtsein« tatsächlich bedeutet. Das Wesen des Bewußtseins ist dadurch charakterisiert, daß es ein immaterielles Phänomen ist, das keinen Widerstand bietet, und daß es eine klare, erhellende Eigenschaft hat: Es spiegelt all die verschiedenen Objekte wider, indem es die Ausprägung des jeweiligen Objekts annimmt, und auf diese Weise läßt es uns das Objekt wahrnehmen.

Bewußtsein ist wie ein Kristall. Solange ein Kristall auf einer farbigen Oberfläche liegt, kann man die ungefärbte Klarheit des Kristalls nicht sehen, aber sobald man den Kristall von der farbigen Oberfläche entfernt, ist seine eigentliche Klarheit wahrnehmbar.

Die natürliche Klarheit des Geistes ist ein Faktor, den ich in Worten nicht vollständig zu beschreiben vermag. Wenn Sie versuchen, die klare und erkennende Natur des Bewußtseins zu erfassen, indem Sie die beschriebenen Experimente selbst durchführen, werden Sie diese in Ihrer eigenen Erfahrung zu verstehen beginnen. Schließlich werden Sie sich sagen: »Aha, das ist also die klare Natur des Geistes!«

Frage: Eure Heiligkeit, könnten Sie etwas mehr über den Guru-Yoga sagen, der in den tibetischen Haupttraditionen praktiziert wird? Es scheint ein wichtiges Thema zu sein, das Sie hier nur kurz gestreift haben. Auch frage ich mich, ob ein vollständiges Studium aller Erklärungen der Tantras und des Dsogtschen notwendig ist, bedenkt man, daß die Zeit knapp ist.

Dalai Lama: Das ist wirklich wahr – die Zeit ist sehr knapp! Wenn ich die große Darlegung des Tantra von Tsongkapa unterrichte, dauert das gewöhnlich mindestens 20 Tage, sogar ohne Unterbrechungen für die Übersetzung. Hier beenden wir einen Überblick über den gesamten tibetischen Buddhismus in nur neun Stunden, und die meiste Zeit davon brauchte mein Übersetzer!

Die Praxis des Guru-Yoga ist sehr wichtig und sollte nur geübt werden, wenn man aus der Tiefe seines Herzens einen qualifizierten Lehrer als seinen Hauptguru angenommen hat. Auf der Basis dessen, daß man diese Person als Wurzelguru ansieht, kann man den Guru-Yoga üben, in dem man die Gottheit und den eigenen Guru als untrennbar und nicht verschieden sieht.

Im *Gurupañcāśikā*, einem Text, der die angemessene Art darlegt, wie man sich im Rahmen des Höchsten Yogatantra seinem Guru gegenüber verhält, heißt es: Wenn man nicht in der Lage ist, bestimmten Ratschlägen, die der Guru erteilt, zu folgen, sollte man dies dem Guru direkt und offen erklären. Diese Art des Verhaltens stimmt ganz mit der allgemeinen Vorgehensweise auf dem buddhistischen Pfad überein. Der Buddha selbst hat in den Sūtras erläutert, daß jeder Ratschlag, den der Guru gibt, befolgt werden sollte, wenn er mit dem im Einklang steht, was heilsam ist. Wenn eine Anweisung jedoch der heilsamen Übung entgegensteht, sollte man ihr auf keinen Fall Folge leisten, auch wenn es sich um den Ratschlag des eigenen Guru handelt. Auch in den Vinaya-Unterweisungen sagt der Buddha: Falls der Guru einen Rat erteilt, der dem Dharma widerspricht, sollte man dem entgegentreten und deutlich machen, daß das nicht angemessen ist. Wenn die Schüler aufrichtig auf die Fehler des Guru aufmerksam machen und widersprüchliches Verhalten offenlegen, wird dies in der Tat dem Guru helfen, eventuelles Fehlverhalten zu korrigieren. Das ist der Grund, warum ich dies sage.

Ich wende die gleichen Grundsätze auf mich selbst an. Ich sage den Tibetern und anderen immer wieder: Falls es in meinen Unterweisungen irgend etwas gibt, das Sie vorteilhaft und nützlich finden, sollten Sie es in Ihrem Leben anwenden; falls es Dinge gibt, die nicht nützlich oder vorteilhaft sind, dann lassen Sie diese einfach beiseite.

Im Hinblick auf den Guru-Yoga ist es außerdem bedeutsam, zwischen dem endgültigen Guru und dem vordergründigen Guru zu differenzieren. Der endgültige Guru ist der subtilste Geist des Klaren Lichts des Übenden. Mit diesem Verständnis ist es ohne weiteres möglich, den eigenen Geist, den Guru und die Meditationsgottheit als untrennbar anzusehen. Wenn wir sonst an die Untrennbarkeit von uns selbst, dem Guru und der Gottheit denken, haben wir wahrscheinlich die Vorstellung von drei Menschen, die mit einem Seil zusammengebunden sind!

Frage: Könnten Sie erklären, was Segen bedeutet? Wie wird Segen gegeben und wie wird er empfangen?

Dalai Lama: Das tibetischen Wort für Segen ist »dschin-lab«, was wörtlich etwa »Umwandlung durch eine majestätische Kraft« bedeutet. Knapp formuliert, versteht man unter Segen, daß als Resultat vielfältiger guter Bedingungen eine besonders heilsame Kraft entsteht, die im Geist desjenigen, der sie erfährt, einen Wandel zum Besseren bewirkt. Buddhistische Schriften sprechen zudem vom Weihen oder Segnen eines Ortes, zum Beispiel eines Ortes, an dem ein Maṇḍala geschaffen wird. Was diesen Zusammenhang betrifft, bin ich mir der exakten Bedeutung des Wortes nicht ganz sicher.

Frage: Was ist die Lösung in einem religiösen Krieg, in dem beide Parteien ein göttliches Recht auf bestimmte Gebiete für sich beanspruchen?

Dalai Lama: Vielleicht liegt die Lösung darin, den Konflikt mehr und mehr zu verschärfen! Wenn Menschen so in einer Situation gefangen sind, daß niemand den Wunsch hat zuzuhören, dann fehlt jeder gesunde Menschenverstand. Vielleicht gibt es an diesem Punkt keine andere Alternative als kämpfen, kämpfen, kämpfen, bis eines Tages beide Seiten erschöpft sein werden!

Frage: Könnten Sie zum Nutzen derjenigen, die noch keine Initiation erhalten haben, erklären, welche tägliche Übung man durchführen sollte, wie die korrekte Motivation aussieht und welche Vorteile man daraus zieht?

Dalai Lama: Falls ein Interesse an spiritueller Entwicklung besteht, sollten Sie, sobald Sie morgens aufwachen, den eigenen Geist erforschen und versuchen, eine korrekte Motivation zu entwickeln. Dann fassen Sie einen Vorsatz; treffen Sie eine innere Entscheidung, daß Sie allgemein in der Zukunft, aber speziell an diesem Tag, heilsames Verhalten und eine heilsame Art zu denken praktizieren wollen. Denken Sie, daß Sie anderen auf angemessene Weise helfen werden oder, wenn dies nicht möglich ist, zumindest davon Abstand nehmen werden, ihnen zu schaden. Erinnern Sie sich während des Tages kontinuierlich von Zeit zu Zeit an diese Entscheidung und stärken Sie Ihre Motivation.

Am späten Abend blicken Sie auf den Tag zurück, um zu sehen, ob Sie ihn tatsächlich so verbracht haben, wie Sie es am Morgen versprachen. Wenn Sie etwas Positives finden, dann ist es gut; seien Sie glücklich! Bekräftigen Sie Ihre Entscheidung, indem Sie sich an Ihren guten Handlungen erfreuen und sich entschließen, Gleiches auch in Zukunft zu üben. Wenn Sie finden, daß Sie während des Tages Negatives getan haben, sollten Sie sich von diesen falschen Handlungen reinigen, indem Sie sie bereuen; denken Sie darüber nach, daß es die gleichen unheilsamen Handlungen der Vergangenheit sind, die gegenwärtig immer wieder unerwünschte Leiden hervorrufen, und daß in der Zukunft wieder die gleichen Konsequenzen bevorstehen, wenn Sie damit fortfahren, solche Handlungen zu begehen.

Und dies ist der Weg: Üben, üben, üben! Wir müssen es immer wieder versuchen. Dann gibt es eine realistische Hoffnung, daß wir über die Zeit Fortschritte machen. Die Möglichkeit, sich selbst zu verbessern, besteht. Segen von anderen reicht nicht aus. Als Buddhisten glauben wir, daß es da draußen Tausende und Abertausende, Millionen und Milliarden von Buddhas und Bodhisattvas gibt. Dennoch haben wir hier viele Schwierigkeiten zu durchlaufen, wenn wieder einmal etwas schiefläuft. Demnach ist Segen nicht genug. Der Segen muß von innen kommen. Ohne Ihre eigene Anstrengung ist es unmöglich, daß Segen kommt. Stimmen Sie mir zu?

Anhang

Bibliographie

»P« bezieht sich auf den japanischen Nachdruck der Peking-Ausgabe des tibetischen Kanons: *The Tibetan Tripiṭaka* (Tokyo und Kyoto: Tibetan Tripiṭaka Research Foundation, 1956). »Toh« bezieht sich auf *A Complete Catalogue of the Tibetan Buddhist Canons* (Sendai: Tohoku Imperial University Press, 1934), Index zu der Derge-Ausgabe des *bKa' 'gyur* und *bsTan 'gyur.*

Die Ausgabe der Gesammelten Werke Tsongkapas, die hier benutzt wurde, stammt aus Tashi Lhunpo *(bKra shis lhun po)*, nachgedruckt in New Delhi von Ngawang Gelek Demo, 1980.

I. Werke, die der Dalai Lama in seinen Vorträgen zitiert oder erwähnt:

Sūtras und Tantras

Cakrasaṃvara-Tantra
    Tantrarājaśrīlaghusaṃvara
     rGyud kyi rgyal po dpal bde mchog nyung ngu
    P16, Bd. 2
Guhyasamāja-Tantra
    Guhyasamājanāmamahākalparāja
    gSang ba 'dus pa zhes bya ba brtag pa'i rgyal po chen po
    P81, Bd. 3

Hevajra-Tantra
Hevajratantrarāja
Kye'i rdo rje zhes bya ba rgyud kyi rgyal po
P10, Bd. 1
Englische Übersetzung von D. L. Snellgrove, *The Hevajra Tantra,*
London Oriental Series, Vol. 6. London: Oxford University Press, 1959. Reprinted 1964, 1971.

Kālacakra-Tantra
Śrīkālacakranāmatantrarāja
dPal dus kyi 'khor lo'i rgyud kyi rgyal po
P4, Bd. 1

Kompendium des Weisheits-Vajra
Jñānavajrasamuccayanāmatantra
Ye shes rdo rje kun las btus pa
P84, Bd. 3

Sūtra vom Reiskeimling
Śālistambasūtra
Sa lu'i ljang pa'i mdo
P876, Bd. 34

Sūtra von der Essenz der Weisheit (»Herzsūtra«)
Prajñāhṛdaya / Bhagavatīprajñāpāramitāhṛdayasūtra
Shes rab snying po / bCom ldan 'das ma shes rab kyi pha rol tu phyin pa'i snying po'i mdo
P160, Bd. 6
Deutsche Übersetzung mit Kommentar in: Geshe Rabten, *Essenz der Weisheit. Ein Kommentar zum Herzsūtra.* Hamburg: Dharma Edition, 1990.
Englische Übersetzung von E. Conze, *Buddhist Texts Through the Ages,* Oxford: Cassirer, 1954, pp. 152–3. Ebenso in E. Conze, *Perfect Wisdom: The Short Prajñāpāramitā Texts,* Devon: Buddhist Publishing Group, 1993.

Sūtra von der Essenz eines Vollendeten
Tathāgatagarbhasūtra
De bzhin gshegs pa'i snying po'i mdo
P924, Bd. 36; Toh. 258

Sūtra von der Herabkunft nach Laṅka
Laṅkāvatārasūtra
Lang kar gshegs pa'i mdo
P775, Bd. 29
Deutsche Übersetzung aus dem Sanskrit von K. H. Golzio,
Lankavatara Sutra. Bern und München, O. W. Barth, 1996.
Sūtra von der Individuellen Befreiung
Prātimokṣasūtra
So sor thar pa'i mdo
P1031, Bd. 42
Sūtras von der Vollkommenheit der Weisheit
Prajñāpāramitāsūtra
Shes rab kyi pha rol tu phyin pa'i mdo
Diese umfangreiche Sammlung von Sūtras enthält unter
anderem das *Sūtra von der Vollkommenheit der Weisheit in
8000 Versen*, das *Diamant-Sūtra* und das populäre *Herz-Sūtra*.
P Bd. 12–21
Wegen Übersetzungen siehe die bibliographischen Anga-
ben zum *Sūtra von der Essenz der Weisheit*. Siehe auch E.
Conze, *The Large Sutra on Perfect Wisdom with the divisions of
the Abbisamayālaṅkāra*, Berkeley: University of California
Press, 1975.
[Sūtra von] Nandas Eintritt in den Mutterleib
Āyuṣmannandagarbhāvakrāntinirdeśa
Tshe dang ldan pa dga' bo mngal du 'jug pa bstan pa
P760.13, Bd. 23
Sūtra zur Offenlegung der Intention [des Buddha]
Saṃdhinirmocanasūtra
dGongs pa nges par 'grel pa'i mdo
P774, Bd. 29
Tantra der Vajraspitze
Vajraśekharamahāguhyayogatantra
gSang ba rnal' 'byor chen po'i rgynd rdo rje rtse mo
P113, Bd. 5
Tantra der Vollkommenen Aussprache des Namens von Mañjuśrī
Āryamañjuśrīnāmasaṃgiti

'Phags pa'jam dpal gyi msthan yang dag par brjod pa
P2, Bd. 1
Tantra des Kompendiums der Gesetzmäßigkeiten
Sarvatathāgatatattvasaṃgraha
De bzhin gshegs pa thams cad kyi de kho na nyid bsdus pa
Toh. 479
Tantra des Vajrazeltes
Vajrapañjaratantra / Ḍākinīvajrapañjaramahātantrarāja-
kalpa
mKa' 'gro ma rdo rje gur zhes bya ba'i rgyud kyi gyal po
chen po'i brtag pa
P11, Bd. 1

Kommentarliteratur

Āryadeva
Catuḥśatakaśāstrakārirā (Vierhundert Verse)
Edition des tibetischen Textes und der vorhandenen Sans-
krit-Fragmente mit Übersetzung ins Englische in: Karen
Lang, *Aryadevas Catuḥśataka: On the Bodhisattvas Cultivation
of Merit and Knowledge.* Indiske Studier, Vol. VII. Copenha-
gen: Akademisk Forlag, 1986; außerdem: Geshe Sonam Rin-
chen, übersetzt von Ruth Sonam, *Yogic Deeds of the Bodhi-
sattvas: Gyeltsap on Aryadeva's Four Hundred,* Ithaca: Snow
Lion, 1994.
Aśvaghoṣa
*Gurupañcāśikā (Fünfzig Verse über das Anvertrauen an den
Meister)*
Bla ma lnga bcu pa
P4544, Bd. 81
Englische Übersetzung in: Aśvaghoṣa, *Fifty Verses of Guru-
Devotion* (Übersetzt und kommentiert von Geshe Ngawang
Dhargyey, Sherpa Tulku, Khamlung Tulku, Alexander Ber-
zin, Jonathan Landaw). Dharamsala: Library of Tibetan
Works and Archives 2/1976.

Bhāvaviveka

Madhyamakahrdayakārikā (Herz des Mittleren Weges)

dBu ma'i snying po

P5255, Bd. 96

Englische Übersetzung in Teilen (Kapitel III, 1–136) von Shotaro Iida: *Reason and Emptiness*. Tokyo: Hokuseido, 1980.

Buddhapālita

Buddhapālitamūlamadhyamakavrtti (Buddhapālitas Kommentar zu [Nāgārjunas] Grundversen zum Mittleren Weg)

dBu ma rtsa ba'i 'grel pa buddha pā li ta

P5254, Bd. 95

Buddhaśrījñāna

Mañjuśrīmukhāgama (Heilige Worte des Mañjuśrī)

'Jam dpal dbyangs kyi zhal lung

Toh. 1853–54

Samantabhadranāmasādhana (Methode zur Verwirklichung, genannt der »All-Gute«)

sGrub thabs kun bzang

Toh. 1855

Candrakīrti

Catuḥśatakaṭīkā (Kommentar zu [Āryadevas] Vier Hundert Versen über die Yoga-Übungen eines Bodhisattva)

Byang chub sems dpa'i rnal 'byor spyod pa gzhi brgya pa'i rgya cher 'grel pa

P5266, Bd. 98, Toh. 3865, Tokyo sde dge Bd. 8

Madhyamakāvatāra (Ergänzung zum Mittleren Weg)

dBu ma la 'jug pa

P5261, Bd. 98; P5262, Bd. 98

Englische Übersetzung Kap. I–V: Jeffrey Hopkins (Übers.), *Compassion in Tibetan Buddhism*. Ithaca, NY: Gabriel Snow Lion, 1980. Englische Übersetzung Kap. VI: Geshe Rabten (Übers. Stephen Batchelor), *Echoes of Voidness*. London: Wisdom, 1983. S. 47–92

Vollständige Übersetzung in: C. W. Huntington, Jr. and Geshe Wangchen, *The Emptiness of Emptiness*.

Mūlamadhyamakvṛttiprasannapadā (Klare Worte. Ein Kommentar zu [Nāgārjunas] »*Abhandlung über den Mittleren Weg*«*)*
dBu ma rtsa ba'i 'grel pa tshig gsal ba
P5260, Bd. 98
Englische Übersetzung (Kap. I, XXV): T. Stcherbatsky. *Conception of Buddhist Nirvāṇa*. Leningrad: Office of the Academy of Sciences of the USSR, 1927; Verb. Nachdruck Delhi: Motilal Banarsidass, 1978, S. 77–222. Englische Übersetzung (Kap. II): Jeffrey Hopkins. *Analysis of Coming and Going*. Dharamsala: Library of Tibetan Works and Archives, 1974. Englische Übersetzung von Teilen: Mervyn Sprung. *Lucid Exposition of the Middle Way, the Essential Chapters from the Prasannapadā of Candrakīrti translated from the Sanskrit*. London: Routledge, 1979, und Boulder: Prajña Press, 1979. Französische Übersetzung (Kap. II–IV, VI–IX, XI, XXIII, XXIV, XXVI, XXVII): Jacques May. *Prasannapadā Madhyamakavṛtti, douze chapitres traduits du sanscrit et du tibétain*. Paris: Adrien-Maisonneuve, 1959. Französische Übersetzung (Kap. XVIII–XXII): J.W. de Jong. *Cinq chapitres de la Prasannapadā*. Paris: Geuthner, 1949. Französische Übersetzung (Kap. XVII): É. Lamotte. »Le Traité de l'acte de Vasubandhu, Karmasiddhiprakaraṇa«, *MCB* 4 (1936), 265–288. Deutsche Übersetzung (Kap. V und XII–XVI): St. Schayer. *Ausgewählte Kapitel aus der Prasannapadā*. Krakow: Naktadem Polskiej Akademji Umiejetnosci, 1931. Deutsche Übersetzung (Kap. X): St. Schayer. »Feuer und Brennstoff«. *Rocznik Orjentalistyszny* 7 (1931). S. 26–52.

Pradīpoddyotananāmaṭīkā (Helle Leuchte)
'Grel pa sgron gsal
Toh. 1785

Dharmakīrti
Pramāṇavarttikakārikā (Kommentar zu [Dignāgas »*Kompendium] der Gültigen Erkenntnis*«*)*
Tshad ma rnam 'grel gyi tshigs le'ur byas pa
P5709, Bd. 130

Dodrup Dschikme Tänpä Nyima (rDo grub 'jigs med bstan pa'i nyi ma)
Allgemeine Darlegung des Guhyagarbha
gSang ba snying po'i spyi don
Gesammelte Werke, Bd. *ca* (5)
Dodrup Chen Rinpoche (Hrsg.), Gangtok, 1975.
Verschiedene Werke zur Großen Vollendung
rDzogs chen gsung thor bu'i skor
Gesammelte Werke, Bd. *ca* (5)
Dodrup Chen Rinpoche, Hrsg., Gangtok, 1975.
Jñānagarbha
Satyadvayavibhāga (Analyse der Zwei Wahrheiten)
bDen gnyis rnam 'byed
Toh. 3881
Englische Übersetzung in: Eckel, M. D. (Übers.), *Jñānagarbha's Commentary on the Distinction Between the Two Truths.* Albany: SUNY Press, 1986.
Künkyen Dschikme Lingpa (Kun mkhyen jigs med gling pa)
Ein Schatz von erleuchteten Eigenschaften
Yon tan mdzod
Gesammelte Werke, Bde. *ka* (1) and *kha* (2)
Longtschen Rabdschampa (Klong chen rab 'byams pa)
Ein Schatz der Sphäre der Realität
Chos dbyings mdzod
Gesammelte Werke, Bd. *kha* (2)
Ein Schatz des Höchsten Fahrzeugs
Theg mchog mdzod
Gesammelte Werke, Bde. *ga* (3) and *nga* (4)
Maitreya
Madhyāntavibhāga (Unterscheidung der Mitte und der Extreme)
dBus dang mtha' rnam par 'byed pa
P5522, Bd. 108
Teilübersetzung ins Englische in: Th. Stcherbatsky, *Madhyānta-Vibhaṅga*. Calcutta: Indian Studies Past and Present, 1971.

Mahāyānottaratantraśāstra (Abhandlung des Großen Fahrzeugs über das Höchste Kontinuum)
    Theg pa chen po rgyud bla ma'i bstan chos
    P5525, Bd. 108
    Englische Übersetzung von E. Obermiller, *Sublime Science of the Great Vehicle to Salvation,* in *Acta Orientalia,* 9 (1931). S. 81–306; und: J. Takasaki, *A Study on the Ratnagotravibhāga.* Rom: IS. M.E.O., 1966. Englische Übersetzung aus dem Tibetischen von Ken und Katia Holmes, *The Changeless Nature,* Dumfriesshire: Karma Drubgyud Darjay Ling, 1985.
Nāgārjuna
    Madhyamakaśāstra / Prajñānāmamūlamadhyamakakārikā (Abhandlung über den Mittleren Weg / Grundverse zum Mittleren Weg, »Weisheit« genannt)
    dBu ma'i bstan bcos / dbu ma rtsa ba'i tshig le'ur byas pa shes rab ces bya ba
    P5224, Bd. 95
    Englische Übersetzung von Frederick Streng, *Emptiness: A Study in Religious Meaning.* Nashville, New York: Abingdon Press, 1967. Siehe auch Kenneth Inada, *Nāgārjuna: A Translation of his Mūlamadhyamakakārikā.* Tokyo, The Hokuseido Press, 1970; und David J. Kalupahana, *Nāgārjuna: The Philosophy of the Middle Way.* Albany: State University Press of New York, 1986. Italienische Übersetzung von R. Gnoli, *Nāgārjuna: Madhyamaka Kārikā, Le stanze del cammino de mezzo.* Enciclopedia di autori classici 61. Turin: P. Boringhieri, 1961. Dänische Übersetzung von Chr. Lindtner in *Nāgārjunas's Filosofiske Vaerker.* Indiske Studier 2, S. 67–135. Copenhagen: Akademisk Forlag, 1982.
Pañcakrama (Die Fünf Stufen)
    Rim pa lnga pa
    P2667, Bd. 61
Ratnāvalī / Rājaparikathāratnāvalī (Ein Kostbarer Kranz von Ratschlägen an den König)
    rRyal po la gtam bya ba rin po che'i phreng ba
    P5658, Bd. 129

Englische Übersetzung aus dem Tibetischen von Lati Rinpoche und Jeffrey Hopkins in: Nāgārjuna and the Seventh Dalai Lama, *The Precious Garland and the Song of the Four Mindfulnesses,* New York, Harper and Row, 1975. Siehe auch G. Tucci (Hrsg. und Übers.), *The Ratnāvalī of Nāgārjuna* in *JRAS,* 1934, S. 307–25; 1936, S. 237–52, 423–35.

Sammlung von Lobpreisungen

  bsTod tshogs

  P2001–2063, Bd. 46

Śāntideva

Bodhicāryāvatāra, (Eintritt in das Leben zur Erleuchtung)

Byang chub sems dpa'i spyod pa la 'jug pa

P5272, Bd. 99

Deutsche Übersetzung aus dem Sanskrit von Ernst Steinkellner in: Śāntideva, *Eintritt in das Leben zur Erleuchtung. Poesie und Lehre des Mahāyāna-Buddhismus.* München: Eugen Diederichs Verlag, 1981. Englische Übersetzungen aus dem Sanskrit von Marion Matics, *Entering the Path of Enlightenment.* New York: Macmillan Co, 1970; Kate Crosby und Andrew Skilton in Śāntideva, *The Bodhicaryāvatāra,* Oxford: Oxford University Press, 1995; sowie Parmananda Sharma, *Śāntideva's Bodhicharyāvatāra,* New Delhi: Aditya Prakashan, 1990 (2 Bände). Englische Übersetzung aus dem Tibetischen von Stephen Batchelor, *A Guide to the Bodhisattva's Way of Life,* Dharamsala: Library of Tibetan Works and Archives, 1979. Englische Übersetzung aus dem Sanskrit und dem Tibetischen von Vesna A. Wallace und B. Alan Wallace in: Śāntideva, *A Guide to the Bodhisattva Way of Life,* Ithaca: Snow Lion Publications, 1997.

Tsongkapa (Tsong kha pa)

Große Darlegung des Geheimen Mantra

sNgags rim chen mo

Gesammelte Werke, Bd. *ga* (3)

Englische Übersetzung von Teil I–III von Jeffrey Hopkins in *Tantra in Tibet. The Great Exposition of Secret Mantra, Volume I,* und *The Yoga of Tibet. The Great Exposition of Secret Mantra,* 2 *and 3*, beide London: George Allen and Unwin, 1975. (*The Yoga of Tibet* nachgedruckt unter dem Titel *Deity Yoga*, Ithaca: Snow Lion, 1987). Deutsche Übersetzung von *Tantra in Tibet* aus dem Englischen von Burkhard Quessel: Jeffrey Hopkins (Hrsg.), *Tantra in Tibet. Das Geheime Mantra des Tsong-ka-pa, eingeleitet vom 14. Dalai Lama*, Düsseldorf, Köln: Eugen Diederichs, 1980.

Große Darlegung des Stufenpfades zur Erleuchtung

Byang chub lam rim chen mo

Gesammelte Werke, Bd. *pa* (13)

Englische Übersetzung von einzelnen Passagen aus den Kapiteln über Geistige Ruhe und Besondere Einsicht von Elizabeth Napper, *Dependent-Arising and Emptiness*, London: Wisdom Publications, 1989; vollständige englische Übersetzung der Kapitel über Geistige Ruhe und Besondere Einsicht von Alex Wayman, *Calming the Mind and Discerning the Real*, New York, Columbia University Press, 1978.

Vasubandhu

Abhidharmakośakārikā (Schatzhaus des Höheren Wissens)

Chos mgnon pa'i mdzod kyi tshig le'ur byas pa

P5590, Bd. 115

Übersetzung ins Französische von Louis de La Vallée Poussin, *L'Abhidharmakośa de Vasubandhu* (Paris: Geuthner, 1923–31). Englische Übersetzung aus dem Französischen von Leo M. Pruden, *Abhidharmakośabhāṣyam*. 4 Bde. Freemont, CA.: Asian Humanities Press, 1988–89.

Viṃśatikā (Twenty Verses)

Nyi shu pa'i tsig le'ur byas pa

Toh. 4056

II. Werke, die in den Anmerkungen erwähnt werden:

Asaṅga

Abhidharmasamuccaya (Kompendium des Höheren Wissens)

Chos mngon pa kun las bstus pa

P5550, Vol. 112

Französische Übersetzung von Walpola Rahula: *La compendium des la super-doctrine (philosophie) (Abhidharmasamuccaya) d'Asaṅga*. Paris: École Franḥaise d'Extrême-Orient, 1971; Nachdruck 1980.

Śrāvakabhūmi (Die Hohen Ebenen der Hörer)

Nyan thos kyi sa

P5537, Bd. 110

Batchelor, Stephen (Übers.) *A Guide to the Bodhisatwa's Way of Life*. Dharamsala: Library of Tibetan Works & Archives, 1979.

Bhāvaviveka

Madhyamakahṛdayavṛttitarkajvālā (Flamme der Beweisführung. Ein Kommentar zur »Essenz des Mittleren Weges«)

dBu ma'i snying po'i 'grel pa rtog ge 'bar ba.

P5256, Bd. 96

Englische Übersetzung in Teilen (Kapitel III, 1–136) von Shotaro Iida: *Reason and Emptiness*. Tokyo: Hokuseido, 1980.

Butön (Bu ston)

Geschichte des Kālacakra

Dus 'khor chos byung

Gesammelte Werke, Bd. *nga* (4)

Chang, Garma C. C. *Teachings of Tibetan Yoga*, New York: University Books, 1963. Nachdruck unter dem Titel *The Six Yogas of Naropa*. Ithaca: Snow Lion, 1986.

Conze, E. (Übers.) *Buddhist Texts Through the Ages*. Oxford: Cassirer, 1954.

– (Übers.) *The Large Sutra on Perfect Wisdom with the divisions of the Abhisamayālaṅkāra*. Berkeley and Los Angeles: University of California Press, 1975.

– (Übers.) *Perfect Wisdom: The Short Prajñāpāramitā Texts*, Devon: Buddhist Publishing Group, 1993.

– (Übers.) *The Perfection of Wisdom in 8000 Lines and its Verse Summary*. Bolinas: Four Seasons, 1973.

Cozort, Daniel. *Highest Yoga Tantra*. Ithaca: Snow Lion, 1986.

Der XIV. Dalai Lama Tenzin Gyatso. *Der Friede beginnt in Dir. Wie die innere Haltung nach außen wirkt*. Freiburg: Herder, 1996.

- *Der Mensch der Zukunft. Meine Vision.* Bern und München: O. W. Barth, 1998.
- *Die Lehre des Buddha vom Abhängigen Entstehen. Der Prozeß der Leidensentstehung und der Befreiung.* Hamburg, Dharma Edition, 1996. Aus dem Tibetischen ins Englische übersetzt und bearbeitet von Jeffrey Hopkins; aus dem Englischen übersetzt von Birgit Stratmann und Christof Spitz.
- *Heart of Mantra* in: Jeffrey Hopkins (Übers.) *The Yoga of Tibet,* London: George Allen and Unwin, 1981 (Nachdruck unter dem Titel *Deity Yoga,* Ithaca: Snow Lion, 1987), pp. 19–42.
- *Path to Bliss: A Practical Guide to the Stages of Meditation.* Ithaca: Snow Lion, 1991. Übersetzt und herausgegeben von Geshe Thupten Jinpa; Mitherausgeberin Christine Cox.
- *Transcendent Wisdom.* Ithaca: Snow Lion, 1988. Übersetzt, bearbeitet, mit Anmerkungen versehen von B. Alan Wallace.
- Dalai Lama und Jeffrey Hopkins. *Kālachakra Tantra, Rite of Initiation.* Boston: Wisdom, 1985.
- Dalai Lama et al.. *The Buddhism of Tibet.* Ithaca: Snow Lion, 1987.
- Dudjom Rinpoche. *The Nyingma School of Tibetan Buddhism.* Boston: Wisdom, 1992. Übersetzt und bearbeitet von Gyurme Dorje und Matthew Kapstein.
- Golzio, K. H., *Lankavatara.Sutra. Die makellose Wahrheit erschauen.* Bern und München: O. W. Barth, 1996.
- Guenther, H. *Life and Teachings of Naropa.* Oxford: Oxford University Press, 1963.
- Holmes, Katia und Ken. *The Changeless Nature.* Dumfriesshire: Karma Drubgyud Darjay Ling, 1985.
- Hopkins, J. *Meditation on Emptiness.* Boston: Wisdom, 1983.
- (Übers). *The Yoga of Tibet.* London: George Allen and Unwin, 1981. Nachdruck unter dem Titel *Deity Yoga.* Ithaca: Snow Lion, 1987.
- Huntington, C. W., Jr. und Geshe Wangchen. *The Emptiness of Emptiness.* Hawaii: University of Hawaii Press, 1989.
- Bhikṣuṇī Jampa Tsedroen. *A Brief Survey of the Vinaya.* Hamburg: Dharma Edition, 1992.

Kapstein, M. *Mipham's Theory of Interpretation* in: Donald Lopez (Hrsg.), *Buddhist Hermeneutics* (Delhi: Motilal Banarsidass, 1993), pp. 149–74.

Kongtrül Yöntän Gyatso (Kong sprul yon tan rgya mtsho) *Ein Schatz enzyklopädischen Wissens* (Shes bya kun khyab mdzod). Beijing: Minorities Press, 1983.

Lati Rinpoche, Denma Lochoe Rinpoche, L. Zahler und J. Hopkins. *Meditative States in Tibetan Buddhism.* Boston: Wisdom Publications, 1983.

Lati Rinpoche und Jeffrey Hopkins: *Stufen zur Unsterblichkeit. Zwischenzustand und Wiedergeburt im Tibetischen Buddhismus.* München: Diederichs, 1983.

– *The Precious Garland of Advice for the King* in: Der Dalai Lama et al. *The Buddhism of Tibet.* Ithaca: Snow Lion Publications, 1987, S. 105–206.

Lopez, Jr., Donald (Hrsg.) *Buddhist Hermeneutics.* Delhi: Motilal Banarsidass, 1993.

Matics, Marion L. (Übers.) *Entering the Path of Enlightenment.* New York: Macmillan, 1970.

Ngawang Päldän (Ngag dbang dpal ldan)
Darlegung der Ebenen und Pfade innerhalb der Vier Tantra-Klassen gSang chen rgyud sde bzhi'i sa lam gyi rnam gzhag
Gesammelte Werke, Bd. *kha* (2).

Obermiller, E. *Sublime Science of the Great Vehicle to Salvation.* In *Acta Orientalia*, 9 (1931), S. 81–306.

Pabongka Rinpoche. *Liberation in the Palm of Your Hand.* Bearbeitet und herausgegeben von Tridschang Rinpoche; aus dem Tibetischen ins Englische übersetzt von Michael Richards. Boston: Wisdom Publications, 1992.

Kulika Puṇḍarīka
Vimalaprabhā (Makelloses Licht)
'Grel chen dri med 'od
P2064, Bd. 46

Geshe Rabten. *Echoes of Voidness.* Aus dem Tibetischen ins Englische übersetzt von Stephen Batchelor. Boston: Wisdom Publications, 1983.

Geshe Rabten. *Essenz der Weisheit. Ein Kommentar zum Herzsūtra*. Hamburg: Dharma Edition, 1990.

Roerich, G. (Übers.). *The Blue Annals*. Delhi: Motilal Benarsidass, 1979 (eine englische Übersetzung des *Deb ther sngon po* von Gö Lotsawa Schönu Päl).

Sharma, Parmananda. *Śāntideva's Bodhicharyāvatāra*. New Delhi: Aditya Prakashan, 1990 (2 Bände).

Shastri, D. (Hrsg.). *Tattvasaṃgraha*. Varanasi: Bauddha Bharati, 1968.

Sprung, M. *Lucid Exposition of the Middle Way*. Boulder: Prajna, 1979.

Streng, F. *Emptiness: A Study in Religious Meaning*. Nashville and New York: Abingdon, 1967.

Takasaki, J. *A Study on the Ratnagotravibhāga*. Rome: I.S.M.E.O., 1966.

Geshe Thubten Ngawang. *Das Rad des Lebens*. Hamburg: Dharma Edition, 1993.

Thuken Tschökyi Nyima (Thu'u bkwan chos kyi nyi ma)
Ein heller Spiegel: Darlegung der philosophischen Systeme.
Grub mtha' gsal gyi me long
Gesammelte Werke, Bd. 2, Kansu: Minorities Press, 1984 (gesetzte Ausgabe).

Thurman, R. *The Central Philosophy of Tibet: A Study and Translation of Jey Tsong Khapas Essence of True Eloquence*. Princeton: Princeton University Press, 1984.

– *Vajra Hermeneutics* in Donald Lopez, Jr. (Hrsg.), *Buddhist Hermeneutics*, Delhi: Motilal Banarsidass, 1993, S. 119–48.

Tschangkya Rölpä Dordsche (lCang skya rol pa'i rdo rje)
Darlegung der philosophischen Systeme: Ein Ornament zur Schmückung der Lehre des Buddha
Grub pa'i mtha'i rnam par bzhag pa gsal bar bshad pa thub bstan lhun po'i mdzes rgyan
Sarnath: The Pleasure of Elegant Sayings, 1970.

Tsongkapa (Tsong kha pa)
Kommentar zu dem tiefgründigen Pfad der Sechs Yogas des Naropa, versehen mit den drei Überzeugungen.

Zab lam naro chos drug gi krid yid ched gsum ldan
Gesammelte Werke, Bd. *ta* (9)
Englische Übersetzung von Glenn H. Mullin, *Tsongkhapa's six Yogas of Naropa*. Ithaca: Snow Lion Publications, 1996.
– *Essenz der Guten Lehren: Abhandlung zur Unterscheidung der interpretierbaren und der endgültigen Bedeutung*
Drang ba dang nges pa'i don rnam par phye ba'i bstan bcos legs bshad snying po
Gesammelte Werke, Bd. *pha* (13)
Englische Übersetzung von R. Thurman, *The Central Philosophy of Tibet*. Princeton: Princeton University Press, 1984.
– *Ausführliche Erläuterungen zum »Kompendium des Weisheits-Vajra«, einem Erklärenden Tantra des Glorreichen Guhyasamāja.*
dPal gsang ba 'dus pa'i bshad pa'i rgyud ye shes rdo rje kun las btus pa'i rgya cher bshad pa / rGyud bshad thabs kyi man ngag gsal bar bstan pa
Gesammelte Werke, Bd. *ca* (5)
– *Goldener Rosenkranz: Ausführliche Erläuterungen zu [Maitreyas] Anweisungen zur Vollkommenheit der Weisheit »Schmuck der Klaren Erkenntnis (Abhisamayālaṃkāra)« und dessen Kommentar.*
Legs bshad gser gyi phreng ba / Shes rab kyi pha rol tu phyin pa'i man ngag gi bstan bcos mngon par rtog pa'i rgyan 'grel pa dang bcas pa'i rgya cher bshad pa
Gesammelte Werke, Bde. *tsa* (17) and *tsha* (18)
– *Lampe zur klaren Erhellung der Fünf Stufen*
Rim pa lnga rab tu gsal ba'i sgron me
Gesammelte Werke, Bd. *ja* (7)
Tucci, Giuseppe, (Hrsg. und Übers.). »The Ratnāvalī of Nāgārjuna« in *JRAS*, 1934, S. 307–25; 1936, S. 237–52, 423–35.
Williams, P. *Mahayana Buddhism*. New York: Routledge, 1989.

Glossar

Abhängiges Entstehen *(pratītyasamutpāda, rten cing 'brel bar 'byung ba):* Der Grundsatz jeder philosophischen Schule des Buddhismus ist das Gesetz vom Abhängigen Entstehen. Dabei beschreiben die unteren Schulen das Abhängige Entstehen als Abhängigkeit der Produkte von den Ursachen und Umständen, von denen sie erzeugt werden. Die höheren Schulen beschreiben darüber hinaus die Abhängigkeit aller Bewußtseinsobjekte, selbst die der Nicht-Produkte, von ihren Teilen und von ihrer Benennung mit sprachlichen oder gedanklichen Begriffen. Die Bestimmung eines Phänomens kann nur in Abhängigkeit von anderen Phänomenen erfolgen, wie etwa »Ursache« nur in Abhängigkeit von »Wirkung«. Die grundlegende Darlegung des Abhängigen Entstehens hat der Buddha im *Sūtra vom Reiskeimling* gegeben, als er mit den Zwölf Gliedern des Abhängigen Entstehens die Entstehung und die Aufhebung der leidvollen samsarischen Existenz beschrieb.

Alleinverwirklicher *(pratyekabuddha, rang rgyal):* Ein Alleinverwirklicher strebt ebenso wie der Hörer die persönliche Befreiung aus dem Daseinskreislauf als Hauptziel an. Im Vergleich zu diesem besitzt er jedoch eine größere geistige Kraft. Diese ist so groß, daß er einhundert Zeitalter lang Verdienste sammelt, um schließlich seine Erleuchtung zu erlangen. Hörer- und Alleinverwirklicher-Pfade sind Pfade des Kleinen Fahrzeugs.

Allem-zugrundeliegendes-Bewußtsein *(ālayavijñāna, kun gzhi'i rnam shes):* Die Yogacāra-Schule des indischen Lehrers Asaṅga postuliert zusätzlich zu den sechs allgemein angenommenen Bewußtseinsarten (Seh-, Hör-, Riech-, Schmeck- und Tastbewußtsein sowie Geistiges Bewußtsein) zwei weitere: das Verblendete Bewußtsein, das heißt die grundlegende Unwissenheit, die mit allen Wahrnehmungen gewöhnlicher Wesen einhergeht, sowie das Allem-zugrundeliegende-Bewußtsein, das der Träger aller karmischer Anlagen ist und ununterbrochen von Leben zu Leben geht. Nach Ansicht dieser Schule ist die Kontinuität der Person aufgrund dieses Bewußtseins gegeben.

Allwissenheit (Tib.: *rnam pa thams cad mkhyen pa):* Allwissenheit ist die vollendete Erkenntnis eines Buddha, die gleichzeitig sämtliche Phänomene in all ihren Aspekten – sowohl in ihrer konventionellen als auch in ihrer endgültigen Realität – unmittelbar wahrnimmt. Sie ist das Ergebnis der Vollendung von Weisheit und altruistischem Handeln auf dem Weg eines Bodhisattva.

Angeborener Geist des Klaren Lichts: siehe Klares Licht.

Ausstrahlungskörper *(nirmāṇakāya, sprul sku):* Diese körperliche Manifestation eines Buddha können auch gewöhnliche Wesen, die genügend heilsame Anlagen besitzen, wahrnehmen. In seinem Werk *Schmuck der Klaren Erkenntnis* beschreibt Maitreya den Ausstrahlungskörper so: »Der ununterbrochene Nirmāṇakāya ist der Körper des Buddha, der auf vielfältige Weise und solange der Daseinskreislauf besteht Handlungen unter den Wesen vollbringt, um ihnen zu nutzen.« Es gibt drei Arten von Ausstrahlungskörpern: 1. der höchste Nirmāṇakāya, der 112 besondere Merkmale besitzt und in dessen Gestalt zum Beispiel Buddha Śākyamuni in dieser Welt erschien und die Lehre darlegte; 2. der Nirmāṇakāya in Gestalt eines Künstlers, und 3. der Nirmāṇakāya in Form von anderen Lebewesen wie spirituellen Lehrern oder sogar in Form von materiell erscheinenden Dingen wie Brücken, Arzneimitteln und dergleichen. Das essentielle Wesen des sichtbaren Körpers ist der Wahrheitskörper, der vollendete Geist eines Buddha.

Beendigung (Tib. *'gog pa*): Mit der Wahrheit der Beendigung, der dritten der Vier Wahrheiten der Heiligen, lehrte der Buddha, daß es durch Schulung der Erkenntnis der Selbstlosigkeit möglich ist, den Geist von verblendeten, leidverursachenden Zuständen und den Samen, aus denen sie entstehen, dauerhaft zu reinigen. Dies liegt darin begründet, daß unser Geist in seiner Natur klar, erkennend und durch Übung wandelbar ist.

Befleckt, Befleckung (Tib. *zag bcas, zag pa*): Alle verblendeten Geisteszustände bzw. Leidenschaften werden als Befleckung bezeichnet. Befleckte Phänomene sind solche, die entweder als Objekt des Geistes oder aber als ein Faktor im Bewußtsein dazu führen, daß Befleckungen, also Leidenschaften, im Geist zunehmen.

Begierde, Anhaftung *(rāga, 'dod chags)*: Eine Wurzelleidenschaft, die sich darin äußert, daß man an einem inneren oder äußeren befleckten Objekt haftet, das man als etwas von seiner eigenen Entität her Attraktives ansieht, und nicht davon getrennt sein möchte.

Besondere Einsicht *(vipaśyanā, lhag mthong)*: Besondere Einsicht ist eine fortgeschrittene Form der analytischen Meditation, die insbesondere zur Einsicht in die subtile Unbeständigkeit sowie in die Selbstlosigkeit bzw. Leerheit entwickelt wird. Sie entsteht, wenn man auf der Basis der Geistigen Ruhe analytische Meditation ausübt und so durch die Entfaltung der analytischen Kraft des Geistes eine körperliche und geistige Beweglichkeit erlangt, die zu Glückseligkeit führt. Damit wird gleichzeitig die Einheit von Geistiger Ruhe und Besonderer Einsicht erlangt; und wenn diese auf die Selbstlosigkeit gerichtet wird, können alle Leidenschaften mit ihrer Wurzel, der Unwissenheit, und mit ihren Samen beendet werden, so daß sie nicht wieder entstehen können.

Bodhisattva (Tib. *byang chub sems dpa'*): Nach der tibetischen Übersetzung des Sanskrit-Wortes ein »Mutiger, dessen Wille auf die Erleuchtung gerichtet ist«. Ein Bodhisattva ist in all seinem Handeln vom Erleuchtungsgeist *(bodhicitta)* durchdrungen. Er strebt die höchste Erleuchtung eines Buddha an, um allen Lebewesen zur Erleuchtung verhelfen zu können, und zu diesem Zweck übt er die Sechs Vollkommenheiten: Freigebigkeit, ethische Disziplin, Geduld, Tatkraft, meditative Sammlung und Weisheit.

Bodhisattva-Gelübde (Tib. *byang chub sems dpa'i sdom pa*): Das Gelübde, die Denk- und Verhaltensweisen zu üben, die zur vollkommenen Erleuchtung führen, um alle Wesen befreien zu können. Das Gelübde ist mit 18 Haupt- und 46 Nebenregeln verbunden, die die grundlegende ethische Disziplin eines Bodhisattvas kennzeichnen. Das Einhalten dieser Regeln bildet das Fundament für die eigentlichen Bodhisattva-Handlungen, nämlich die Sechs Vollkommenheiten, die zur Buddhaschaft führen. Nimmt man die Bodhisattva-Gelübde auf der Grundlage der nicht-künstlichen Motivation, die Erleuchtung zum Wohle der Wesen erreichen zu wollen, durchschreitet man damit das Eingangstor zu den Pfaden des Großen Fahrzeugs.

Buddha/ Buddhaschaft (Tib. *sangs rgyas, sangs rgyas kyi go 'phang*): Buddhaschaft ist der höchste von einer Person zu erreichende Zustand. Man erlangt die Buddhaschaft, indem man den Pfad eines Bodhisattva geht und dadurch schließlich frei von allen Fehlern und allwissend wird. Im Zustand der Buddhaschaft hat man nicht nur die eigene höchste und dauerhafte Glückseligkeit erreicht, sondern wirkt gleichzeitig auch im höchsten Maße zum Wohle aller anderen Wesen.

Buddha-Familie (Tib. *sangs rgyas kyi rigs)*: Im Tantra werden gewöhnlich die Fünf Buddha-Familien von Akṣobhya, Ratnasambhava, Amoghasiddhi, Amitābha und Vairocana unterschieden. Es handelt sich um eine grundlegende Einteilung innerhalb des Geheimen Fahrzeugs, der gemäß nicht nur die verschiedenen anderen Buddhas zugeordnet werden, sondern sämtliche Aspekte von Grundlage, Pfad und Resultat der Lehre. Die Fünf Buddha-Familien stellen die völlig gereinigten und umgewandelten Aspekte der Person dar, die Buddhaschaft erlangt, wie zum Beispiel die umgewandelten fünf körperlichen und geistigen Aggregate und die fünf Weisheiten, und sie sind deshalb nicht als voneinander getrennte, separate Entitäten zu verstehen.

Buddha-Körper *(kāya, sku)*: Mit der Mahāyāna-Lehre von den Drei Körpern eines Buddha werden die wesentlichen Aspekte des vollkommenen Buddha-Zustands auf der geistigen und körperlichen Ebene beschrieben. Siehe Wahrheitskörper, Körper des Vollkommenen Erfreuens, Ausstrahlungskörper.

Buddha-Natur, Buddha-Essenz *(Tib. sangs rgyas kyi rigs)*: Die allen Wesen innewohnende Essenz eines vollkommen Erleuchteten. Sie hat zwei Aspekte: Die »natürlich anwesende Buddha-Natur« ist gleichbedeutend mit der endgültigen Wirklichkeit des Geistes, seiner Leerheit von inhärenter Existenz; die »zu entwickelnde Buddha-Natur« ist die klare und erkennende Natur des Geistes, die im Zustand eines gewöhnlichen Wesens von verblendeten Geisteszuständen zwar getrübt, aber niemals selbst geschädigt werden kann. Aufgrund dieser Natur ist Erleuchtung möglich.

Candrakirti (Tib. *Zla ba grags pa)*: Der indischer Meister des 6. Jh. n. Chr. erläuterte Nāgārjunas Darlegung der Madhyamaka-Philosophie und gilt damit als ein wesentlicher Begründer des höchsten philosophischen Systems des Buddhismus, des Prāsaṅgika-Madhyamaka. Als eine wesentliche Besonderheit ihrer Philosophie beschreibt diese Schule die Leerheit im Sinne der Nicht-Auffindbarkeit eines Phänomens; Phänomene existieren nur in Abhängigkeit von ihrer gedanklichen oder sprachlichen Benennung, nicht aber von ihrer eigenen Seite her.

Daseinskreislauf *(saṃsāra, 'khor ba):* Der Kreislauf von Tod und Geburt, den wir unkontrolliert unter der Macht und als Resultat verunreinigter Taten und Leidenschaften unablässig mit Körper und Geist durchlaufen. Das grundlegende Leiden innerhalb des Daseinskreislaufs ist der Mangel an Freiheit und Selbstbestimmung.

Dharma (Tib.: *chos):* Die wörtliche Bedeutung des Wortes *dharma* ist »halten, tragen«. In einer der verschiedenen Anwendungen dieses Wortes werden alle Phänomene, das heißt alle Daseinsfaktoren, *dharmas* genannt; denn sie »tragen« ihr jeweils eigenes Wesen. Zum anderen bedeutet Dharma die spirituelle Lehre; denn ihre Anwendung führt den Übenden aus leidvollem, aus unfreiem und schließlich aus jedem mit Hindernissen behafteten Dasein heraus.

Dsogtschen, Große Vollendung (Tib. *rdzog chen):* Eine spezielle Lehre der Nyingma-Tradition, die mit Ati-Yoga, dem höchsten der insgesamt neun Fahrzeuge der Nyingmapa synonym ist. Das zentrale Anliegen von Dsogtschen ist, den eigenen Geist in der ursprünglichen und klaren Bewußheit verweilen zu lassen, wodurch alle täuschenden Projektionen aufgelöst werden und sich das Bewußtsein frei entfalten und als vom Ursprung an frei erleben kann. Es heißt, daß mittels der Großen Vollendung alle Qualitäten der drei Buddhakörper spontan verwirklicht werden und es sich deshalb um eine »Vollendung« (»dsog«) handelt und daß Dsogtschen die Bestehensweise aller Phänomene und deshalb als »groß« (»tschen«) zu bezeichnen ist.

Dualistische Erscheinungen *(ubhayābhāsa, gnyis snang)*: Aufgrund subtiler Anlagen im Geist, die von der seit anfangsloser Zeit bestehenden, grundlegenden Unwissenheit herrühren, erscheinen uns Phänomene anders, als sie tatsächlich existieren: Sie erscheinen in inhärenter und absoluter Weise von ihrer Seite her zu existieren, existieren jedoch nur in relativer Weise als etwas bloß Benanntes. Nur ein Buddha hat alle dualistischen, täuschenden Erscheinungen endgültig aufgehoben und erkennt gleichzeitig ohne jede Trübung sowohl die konventionelle als auch die endgültige Bestehensweise aller Phänomene. Ist mit dem Erlangen der Allwissenheit die dualistische Erscheinungsweise der Phänomene überwunden, erscheinen die beiden Wahrheiten eines Phänomens, die konventionelle und endgültige, in keiner Weise als gegensätzlich, sondern als einander bedingende Aspekte einer Wirklichkeit.

Endgültige Realität, endgültige Wahrheit *(paramārthasatya, don dam bden pa)*: Sucht man das in abhängiger Weise konventionell existierende Wesen eines Phänomens innerhalb seiner Teile, die Grundlage für die Benennung jenes Phänomens sind, so läßt es sich nicht auffinden. Daraus folgt nicht etwa die Nichtexistenz dieses Phänomens, sondern, daß es nicht auf die unabhängige, inhärente und absolute Weise existiert, in der es dem gewöhnlichen Bewußtsein erscheint. Die endgültige Beschaffenheit eines jeden Phänomens ist daher seine Leerheit von inhärenter Existenz; die Vielfalt der Phänomene ist dagegen nur auf der vorläufigen, konventionellen Wirklichkeitsebene als relative Beschaffenheit gültig.

Energiekanäle *(nadi, rtsa)*: Subtile Energiebahnen im feinstofflichen Körper, in denen sich energetische Tropfen befinden und subtile Energien fließen. Diese Energien wiederum sind eng mit dem Bewußtsein verbunden und bilden dessen Träger. Nach den Darstellungen innerhalb des Geheimen Fahrzeugs findet man Haupt-und Nebenkanäle sowie bestimmte Knotenpunkte (cakra), auf die man durch bestimmte körperliche wie inner-geistige Yogaübungen Einfluß nimmt, um schneller Fortschritte auf dem spirituellen Pfad zu erzielen. Siehe auch: Tropfen/Windenergien.

Entsagung *(niḥsaraṇa, nges 'byung)*: Der Wunsch, sich aus dem Daseinskreislauf völlig zu befreien. Entsagung entsteht durch die Vergegenwärtigung der verschiedenen Leiden, Nachteile und Unfreiheiten innerhalb des Saṃsāra. Sie ist die Grundbestrebung eines Übenden des Kleinen Fahrzeugs und auch Grundlage für alle Pfade des Großen Fahrzeugs.

Erleuchtung *(bodhi, byang chub)*: Der Geist ist von allen leidverursachenden, verblendeten Zuständen und allem befleckten Karma geläutert und hat die tiefe Erkenntnis der Realität vollständig verwirklicht, wie es in den beiden Silben des tibetischen Wortes für die Erleuchtung zum Ausdruck gebracht wird (»dschang« heißt »gereinigt«; »tschub« bedeutet »verwirklicht«).
Es gibt verschiedene Stufen der Erleuchtung: Hörer und Alleinverwirklicher haben sich von den Hindernissen aufgrund von Leidenschaften gereinigt und dadurch die persönliche Befreiung aus dem Daseinskreislauf erlangt; Bodhisattvas läutern sich zudem von den subtilsten Anlagen für Täuschungen, die das gleichzeitige Erkennen aller Phänomene im Bereich der konventionellen Vielfalt und der endgültigen Realität verhindern, und verwirklichen die Allwissenheit eines Buddha.

Erleuchtungsgeist *(bodhicitta, byang chub kyi sems)*: Das auf großem Mitgefühl mit allen Wesen basierende altruistische Streben nach der Allwissenheit eines Buddha, um alle Mittel zu besitzen, die nötig sind, um jedes Wesen entsprechend seinen Veranlagungen und Fähigkeiten zur Erleuchtung führen zu können. Der Zweck dieses Strebens ist somit das Wohl aller fühlenden Wesen, das angestrebte Ziel ist das Erreichen der Buddhaschaft. Sobald der Erleuchtungsgeist in nicht-künstlicher Form entwickelt ist, wird die Person zu einem Bodhisattva und tritt in den Pfad des Großen Fahrzeugs ein.

Erzeugungsstufe *(utpattikrama, bskyed rim)*: Sie ist die erste der beiden Stufen (Erzeugungs- und Vollendungsstufe) innerhalb des Höchsten Yogatantra. Sie entsteht als Resultat einer besonderen tantrischen Übung, bei der man mit reiner Konzentration die Drei Körper eines Buddha in den eigenen Pfad hineinbringt, das heißt, sich selbst als vollkommene Gottheit innerhalb einer göttlichen Umgebung, dem Maṇḍala, vorstellt und diese Sicht innerhalb und außerhalb der Meditationssitzungen pflegt.

Formkörper *(rūpakāya, gzugs kyi sku)*: Die Manifestationen, in denen der Wahrheitskörper eines Buddha Gestalt annimmt, um die Wesen, deren Karma genügend geläutert ist, zur Befreiung zu führen. Der Formkörper ist die höchste Verwirklichung des Wohles anderer, weil er in jedweder Form erscheint, die für die fühlenden Wesen mit ihren unterschiedlichen Voraussetzungen geeignet ist, und zu ihrem Wohle die erleuchtete Heilsaktivität der Rede einsetzt. Es gibt zwei Ebenen des Formkörpers, den Körper Vollkommenen Erfreuens und den Ausstrahlungskörper.

Geheimes-Mantra-Fahrzeug *(guhyamantrayāna, gsang sngags kyi theg pa)*: Wörtlich heißt Mantra »Schutz des Geistes«. Die Ausübung des Geheimen Mantra dient dazu, »den Geist« vor gewöhnlichen, verunreinigten Wahrnehmungs- und Beurteilungsweisen »zu schützen«. Diese Lehren des Buddha sind »geheim«, weil sie verborgen verwirklicht werden und denjenigen, die nicht genügend vorbereitet sind und kein Vertrauen besitzen, nicht gelehrt werden sollten. Das Mantra-Fahrzeug, auch Diamantenes Fahrzeug oder Tantra-Fahrzeug genannt, ist ein spezifischer Teil des Großen Fahrzeugs. Das diesem Pfad zugrundeliegende Mitgefühl mit allen Wesen ist so groß, daß man nach Mitteln strebt, um schneller als auf dem allgemeinen Pfad des Großen Fahrzeugs die Buddhaschaft zu erlangen. Der ideale Übende dieses Fahrzeugs wird als »juwelengleicher Schüler« bezeichnet, der vor allem eine besonders starke uneigennützige Motivation und ein intensives Vertrauen in die tantrische Lehre besitzt.

Darüber hinaus sind Mantras kurze Gebete aus Sanskrit-Silben, die viele Male aufgesagt werden, um somit eine Gottheit mit ihren vollendeten Eigenschaften immer wieder anzurufen, ihren Segen zu empfangen und sich ihren Eigenschaften anzunähern.

Geisteskontinuum (Tib. *sems rgyud*): Alle Wesen besitzen einen individuellen, sich stets wandelnden, aber unaufhörlich fließenden Strom des Bewußtseins, der weder Anfang noch Ende besitzt und sich über die verschiedenen Existenzen bis zur Erleuchtung und Buddhaschaft fortsetzt. In vielen buddhistischen Philosophien wird das Geisteskontinuum als Träger der Persönlichkeit und der karmischen Potentiale beschrieben.

Geistige Ruhe *(śamatha, zhi gnas)*: Die Natur der Geistigen Ruhe besteht in dem punktförmigen und unabgelenkten Verweilen des Geistes auf einem beliebigen Meditationsobjekt, wobei dieses Verweilen von der Glückseligkeit der körperlichen und geistigen Beweglichkeit begleitet wird. Basiert die Übung der Geistigen Ruhe auf der Zufluchtnahme zu den Drei Juwelen, dann handelt es sich um eine buddhistische Übung. Ist sie darüber hinaus auch noch mit dem Streben nach höchster Erleuchtung zum Wohle aller Wesen verbunden, dann ist es eine Übung des Großen Fahrzeugs. Hat man Geistige Ruhe erzielt, so werden als Resultat sowohl Körper wie Geist von Freude und Glückseligkeit durchdrungen, und man ist aufgrund der Kraft körperlicher und geistiger Beweglichkeit fähig, den Geist auf jedem beliebigen heilsamen Objekt verweilen zu lassen. Außerdem werden noch viele besondere Fähigkeiten wie Hellsichtigkeit und die Fähigkeit zum Aussenden von Manifestationen erlangt.

Glückseligkeit, Große Glückseligkeit *(Tib. de ba chen po)*: In der Übung des Geheimen Fahrzeugs, dem Tantrayāna, insbesondere aber im Höchsten Yogatantra, wird im Rahmen des Gottheiten-Yoga durch verschiedene Techniken Glückseligkeit erzeugt und als Methode benutzt, um den glückseligen Geist, der als äußerst subtil und wirkungsvoll gilt, mit der Erkenntnis der Leerheit zu verbinden. Durch diese Vereinigung von Methode (Glückseligkeit) und Weisheit (Erkenntnis der Leerheit) werden besonders tiefe Einsichten und damit auch schnelle Fortschritte auf dem Pfad erzielt. Die untrennbare Einheit von Glückseligkeit und Erkenntnis der Leerheit wird insbesondere im Guhyasamāja-Tantra als eigentliche Ursache für die Buddhaschaft bezeichnet. Um aber fähig zu sein, diese Erfahrung herbeizuführen und entsprechend zu nutzen, muß der Schüler schon sehr weit auf dem allgemeinen Pfad und den unteren Stufen des Geheimen Fahrzeugs fortgeschritten sein, andernfalls besteht die Gefahr, daß sich die Leidenschaften, insbesondere Begierde und das Anhaften am befleckten Glück, vermehren.

Götter *(deva, lha):* Götter sind Wesen im Daseinskreislauf, die aufgrund von heilsamen Handlungen in früheren Leben über lange Zeit eine sehr angenehme Existenz erfahren. Sie sind frei von den Nachteilen grobstofflicher Körper und grober Nahrung, wie sie etwa im menschlichen Bereich bestehen. Das Leiden des Schmerzes ist ihnen völlig fremd. Nach buddhistischer Kosmologie gibt es Götter des Sinnlichen Bereichs, des Körperlichen Bereichs und des Körperlosen Bereichs; die Götter der beiden letztgenannten Bereiche erleben über Zeitalter tiefe Konzentrationszustände, die frei von unausgeglichener Bewußtseinstätigkeit sind. Allerdings sind auch die

Götter nicht frei von den Leiden des Wandels und der alles-durchdringenden Abhängigkeit von früherem Karma und verblendeten Geisteszuständen. Wenn sie sich am Ende ihrer Existenz ihrer Vergänglichkeit bewußt werden und aufgrund ihrer Hellsicht erkennen, daß sie unfreiwillig wieder in nie-deren Bereichen wiedergeboren werden müssen, weil das po-sitive Karma aufgebraucht ist, ist ihr psychisches Leiden noch größer als der physische Schmerz in den Höllenwelten. Da sie bis zum Tod jedoch keine manifesten Leiden kennen, haben sie keine Motivation, sich aus dem Daseinskreislauf zu be-freien; deshalb sind die Götterbereiche für die spirituelle Schulung sehr ungünstig. Diese Götter sind nicht mit den überweltlichen Gottheiten zu verwechseln.

Gottheit *(deva, lha):* Im Gegensatz zu weltlichen, »unreinen« Göttern sind damit die vollkommen geläuterten Gottheiten, also die Buddhas gemeint. Tantrische Gottheiten sind Verkör-perungen des höchsten Weisheitsbewußtseins; indem sie als eins mit dem eigenen Lama angesehen werden, dienen sie dem Übenden als Inspiration und Führung auf dem Pfad, und im Verlauf des Gottheiten-Yoga ist das Ziel letztlich die völlige Einswerdung mit der persönlichen Meditationsgottheit.

Gottheiten-Yoga (Tib. *lha'i rnal 'byor):* Gottheiten-Yoga ist das charakteristische Merkmal des Tantra. Der tantrische Prakti-zierende übt sich darin, sich selbst als Buddha zu meditieren, und zwar in der Gestalt einer überweltlichen Gottheit, die Reinheit in bezug auf Körper, Handlungen, Wahrnehmungs-objekte und Ort besitzt, um so die gewöhnliche Erscheinungs-weise des Weltlichen zu überwinden und um eine spezielle Synthese von Methode und Weisheit zu erzeugen.

Göttlicher Stolz (Tib. *lha'i nga rgyal):* Stolz bezeichnet hier die Geisteshaltung des Einswerdens mit der vollendeten Medita-tionsgottheit, die in der tantrischen Praxis des Gottheiten-Yoga zur Anwendung gebracht werden muß, um die täu-

251

schende unreine Erscheinungsweise, insbesondere hinsichtlich der eigenen Person, zu überwinden. Obwohl Stolz normalerweise eine Leidenschaft ist, handelt es sich beim göttlichen Stolz nicht um verblendete Selbsterhöhung, sondern um ein Mittel der Identifikation mit einem Buddha und seinen Eigenschaften. Als Grundlage für die Übung gilt insbesondere das Verständnis der Leerheit und der Vergänglichkeit der Person sowie das altruistische Streben nach Erleuchtung.

Großes Fahrzeug (*mahāyāna, theg pa chen po*): Anders als das Kleine Fahrzeug besteht dieses Fahrzeug in einer Geisteshaltung, die die Last und Verantwortung für das Wohl aller Wesen tragen kann. Der Unterschied liegt in der Stärke der geistigen Kraft, auf welcher der Pfad beruht. Das Ziel des Großen Fahrzeugs ist die Buddhaschaft – der Zustand frei von allen Fehlern und ausgestattet mit allen Tugenden, um allen Wesen entsprechend ihren Anlagen und Neigungen zur Erleuchtung verhelfen zu können. Das Große Fahrzeug unterteilt sich in zwei Fahrzeuge: das nicht-tantrische Vollkommenheitsfahrzeug und das tantrische Fahrzeug des Geheimen Mantra.

Gültige Erkenntnis (*pramāṇa, tshad ma*): eine Erkenntnis, die hinsichtlich ihres hauptsächlichen Objekts unwiderlegbar und verläßlich ist. Sie kann sich durch unmittelbare Erfahrung oder durch korrekte Schlußfolgerung ergeben; in bezug auf die nicht offenkundigen Zusammenhänge der Leidensentstehung und -aufhebung, die der Buddha im Rahmen der Vier Wahrheiten der Heiligen gelehrt hat, muß man bei der Geistesschulung zuerst gültige Schlußfolgerungen durch Hören und argumentatives Nachdenken entwickeln, die dann durch stetige Vertiefung in der Meditation in eine unmittelbare Wirklichkeitsschau umgewandelt werden.

Guru (Tib. *bla ma*): Der Guru, tibetisch »Lama«, ist der qualifizierte geistige Lehrer, dem sich ein Schüler während seiner spirituellen Entwicklung anvertraut.

Heiliger: *(ārya, 'phags pa):* Eine Person, die in der tiefen Meditation eine unmittelbare, von Allgemeinbegriffen freie Erkenntnis der Selbstlosigkeit entwickelt hat und damit den Mahāyāna- oder den Hīnayāna-Pfad des Sehens erreicht hat.

Hīnayāna: s. Kleines Fahrzeug.

Hörer *(śrāvaka, nyan thos):* Ein Hörer strebt als Hauptziel des spirituellen Pfades die persönliche Befreiung aus dem Daseinskreislauf an, das Ergebnis des Kleinen Fahrzeugs. Er sammelt auf seinem Weg weniger Verdienst an als der Alleinverwirklicher oder gar der Bodhisattva, denn er bringt gerade soviel Geisteskraft auf, wie nötig ist, um drei Lebenszeiten lang den Pfad zu üben. Damit erlangt er die »unterste« Erleuchtung, die in der Lehre Buddhas gelehrt wird.

Illusionskörper *(sgyu lus, māyākāya):* ein feinstofflicher Körper, der in Verbindung mit speziellen Yogaübungen des Höchsten Yogatantra entwickelt wird und eine Kombination aus subtilen Windenergien (Tib. *rlung*) und subtilem Bewußtsein darstellt. Dabei bilden die Windenergien die substantielle Ursache und das subtile Bewußtsein die mitwirkende Bedingung für das Entstehen des Illusionskörpers.
Man unterscheidet u.a. den Reinen vom Unreinen Illusionskörper. Der Reine Illusionskörper (Tib. *dag pa'i sgyu lus*) wird auf der Vollendungsstufe des Höchsten Yogatantra dann erzielt, wenn man die Befleckungen der Leidenschaften und damit die Hindernisse für die Befreiung überwunden hat. Der Illusionskörper, der noch nicht frei von diesen Beeinträchtigungen ist, wird der Unreine Illusionskörper (Tib. *ma dag pa'i sgyu lus*) genannt. Der Hervorbringung des Illusionskörpers geht immer die Meditation über die Leerheit und das Klare Licht voraus. Die Übung des Illusionskörpers dient vornehmlich dazu, den gewöhnlichen Zwischenzustand (Tib. *bar do*) zu »reinigen« und letztendlich die Formkörper eines Buddha, insbesondere den Körper des Vollkommenen Erfreuens, zu

entwickeln. Der Yogi versucht, mit Hilfe des Gottheiten-Yoga einen Illusionskörper in Gestalt einer überweltlichen Meditationsgottheit, die mit allen Haupt- und Nebenmerkmalen eines Buddha geschmückt ist, zu manifestieren.

Inhärente Existenz (*svabhāvasiddhi, rang bzhin gyis grub pa*): Nach der Prāsaṇgika-Madhyamaka-Philosophie projiziert der gewöhnliche, verblendete Geist eine vermeintlich inhärente Seinsweise auf alle Dinge, so daß sie als unabhängige, absolute und aus sich selbst heraus existierende Entitäten erscheinen. Um dieser grundlegenden Unwissenheit entgegenzuwirken, muß man die Weisheit der Leerheit entfalten. Inhärente Existenz ist genau das, was durch die Leerheit verneint wird. Candrakīrti setzt inhärente Existenz in seinem *Kommentar zu [Āryadevas] Vierhundert Versen über die Yoga-Übungen eines Bodhisattva* gleich mit dem Selbst, das durch die buddhistische Lehre der Selbstlosigkeit (Nicht-Selbst) verneint wird: »Als ‚Selbst‘ bezeichnen wir ein inhärentes Wesen der Dinge, das nicht von anderem abhängig ist. Daß es ein solches nicht gibt, ist die Selbst-Losigkeit.«

Initiation (*abhiṣeka, dbang*): Eine meist zeremonielle Einweihung in tantrische Übungen, insbesondere in das Gottheiten-Yoga. Ein qualifizierter Meister des Tantra wird befähigte Schüler mittels einer Initiation reinigen, Segen erteilen und in die Übungen einführen, zu denen man mit der Initiaton die Ermächtigung erhält. Für einen durch die Übung des allgemeinen Mahāyāna genügend vorbereiteten Schüler stellt eine Initiation das Tor zum Geheimen Fahrzeug dar. Bei der Initiation werden die Samen für die verschiedenen Aspekte der Buddhaschaft im Geist gelegt.

Kālacakra (Tib. *dus kyi 'khor lo*): Das »Rad der Zeit«; ein komplexes Meditationssystem aus der Klasse des Höchsten Yogatantra. Darin werden drei Räder der Zeit beschrieben, zwischen denen es Entsprechungen gibt: das Äußere Rad der Zeit in Form des äußeren Kosmos mit den verschiedenen Planeten, Elementen usw., das Innere Rad der Zeit in Form der inneren körperlichen und geistigen Elemente des Menschen und das Alternative Rad der Zeit, welches in den Mitteln besteht, die zur Läuterung des Äußeren und Inneren Rades angewendet werden. Seine Heiligkeit der Dalai Lama gewährt die Initiation in das Maṇḍala der Gottheit Kalacākra regelmäßig in Ost und West einer großen Öffentlichkeit.

Klares Licht (Tib. *'od gsal*): Nach dem Tantra ist das Klare-Licht-Bewußtsein der subtilste Bewußtseinszustand eines Wesens. Man unterscheidet u. a. das »Muttergleiche Klare Licht« und das »Sohngleiche Klare Licht«. Das erste wird auch als »Angeborener Geist des Klaren Lichts« bezeichnet und wird auf natürliche Weise im Todesprozeß manifest, wenn sich alle gröberen Bewußtseinsformen in das subtilste Bewußtsein auflösen und eine bloße Leere von großer Klarheit erscheint. Das »Sohngleiche Klare Licht« ist ein ähnlich subtiles Bewußtsein, das jedoch ein sehr erfahrener Yogi während der meditativen Versenkung erzielen und mit der Erkenntnis der Leerheit verbinden kann. Es entsteht nur, wenn der Übende kraft der Meditation die peripheren Windenergien in den feinstofflichen Hauptkanal einfließen und sich darin auflösen lassen kann. Ein geübter Yogi wird während des eigentlichen Todesprozesses beide Formen des Klaren Lichtes vereinen und möglichst lange in dem so entstandenen »Tatsächlichen Klaren Licht« verweilen, um alle Täuschungen und Hindernisse des Geistes zu überwinden.

Kleines Fahrzeug (*hīnayāna, theg pa dman pa* bzw. *theg pa chung ba*): Der Teil der Lehre des Buddha, der dazu dient, die persönliche Befreiung aus dem Daseinskreislauf zu erlangen. Weil es die Last der persönlichen Befreiung tragen kann, ist es ein »kleines« oder »geringeres« Fahrzeug. Das Kleine Fahrzeug unterteilt sich in zwei Pfade, den Pfad der Hörer und den Pfad der Alleinverwirklicher.

Konventionelle Realität, konventionelle Wahrheit *(saṃvṛtisa-tya, kun rdzob bden pa):* Die allgemein bekannte Beschaffenheit eines Phänomens, wie sie sich einem mit Täuschung behafteten, weltlichen Bewußtsein darstellt, das sich mit der Art und Weise begnügt, wie das Phänomen erscheint, ohne es auf seine letztgültige Bestehensweise hin zu untersuchen. Auf der konventionellen Wirklichkeitsebene gibt es die vielfältigen Besonderheiten der Phänomene, die zwar relativ in gültiger Weise existieren, vom gewöhnlichen Bewußtsein jedoch fälschlich für absolut und letztgültig gehalten werden.

Körper des Vollkommenen Erfreuens *(saṃbhogakāya, longs sku):* Der Körper des Vollkommenen Erfreuens ist ein subtiler formhafter Körper eines Buddha, während der Ausstrahlungskörper auf einer gröberen Ebene erscheint, die auch von gewöhnlichen Wesen wahrgenommen wird. Maitreya beschreibt ihn in seiner Schrift *Schmuck der Klaren Erkenntnis* auf folgende Weise: »Der Buddha nimmt Gestalt an als Körper des Vollkommenen Erfreuens mit den 32 Haupt- und den 80 Nebenmerkmalen. Es handelt sich um einen Körper des Vollkommenen Erfreuens, weil sich der Buddha vollkommen am Großen Fahrzeug erfreut.« Dieser formhafte Körper besitzt fünf definitive Merkmale: 1. hinsichtlich des Ortes: Er erscheint nur in reinen Bereichen; 2. hinsichtlich der körperlichen Erscheinung: Er besitzt immer die 32 Haupt- und 80 Nebenmerkmale; 3. hinsichtlich der Zeit: Der Buddha erscheint solange in Form des Saṃbhogakāya, bis alle Lebewesen aus dem Daseinskreislauf befreit sind; 4. hinsichtlich der Lehre: Er lehrt ausschließlich das Große Fahrzeug; 5. hinsichtlich der Begleitung (der Schülerschaft): Nur Bodhisattva-Heilige auf einer Hohen Ebene können von dem Körper des Vollkommenen Erfreuens Belehrungen erhalten.

Kunu Lama (Tenzin Gyaltsen) war ein zeitgenössischer Meister, der in der Region Kunu (Kinnaur) in Nordindien geboren wurde und 1977 in Lahaul/Himachal Pradesh verstarb. In der ersten Hälfte seines Lebens verbrachte er viele Jahre in Tibet, wo er mit zahlreichen herausragenden Meistern studierte. Besonders wurde er für seine umfangreiche Kenntnis in den Fünf Wissensgebieten gepriesen. Später, nach Indien zurückgekehrt, setzte er seine Studien fort. Obwohl ein hochgelehrter Meister, trat er äußerst bescheiden auf und verbrachte viele Jahre an heiligen Plätzen, wo er sich meist der Versenkung hingab. Im fortgeschrittenen Alter hat er mehrere Lehren und Überlieferungen an den Dalai Lama übertragen, wodurch er einer breiteren Öffentlichkeit bekannt wurde. Als Verfasser wird er besonders wegen seiner Werke über tibetische Grammatik und seines *Lobpreises des Erleuchtungsgeistes* geschätzt.

Leerheit *(śūnyatā, stong pa nyid)*: Die Leerheit ist entsprechend den philosophischen Schulen des Großen Fahrzeugs die endgültige Seinsweise aller Phänomene. Alles Existierende ist leer von einer unabhängigen, inhärenten und absoluten Existenz und kann nur in gegenseitiger Abhängigkeit bestehen. Leerheit von inhärenter Existenz und Abhängiges Entstehen sind nur begrifflich verschiedene Aspekte derselben, ungeteilten Wirklichkeit.

Leidenschaften *(kleśa, nyon mongs):* Verblendete intellektuelle und emotionale Bewußtseinszustände, deren allgemeines Charakteristikum es ist, das Geisteskontinuum in einen unausgeglichenen und unkontrollierten Zustand zu versetzen. Die grundlegenden Leidenschaften sind Haß, Begierde und Verblendung. Alle Leidenschaften beruhen auf einer falschen, verzerrten Sicht der Wirklichkeit. In Asaṅgas *Kompendium des Höheren Wissens* werden sie aufgeteilt in sechs Wurzelleidenschaften (Begierde, Haß, Stolz, Unwissenheit, verblendeter Zweifel und leidverursachende Ansichten) und 20 Nebenleidenschaften (Wut, Unversöhnlichkeit, Verbergen eigener Fehler, Starrsinn, Neid, Geiz, Heuchelei, Verhehlen, überhebliche Selbstzufriedenheit, Unbarmherzigkeit, mangelnde Selbstachtung, mangelnde Rücksichtnahme, Dumpfheit, Erregung,

fehlendes Vertrauen, Trägheit, Unachtsamkeit, Vergeßlich-
keit, mangelnde Selbstprüfung, Ablenkung).

Mahāmudrā *(phyag rgya chen po)*: Die Meditation des »Großen
Siegels« bezieht sich nach dem Sūtra-System auf die tiefgründige Ansicht der Leerheit, und im tantrischen System auf die
Vereinigung von großer Glückseligkeit mit der Erkenntnis
der Leerheit.

Mahāyāna: siehe Großes Fahrzeug.

Maitreya *(Tib. Byams pa)*: Der Buddha Maitreya wird als der
zukünftige Buddha dieses Glücklichen Zeitalters und als die
Verkörperung der liebevollen Zuneigung aller Erleuchteten
verehrt. Er wird die buddhistische Lehre neu in diese Welt
bringen, wenn die des Buddha Śākyamuni erloschen ist.

Mantra: siehe Geheimes-Mantra-Fahrzeug.

Maṇḍala *(Tib. dkyil 'khor)*: Das Wort hat hauptsächlich zwei
Bedeutungen: Zum einen bezieht es sich in der tantrischen
Meditation auf die göttliche Umgebung und die darin ver-
weilende Meditationsgottheit. Zum anderen bezieht es sich
auf ein mit allen Vortrefflichkeiten ausgestattetes Weltensy-
stem, das man zur Ansammlung von heilsamen Anlagen den
Buddhas und Bodhisattvas in der Vorstellung als Gabe dar-
bringt. Wörtlich bedeutet Maṇḍala »die Essenz ergreifen«;
denn man legt mit Hilfe des Maṇḍala die Grundlage dafür,
daß man die gewünschten Ziele auf dem Pfad erlangt.

Methode *(upāya, thabs)* und Weisheit *(prajñā, shes rab)*: Die irr-
tümliche Vorstellung eines inhärent existierenden Selbst ist
die Wurzel aller Leidenschaften und verunreinigten Taten.
Das Mittel, das diese Wurzel direkt durchtrennt, ist die Weisheit, die die Selbstlosigkeit erkennt. Der Methode-Aspekt besteht aus den anderen Eigenschaften, die auf dem Pfad zu

entwickeln sind, wie das Streben nach der Befreiung aus dem Daseinskreislauf, liebevolle Hinwendung, Mitgefühl und der Erleuchtungsgeist. Weisheit ist gleich der Schneide einer Axt, und Methode gleich dem kraftvollen Arm, der die Axt in Bewegung setzt. Beide Aspekte müssen so auf dem Pfad entwickelt werden, daß sie sich gegenseitig ergänzen und fördern und eine Einheit bilden. Im tantrischen Gottheiten-Yoga wird eine Verschmelzung von Methode und Weisheit erreicht, indem das Bewußtsein, das die Leerheit erkennt, gleichzeitig in Gestalt der Meditationsgottheit visualisiert wird.

Mittlerer Weg *(madhyamaka, dbu ma)*: Eine Philosophie-Schule des Mahāyāna-Buddhismus, die von Meistern wie Nāgārjuna, Āryadeva und Candrakīrti und anderen indischen Meistern auf der Grundlage der vom Buddha gelehrten *Sūtras über die Vollkommenheit der Weisheit (Prajñāpāramitāsūtra)* geformt wurde und die Leerheit aller Phänomene von wahrer, absoluter Existenz postuliert.

Mudrā *(*Tib. *phyag rgya)*: symbolische Handgesten, die bei Ritualen und Übungen in Verbindung mit tantrischen Meditationen spirituelle Inhalte symbolisieren.

Nāgārjuna *(*Tib. *kLu sgrub)*: Nāgārjuna war ein indisch-buddhistischer Meister und großer Tantriker des 2. Jh. n. Chr., der bereits vom Buddha prophezeit wurde und insbesondere dessen Lehre von der Leerheit, die in den Sūtras über die Vollkommenheit der Weisheit dargelegt wurde, deutlich machte. Er ist der Begründer der Philosophie des Mittleren Weges *(Madhyamaka)* und einer der einflußreichsten Meister innerhalb des Mahāyāna-Buddhismus.

Nirvāṇa *(*Tib. *mya ngan las 'das pa)*: Der Zustand der Befreiung aus dem Daseinskreislauf und darüber hinaus bei einem Buddha die Freiheit von allen Hindernissen für die Allwissenheit.

Nyingma (Tib. *rnying ma*): Die Nyingmapa bilden die älteste der vier Haupttraditionen des tibetischen Buddhismus, die auf den indischen Meister Padmasambhava zurückgeht.

Pfad (*mārgha, lam*): Als Pfad werden heilsame Geisteszustände bezeichnet, die von einer nicht-künstlichen Motivation, die Erleuchtung zu verwirklichen, getragen sind. Der wesentliche Pfad zur Befreiung des Geistes ist die unmittelbare Einsicht in die Selbstlosigkeit. Es gibt in jedem der drei Fahrzeuge (Hörer, Alleinverwirklicher, Bodhisattva) fünf Pfade, die man der Reihe nach erreicht: Pfad der Ansammlung, der Vorbereitung, des Sehens, der Meditation und des Nichtmehr-Lernens.

Produkte (*saṃskṛta, 'dus byas*): Alle unbeständigen, wechselhaften Gestaltungen, die aus Ursachen und Umständen entstehen, sich wandeln und wieder vergehen.

Regenbogenkörper (*indracāpakāya, 'ja' lus*): Mit diesem Begriff ist ein »Körper« gemeint, den ein Tantriker zu dem Zeitpunkt erlangt, da sich sein grobstofflicher Körper kurz vor der Vollendung in einen Lichtkörper auflöst und meist nur noch wenige körperliche Merkmale wie Haare und Fuß- und Fingernägel zurückbleiben. In der Nyingma-Tradition des tibetischen Buddhismus wird von vielen Meistern des Dsogtschen, wie den 25 Hauptschülern des Padmasambhava, berichtet, daß sie den Regenbogenkörper erlangt haben.

Sādhana (Tib. *sgrub thabs*): Ein Sādhana (»Methode zur Verwirklichung«) ist ein Meditationsleitfaden für den Gottheiten-Yoga. In den meisten Fällen bezieht es sich auf Texte, die den Prozeß der vollen Selbsthervorbingung des Meditierenden zur jeweiligen Gottheit beschreiben. Ein Sādhana besteht aus den folgenden Hauptabschnitten: vorbereitende Übungen wie Gebete zur Anrufung der Inspiration der Überlieferungsmeister des speziellen Tantra; die Auflösung in die Leerheit; die Hervorbringung der Gottheit aus der Sphäre der Leerheit (in diesem Teil ist die Visualisierung des Maṇḍala eingeschlossen); besondere Meditationen zur Erzeugung und Verstärkung des göttlichen Selbstbewußtseins und der Wahrnehmung von sich selbst als Meditationsgottheit; Mantra-Rezitation; und abschließende Übungen.

Sakya (Tib. *sa skya)*: Die Sakyapa bilden eine der vier Haupttraditionen des tibetischen Buddhismus, benannt nach dem Sitz ihres Hauptklosters in der zentraltibetischen Provinz Tsang. Die zentrale Lehre der Sakya-Tradition ist die Darlegung und Praxis von Lamdrä, »Pfad und Ergebnis«.

Selbsthervorbringung (Tib. *bdag bskyed)*: Eine tantrische Übung, bei der sich der eingeweihte und in den Grundlagen des Mahāyāna-Pfades geübte Adept als eine überweltliche Gottheit, also als ein Buddha meditiert. Die einzelnen Aspekte und Visualisationen dieses sogenannten Gottheiten-Yoga werden Schritt für Schritt nach dem Meditationstext (siehe Sādhana) »hervorgebracht«. Die Selbsthervorbringung stellt ein spezifisches Mittel des Tantra dar, um das letztendlich zu erreichende Resultat, die Buddhaschaft, schon in den Pfad hineinzunehmen.

Selbstlosigkeit *(nairātmya, bdag med)*: Im Gegensatz zu anderen Religionen und Philosophien verneint der Buddhismus ein Selbst oder eine Seele der Person, die von Ursachen und Umständen nicht beeinflußbar und daher beständig ist, die keine unterschiedlichen Teile oder Aspekte besitzt und daher teilelos ist, und die von den körperlichen und geistigen Aggregaten losgelöst und daher unabhängig ist. Darüber hinaus werden von den verschiedenen philosophischen Schulen im Buddhismus noch weitere, subtilere Arten eines fälschlich vorgestellten Selbst der Person und Selbst der Phänomene negiert.

Sūtra *(Tib. mdo)*: Ein Sūtra ist eine Unterweisung des Buddha, die er Zuhörern lehrte, welche dem Kleinen Fahrzeug oder dem allgemeinen, nicht-tantrischen Großen Fahrzeug folgen.

Tantra *(Tib. rgyud)*: Das Wort Tantra bedeutet wörtlich »Kontinuum, Strom«. Tantra bezieht sich auf das Kontinuum, das sich durch die Zeit der Grundlage (das ist der Zustand eines gewöhnlichen Wesens) und des Pfades bis hin zum Ergebnis, der Buddhaschaft, zieht. Außerdem bezeichnet das Wort die geheimen, tantrischen Lehrreden des Buddha. Im gewöhnlichen Sprachgebrauch wird Tantra als die Lehre des Geheimen Mantra verstanden.

Tantra-Gelübde *(Tib. gsang sngags kyi sdom pa)*: Gelübde für Praktizierende des Tantrayāna, speziell des Yogatantra und des Höchsten Yogatantra. Das Annehmen und Einhalten der 14 Haupt- und der 8 Nebenregeln sowie der 19 Gelübde hinsichtlich der 5 Buddhafamilien wird für den Erhalt höherer Initiationen vorrausgesetzt. Das Tantra-Gelübde wird auf der Grundlage des Bodhisattva-Gelübdes gegeben, das wiederum auf dem Gelübde der Individuellen Befreiung *(prātimokṣa)* basiert, und es bildet das unabdingbare ethische Fundament für die tiefgründigen Praktiken des Geheimen Fahrzeugs. In bestimmten Tantras der Höchsten Yogatantra-Klasse wie dem Kālacakra werden noch zusätzliche Regeln tantrischer Ethik genannt.

Tat *(karma, las)*: Alle unseren Handlungen, die wir mit Körper, Rede oder Geist durchführen, hinterlassen Anlagen im Bewußtsein, die später zu glücklichen, leidvollen oder indifferenten Empfindungen führen, wenn sie mit äußeren Umständen zusammentreffen. Die eigentliche Tat ist der Geistesfaktor Wille, der den Impuls zu einer Handlung liefert; die physische oder verbale Tat ist die Ausführung dieser Absicht. Unterteilt man die Taten entsprechend der Wirkungen, die sie hervorbringen, so gibt es drei Kategorien: heilsame, unheilsame und neutrale Taten. Heilsame Handlungen führen zu glücklichen Daseinsbereichen wie denen der Menschen und der Götter. Unheilsame Taten führen in leidvolle Daseinsbereiche der Tiere, hungrigen Geister oder Höllenwesen. Siehe XIV. Dalai Lama Tenzin Gyatso: *Die Lehre des Buddha vom Abhängigen Entstehen.*

Tathāgata *(Tib. de bzhin gshegs pa):* Wörtlich: »Jemand, der entsprechend der Wirklichkeit fortgeschritten ist.« Ein Buddha wird so genannt, weil er auf dem wirklichkeitsgetreuen Pfad zur vollendeten Buddhaschaft fortgeschritten ist, ohne dem Extrem des Daseinskreislaufs oder dem rein persönlichen Frieden des Nirvāṇa verhaftet zu bleiben.

Täuschungen (Tib.: *'khrul ba):* Ein dem Bewußtsein erscheinenes Objekt, das nicht die wirkliche Ausprägung besitzt, sondern anders erscheint, als es tatsächlich existiert; ebenso der Wahrnehmungszustand, der mit dieser täuschenden Erscheinungsform des Objekts versehen ist. Ein Bewußtsein, das von der Erscheinungsweise des Objekts her getäuscht ist, kann dennoch die Entität des Objekts richtig erfassen; in diesem Fall handelt es sich in bezug auf das Hauptsächliche des Objekts um ein korrektes Bewußtsein, das in einem sekundären Aspekt, nämlich der Art der Erscheinung, einer Täuschung unterliegt. Ist die Wahrnehmung hingegen auch in bezug auf die Entität des Objekts verzerrt, spricht man von einem verkehrten Bewußtsein. Nach der Philosophie des Mittleren Pfades unterliegen wir als gewöhnliche Wesen jederzeit insofern einer Täuschung, als die Phänomene uns inhärent und unabhängig existierend erscheinen, auch wenn wir das konventionelle Wesen des Objekts korrekt und verläßlich erfassen. Diese Täuschung stellt das Hindernis für die Allwissenheit dar und muß auf dem Bodhisattva-Pfad mittels der Meditation über die Leerheit überwunden werden.
Entsprechend dem Geheimen Fahrzeug unterliegen wir zudem noch der Täuschung von unreinen, gewöhnlichen Er-

scheinungen, die man insbesondere durch die Übung der reinen Wahrnehmung im Rahmen des Gottheiten-Yoga zu überwinden sucht. Siehe dazu auch göttlicher Stolz, Gottheiten-Yoga.

Tropfen *(bindu, thig le)*: Im Höchsten Yogatantra des Geheimen Fahrzeugs wird in Hinblick auf die subtile Beschaffenheit des Körperlichen von subtilen Energiebahnen, Tropfen und Windenergien gesprochen. Die subtilen energetischen Tropfen stellen dabei die eigentlichen Samen und die Essenz für die Große Glückseligkeit dar. Diese Tropfen, die sich an verschiedenen Stellen innerhalb der feinstofflichen Energiebahnen befinden, können nur durch die sehr speziellen Yogaübungen des Tantra aktiviert werden. Siehe auch: Energiekanäle/Windenergien.

Unbefleckte Weisheit (Tib. *zag med ye shes)*: Die unmittelbare Erkenntnis der Selbstlosigkeit (Leerheit) in der tiefen Meditation eines Heiligen, die von keinerlei Täuschungen und dualistischen Erscheinungen beeinträchtigt ist.

Vasubandhu (Tib. *dByig gnyen)*: Der große indische Meister des 4. Jh. n. Chr. folgte zunächst nur dem Kleinen Fahrzeug, akzeptierte aber später unter dem Einfluß seines Bruders Asaṅga auch das Große Fahrzeug als authentische Lehre des Buddha, so daß er sich darin übte und es verbreitete. Er hat das berühmte Werk Schatzhaus des Höheren Wissens (*Abhidharmakośa)* verfaßt, eine systematisierte Phänomenologie im Sinne der Lehren des Kleinen Fahrzeugs.

Verdienst *(puṇya, bsod nams)*: Der Buddha lehrte, daß alle nützlichen und schädlichen Handlungen entsprechende heilsame oder unheilsame Anlagen im Bewußtsein hinterlegen. Treffen diese karmischen Potentiale später auf geeignete innere und äußere Bedingungen, so entfalten sie ihre Wirkung und führen unwillkürlich zur Erfahrung von Glück oder Leiden. Karmische Anlagen, die zu Glück heranreifen, werden als Verdienst bezeichnet.

Vereinigung *(yuganaddha, zung 'jug)*: Im allgemeinen bezieht sich der Begriff der Vereinigung auf die untrennbare Verbindung von Methode und Weisheit. Im nicht-tantrischen Mahāyāna bedeutet dies die Verbindung des Erleuchtungsgeistes mit der Erkenntnis der Leerheit. Im Geheimen Fahrzeug (Tantrayāna) bezieht dies die Einheit von Glückseligkeit und der Erkenntnis der Leerheit mit ein. In einem noch spezifischeren Sinne innerhalb des Höchsten Yogatantra ist die Vereinigung von Klarem Licht und Illusionskörper gemeint. Die höchste Vereinigung ist synonym mit der Buddhaschaft.

Vergegenwärtigung *(smṛti, dran pa)*: Der Geistesfaktor Vergegenwärtigung besteht ganz allgemein darin, daß man sich ein bekanntes Objekt ins Gedächtnis ruft und dieses im Bewußtsein hält. Dadurch wird der Ablenkung und der Zerstreutheit entgegengewirkt.

Vergegenwärtigung ist eine der wichtigsten Eigenschaften bei der religiösen Praxis: Diszipliniertes Verhalten ist nur möglich, wenn man sich im täglichen Leben die ethischen Regeln und spirituellen Anweisungen immer wieder ins Bewußtsein ruft; ebenso ist es dieser Faktor, der den Geist in der Meditation auf den Meditationsinhalt richtet, so daß Schulung der Konzentration und Vertiefung der Erkenntnis durch Analyse möglich ist.

Vollendungsstufe *(niṣpannakrama, rdzogs rim)*: Die Verwirklichung des Höchsten Yogatantra, die man erlangt, wenn man auf der Grundlage des Gottheiten-Yoga eine besondere Methode anwendet, durch die man die subtilen Energiewinde im Körper in den zentralen Hauptkanal eintreten, verweilen und sich auflösen läßt und dadurch ein glückseliges und äußerst subtiles Weisheitsbewußtsein erzeugt, das gleichzeitig die Leerheit erkennt. Man kann die Vollendungsstufe in sechs Abschnitte einteilen: 1. Isolation des Körpers, 2. Isolation der Sprache, 3. Isolation des Bewußtseins, 4. Illusionskörper, 5. Tatsächliches Klares Licht und 6. Vereinigung.

Wachsame Selbstprüfung *(saṃprajanya, shes bzhin):* Ein zur Weisheit gehörender Geistesfaktor, mit dem man die eigenen geistigen, sprachlichen und körperlichen Handlungen wachsam beobachtet und darauf achtet, ob sie angemessen und heilsam sind oder nicht. In der konzentrativen Meditation hat dieser Faktor besondere Bedeutung, da man während der Konzentration auf das Meditationsobjekt gleichsam mit einer »Ecke« des Geistes darauf achten muß, ob Fehler wie Ablenkung, Absinken oder Erregung aufkommen.

Wahrheitskörper *(dharmakāya, chos sku):* Der Wahrheitskörper ist einer der vier »Körper« eines Buddha; er ist der allwissende Geist eines vollkommen Erwachten. Dieser hat zwei Aspekte: den Weisheits-Wahrheitskörper *(jñānadharmakāya, ye shes chos sku),* das heißt den Aspekt der allumfassenden Erkenntnis im Geist eines Buddha, und den Natürlichen Wahrheitskörper *(svabhāvikakāya, ngo bo nyid sku),* das heißt den Aspekt der Reinheit von allen Hindernissen und von allen Täuschungen dieses Geistes.

Der Weisheits-Wahrheitskörper ist laut Definition: »Eine Ursprüngliche Weisheit, die die höchste Form der Erkenntnis der Phänomene sowohl in ihrer endgültigen wie auch in ihrer vielfältigen konventionellen Bestehensweise ist.« Der Weisheitskörper kann begrifflich in die Fünf Buddha-Weisheiten unterschieden werden: 1. Spiegelgleiche Weisheit; 2. Weisheit der Gleichheit; 3. Unterscheidende Weisheit, 4. Handlungsvollendende Weisheit und 5. Weisheit von der Sphäre der endgültigen Realität.

Der Naturkörper besteht in zwei Arten der Reinheit: der Reinheit von den vorübergehenden Hindernissen des Geistes, die mit Hilfe des Pfades überwunden wurden, und der Reinheit von den natürlichen Hindernissen, das heißt von der inhärenten, absoluten Existenz, die wir gewöhnlich aus Unwissenheit auf den Geist und andere Phänomene projizieren. Somit ist der Naturkörper gleichbedeutend mit der endgültigen Wirklichkeit des Buddha-Geistes.

Der Wahrheitskörper kann nur von vollkommen Erwachten erfahren werden, manifestiert sich aber zum Wohle der anderen Wesen in den beiden Formkörpern.

Winde, Windenergie *(prana, rlung)*: Subtile, bewegende feinstoffliche Energie, die in den Energiekanälen fließt. Man unterscheidet gewöhnlich fünf Haupt- und fünf Nebenwinde, die ihre jeweilige Lokalisation, Funktion und Zuordnung zu anderen Faktoren besitzen. Für die höheren tantrischen Übungen ist es notwendig, diese Windenergien immer mehr zu kontrollieren und in bestimmte Bahnen zu lenken.

Yogacāra *(*Tib. *rnal 'byor spyod pa)*: Eine philosophische Schule des Mahāyāna-Buddhismus, die auf den indischen Meister Asaṅga zurückgeht, der die Nur-Geist-Philosophie *(cittamātra, sems tsam pa)* auf der Grundlage der vom Buddha gelehrten Sūtras des Dritten Rades der Lehre formulierte. Danach gibt es keine vom Bewußtsein wesenhaft verschiedene, äußere Wirklichkeit; nur das Bewußtsein hat wahre Existenz. Objekte der Wahrnehmung erscheinen ausschließlich aufgrund der Reifung innerer karmischer Anlagen, die in einem Allem-zugrundeliegenden-Bewußtsein durch frühere Taten »eingelagert« wurden. Dadurch, daß solche Anlagen aktiv werden, entstehen gleichzeitig das wahrgenommene Objekt und das wahrnehmende Bewußtsein; beide sind von einer Natur und erscheinen nur aufgrund von Unwissenheit so, als seien sie verschiedene Entitäten.

Zwei Wahrheiten *(dvisatya, bden pa gnyis)*: In seiner *Grundlegenden Abhandlung, genannt »Weisheit« (Prajñānāmamūlamadhyamakakārikā)*, sagt Nāgārjuna dazu: »Die Lehren, die von den Buddhas dargelegt wurden, stützen sich völlig auf die Zwei Wahrheiten: konventionelle, weltliche Wahrheiten und Wahrheiten, die endgültig sind.« Alle Phänomene, die wir wahrnehmen können, besitzen zwei Existenzweisen. Die eine ist ihr vordergründiges, konventionelles Wesen, die andere ist die endgültige Existenzweise, ihre Leerheit von inhärenter Existenz. Kurz gesagt handelt es sich bei der endgültigen Wahrheit um ein Objekt, das von einer gültigen Erkenntnis gefunden wird, die die eigentliche Natur der Phänomene untersucht. Eine konventionelle Wahrheit hingegen ist ein Objekt, das von einer gültigen Erkenntnis gefunden wird, die die Konvention untersucht. Siehe auch: Konventionelle Wahrheit und Endgültige Wahrheit.

Zwischenzustand *(antharābhava, bar do):* Der Bardo ist eine Existenz zwischen Tod und Wiedergeburt. Das Wesen nimmt einen Geistkörper an, der dem Körper der nachfolgenden Existenz ähnlich sieht. Die Dauer der Zwischenexistenz beträgt im allgemeinen mindestens eine bis höchsten sieben Wochen. Im Höchsten Yogatantra werden Mittel geübt, um den gewöhnlichen, unkontrollierten Zwischenzustand (ebenso wie Tod und Geburt) zu reinigen und ihn in einen vollkommenen Buddha-Zustand, den Körper des Vollkommenen Erfreuens, umzuwandeln.

Anmerkungen

1 Beide Titel des Dalai Lama sind in deutscher Sprache veröffentlicht: *Das Auge einer neuen Wachsamkeit*, München: Goldmann Verlag, 1987; *Die Lehre des Buddha vom Abhängigen Entstehen. Der Prozeß der Leidensentstehung und der Befreiung.* Hamburg, Dharma Edition, 1996.

2 Geshe Thupten Jinpa ist der englische Übersetzer des Dalai Lama.

3 Für deutsche und engliche Übersetzungen dieses Werkes aus dem Sanskrit und aus dem Tibetischen siehe die Bibliographie. Ein Kommentar findet sich in drei Büchern des Dalai Lama, *Der Friede beginnt in Dir, Der Mensch der Zukunft* und *Transcendent Wisdom*.

Teil I: Allgemeiner Buddhismus

1 Einige dieser verschiedenen Systeme werden zum Beispiel im *Sūtra von der Herabkunft nach Laṅkā (Laṅkāvatārasūtra)* erwähnt (deutsche Übersetzung: *Lankavatara Sutra. Die makellose Wahrheit erschauen.* Bern und München, O. W. Barth, 1996).

2 Die gesamte Welt der Lebewesen kann in die Drei Bereiche eingeteilt werden: Sinnlicher Bereich, Körperlicher Bereich und Körperloser Bereich. Wir Menschen gehören zum Sinnlichen Bereich. Für eine detaillierte Beschreibung der Kör-

269

perlichen und Körperlosen Bereiche und der meditativen Zustände, die zu einer Geburt in diesen Bereichen führen, siehe Lati Rinpoche et al.: *Meditative States in Tibetan Buddhism*. Die wesentlichen indischen Quellen für die Darstellung der verschiedenen Meditationszustände, die mit den Körperlichen und den Körperlosen Bereichen in Verbindung stehen, sind Asaṅgas Werke *Abhidharmasamuccaya* und *Śrāvakabhūmi* sowie Vasubandhus *Abhidharmakośa*.

3 Das altruistische, auf das Wohl aller Lebewesen gerichetet Streben nach vollkommener Erleuchtung, das man »Erleuchtungsgeist« *(bodhicitta)* nennt, wird von Seiner Heiligkeit ausführlich in der Erläuterung des Geistestrainings und der Bodhisattva-Schulung in Kapitel 9 (»Vom Nutzen des Altruismus«, S. 87 ff.) erörtert.

4 Genauso wie unter den zeitgenössischen Gelehrten gibt es auch in der tibetischen Gelehrtentraditon unterschiedliche Auffassungen über das exakte Datum der Geburt des Buddha. Besonders verbreitete sind die von Atiśa (dem indischen Meister, der im 11. Jahrhundert nach Tibet kam) und von Sakya Paṇḍita Kunga Gyaltsän (1182–1251). Die Angaben Atiśas unterscheiden sich nicht sehr von denen des Pandit Śākya Śrī aus Kaschmir, die, wie Seine Heiligkeit erwähnt, sehr gut zu der üblichen Position der Theravāda-Tradition passen. Nach dieser Ansicht wurde Siddhārta Gautama (wie der Buddha vor seiner Erleuchtung hieß) im Jahre 623 v. Chr. geboren und verstarb im Jahre 543. Die moderne westliche Wissenschaft datiert die Geburt mit 563 und den Todestag mit 483, also gut 60 Jahre später. Nach Sakya Paṇḍitas Berechnung wurde der Buddha allerdings schon vor über 3000 Jahren geboren.

5 Sarnath liegt in der Nähe von Benares (heute Vārāṇasī) im indischen Bundesstaat Uttar Pradesh.

6 Es muß erwähnt werden, daß die verschiedenen Räder der Lehre sich allgemein nicht auf einzelne Darlegungen beziehen, die zu bestimmten Gelegenheiten gegeben wurden. Vielmehr stellen sie ein System dar, in dem die Lehren

des Buddha entsprechend dem Thema und der philosophischen Ansicht eingeteilt werden. Diese hermeneutische Methode, mit der man zwischen den verschiedenen Rädern der Lehre unterscheidet, gibt es nur im Mahāyāna. Sie ist sehr komplex und Gegenstand einiger Kontroversen. Zusammenfassend kann man sagen, daß die erste Unterweisung des Buddha im Gazellenhain bei Benares der Auftakt für eine Reihe von Belehrungen war, die als das erste Drehen des Rades bekannt wurden.

7 (Tibetisch: *'phags pa'i bden pa bzhi*) In der deutschen Übersetzung wurde statt der gängigen Übersetzung »die Vier Edlen Wahrheiten« oder »die Vier Heiligen Wahrheiten« der Ausdruck »die Vier Wahrheiten der Heiligen« vorgezogen, weil dies eher der Originalbedeutung entspricht. Denn es handelt sich nach den Erklärungen dieses Begriffs in den buddhistischen Schriften um Wahrheiten, die nur von einem Heiligen einwandfrei erkannt werden; aus der Sicht eines gewöhnlichen, weltlichen Bewußtseins werden sie nicht als Wahrheiten erkannt. Gewöhnliche, befleckte Formen von Glück zum Beispiel gelten aus weltlicher Sicht als echtes Glück, während die Heiligen sie als echte, »wahre« Leiden erkennen, da sie wissen, daß solches Glück dem Wandel aufgrund von befleckten Faktoren wie Leidenschaften und verblendeten Handlungen unterworfen und damit in Wirklichkeit von leidhafter Natur ist. Es handelt sich also um Wahrheiten für die Sicht eines Heiligen. Ein Heiliger (*ārya*, *'phags pa*) ist eine Person, die auf dem spirituellen Pfad eine unmittelbare, von keinen künstlichen Begriffsbildern getrübte Einsicht in die endgültige Wirklichkeit, die Selbstlosigkeit, entwickelt hat. (Anm. des deutschen Übersetzers)

8 Die Drei Höheren Schulungen – Ethik, Konzentration und Weisheit – werden im nächsten Abschnitt genauer beschrieben. Man nennt diese Übungen nur dann »Höhere« Schulungen, wenn sie mit Entsagung verbunden sind, das heißt der echten Absicht, sich aus dem Saṃsāra (Daseinskreislauf), dem ewigen Kreislauf der leidhaften Existenz, zu befreien.

9 Die Drei Juwelen sind die drei Zufluchtsobjekte im Buddhismus: (1) Das Buddha-Juwel ist der erleuchtete Lehrer Buddha sowie der eigene zukünftige Zustand der vollkommenen Erleuchtung; (2) das Dharma-Juwel besteht in den Unterweisungen und inneren Verwirklichungen, die zum Glück höherer Existenzen, zur Befreiung aus dem Daseinskreislauf und zur vollkommenen Erleuchtung eines Buddha führen; (3) das Saṅgha-Juwel ist die Geistige Gemeinschaft derjenigen, die fundierte Erfahrungen auf dem buddhistischen Pfad besitzen.

10 Alle 18 Unterschulen der Vaibhāṣikas gehen auf zwei ursprüngliche Schulen zurück, die Mahāsaṃghikas und die Sthāviras. Für eine Zusammenfassung anderer Darstellungen der Unterteilung in 18 Schulen siehe Jeffrey Hopkins: *Meditation on Emptiness*, S. 713–719. Bhāvaviveka erwähnte in seinem Werk *Tarkajvālā* noch drei weitere Möglichkeiten, die 18 Schulen zu unterteilen; diese werden aufgeführt bei Tschangkya Rolpä Dordsche: *Darstellung der Lehrmeinungen: Ornamente zur Schmückung der Lehre des Buddha*, S. 73 ff. Für eine ausführlichere Erörterung siehe auch Bhikṣuṇī Jampa Tsedroen: *A Brief Survey of the Vinaya*, besonders S. 15–24.

11 Konzentrative Meditation umfaßt viele verschiedene meditative Zustände, beispielsweise die meditative Versenkung des Körperlichen und des Körperlosen Bereichs. Die Versenkungszustände des Körperlichen Bereichs werden nach ihren Zweigen und Wesensmerkmalen differenziert, die des Körperlosen Bereichs hingegen je nach Meditationsobjekt. Im letzteren Fall gilt, daß der Zustand der Meditation um so fortgeschrittener ist, je subtiler das Objekt ist. Eine prägnante Darlegung der Unterscheidung zwischen den Vier Körperlichen und den Vier Körperlosen Versenkungszuständen findet sich bei Lati Rinpoche et al.: *Meditative States in Tibetan Buddhism*, S. 128–133.

12 Im *Abhidharmakośa*, Kapitel 6, Vers 15, sagt Vasubandhu, daß die Übung der Vergegenwärtigung von Körper, Empfindungen, Geist und Phänomenen die Kontemplation über

die vier charakteristischen Merkmale der Existenz im Daseinskreislauf einschließt (diese werden im Rahmen der ersten Wahrheit der Heiligen erklärt). Diese vier sind Unbeständigkeit, Leidhaftigkeit *(duḥkha)*, Leerheit und Selbstlosigkeit. Im besonderen ist jede einzelne Vergegenwärtigung mit der Beseitigung einer bestimmten falschen Auffassung verbunden, die einem korrekten Verständnis dieser vier Eigenschaften direkt entgegensteht. Die Kontemplation über die unreine Natur des eigenen Körpers beseitigt die falsche Auffassung vom Körper als rein und begehrenswert. Die Vergegenwärtigung der unbefriedigenden Natur der Empfindungen beseitigt das Haften an angenehmen Empfindungen. Die Vergegenwärtigung der unbeständigen, augenblicklichen Natur des Geistes wirkt der Wahrnehmung eines beständigen Selbst entgegen. Die Kontemplation über die Phänomene greift die Wahrnehmung der Phänomene als eigenständige, unabhängige Entitäten an. Maitreya jedoch bezieht in seiner Schrift *Madhyāntavibhāga (Unterscheidung der Mitte und der Extreme,* Kapitel 4, Vers 1, die Vier Vergegenwärtigungen auf jede einzelne der Vier Wahrheiten der Heiligen, nicht nur auf die Wahren Leiden. Der Grund dafür, daß Körper, Empfindungen, Geist und Phänomene für eine tiefe Kontemplation besonders herangezogen werden, liegt darin, daß sie die eigentlichen Objekte sind, die als Basis dienen für unser Greifen nach einem »Selbst« und die verblendeten Geisteszustände, die dieser Unwissenheit entstammen. Eine genaue Darlegung der Vier Vergegenwärtigungen, die auf den beiden oben genannten indischen Abhandlungen beruhen, findet sich im zweiten Teil von Tsongkapas ausführlichem Kommentar zu Maitreyas *Abhisamayālaṃkāra* mit dem Titel *Goldener Rosenkranz* in Tsongkapas *Gesammelten Werken,* Band *tsha* (18), 19b–21a.

13 Der Geierberg wird allgemein mit einem Hügel nahe Rajgir im indischen Bundesstaat Bihar identifiziert.

14 Die meisten Sūtras über die Vollkommenheit der Weisheit

sind von Edward Conze übersetzt worden. Siehe Bibliographie.

15 Eine Diskussion über die Vier Stützen findet sich in: Robert Thurman, *The Central Philosophy of Tibet: A Study and Translation of Jey Tsong Khapas's Essence of True Eloquence*, S. 113–130; siehe auch Hopkins, *Meditation on Emptiness*, S. 425.

16 Dies ist einer der meistzitierten Verse, die dem Buddha zugeschrieben werden. Meines Wissens ist bisher für diesen Vers in der tibetischen Übersetzung der Worte des Buddha, dem *Kangyur (bKa'gyur)*, keine Quelle gefunden worden. Tibetische Kommentatoren zitieren es aus *Vimalaprabhā*, Kulika Puṇḍarīkas berühmtem Kommentar zum *Kālacakra-Tantra*. Laut Thurman existiert der Vers im Pāli-Kanon und eine Sanskrit-Version in D. Shastris Herausgabe des *Tattvasaṃgraha*. Siehe Thurman, *The Central Philosophy of Tibet*, S. 190, Fußnote 12.

17 Die *Sammlung von Lobpreisungen* enthält: (1) *Nirupamastava*, (2) *Dharmadhātustotra*, (3) *Acintyastava*, (4) *Cittavajrastava*, (5) *Lokātitastava*, (6) *Kāyatrayastotra* und (7) *Stutyatitastava*.

18 Es gibt drei englische Übersetzungen dieses bedeutsamen Werkes: E. Obermiller, *Sublime Science of the Great Vehicle to Salvation*, J.Takasaki, *A Study on the Ratnagotravibhāga*, und *The Changeless Nature*, übersetzt ins Englische von Ken und Katia Holmes.

19 Eine ausführliche Diskussion über die drei Naturen auf der Grundlage des *Sūtra zur Offenlegung der Intention des Buddha* findet sich in Tsongkapas Werk *Essenz der Guten Lehren: Abhandlung zur Unterscheidung der interpretierbaren und der endgültigen Bedeutung*. Für eine englische Übersetzung der entsprechenden Passagen siehe Thurman, *The Central Philosophy of Tibet*, besonders S. 191–203.

20 Diese Übersetzung, geringfügig abgeändert, basiert auf Herbert Guenthers Übersetzung der tibetischen Version in *Life and Teachings of Naropa*, S. 120.

21 Siehe dazu Teil 3 dieses Buches, besonders das 19. Kapitel über das Höchste Yogatantra (S. 176).

22 *Madhyamakāvatāra*, Kapitel 6, Vers 131. Englische Übersetzung: C.W. Huntington, Jr., *The Emptiness of Emptiness*, S. 173.

23 Die Zwölf Glieder des Abhängigen Entstehens sind: Unwissenheit, Gestaltende Tat, Bewußtsein, Name und Körper, Sinnesquellen, Berührung, Empfindung, Verlangen, Ergreifen, Werden, Geburt sowie Altern und Tod. Für eine ausführliche Erläuterung siehe: Der XIV. Dalai Lama Tenzin Gyatso, *Die Lehre des Buddha vom Abhängigen Entstehen. Die Entstehung des Leidens und der Weg zur Befreiung;* besonders die Kapitel 1 und 2. Eine kurze Darstellung der Zwölf Glieder findet sich in Geshe Thubten Ngawang, *Das Rad des Lebens*, S. 21–29.

24 Kapitel 3, Vers 28b.

25 *Guhyasamāja-Tantra*, Kapitel 7.

26 *Das Sūtra vom Reiskeimling (Śālistambasūtra)*, S. 303. Siehe XIV. Dalai Lama Tenzin Gyatso: *Die Lehre des Buddha vom Abhängigen Entstehen*, S. 18 ff.

27 Deutsche Übersetzung in Geshe Rabten: *Essenz der Weisheit. Ein Kommentar zum Herzsūtra.*

28 Eine informative Diskussion über die Ursprünge der Dschonangpa-Schule (die Hauptschule, die die Ansicht des Schäntong vertritt) und eine knappe Einführung in die Dispute tibetischer Gelehrter über die Ansicht von Schäntong findet sich in: Paul William, *Mahāyāna Buddhism*, S. 96–109. Thuken Chökyi Nyima listet in seiner *Darlegung der philosophischen Systeme* (S. 218f.) neun Sūtras auf, die von den Verfechtern des Schäntong als ihre Hauptquellen unter den Sūtras angesehen werden. Diese sind: *Tathāgatagarbhasūtra, Jñānālokālaṃkārasūtra, Śrimālādevīsiṃhanāda, Mahāparinirvāṇasūtra, Avataṃsakasūtra, Ratnakūtasūtra, Mahābherīhārakaparivartasūtra, Suvarṇaprabhāsasūtra* und *'Phel ba dang 'grib pa med par bstan pa'i mdo.*

29 Synonyme, die in den Weisheits-Sūtras benutzt werden, sind »endgültige Leerheit«, »Leerheit von eigener Natur«, »Leerheit dessen, was jenseits der Extreme liegt« usw. Diese Synonyme finden sich in den Mahāyāna-Schriften, in denen

die Leerheit in verschiedenen Unterteilungen präsentiert wird, z. B. als 4, 16, 18 oder 20 Leerheiten. Eine Diskussion dieser Einteilungen findet sich in Candrakīrtis *Madhyamakāvatāra*, Kapitel 6, Vers 179–223; siehe auch C.W. Huntington, Jr., S. 179–183, mit einer englischen Übersetzung dieses Abschnitts. Siehe auch Geshe Rabten, *Echoes of Voidness*, S. 85–91.

30 Dies bezieht sich auf ein besonderes Klassifizierungssystem der gesamten Wirklichkeit, das aus der Literatur über die Vollkommenheit der Weisheit stammt. Die Liste beginnt mit den Fünf Aggregaten, wobei das erste Aggregat das Körperliche ist, und endet mit der Allwissenheit. Der Ausdruck »von sichtbaren Körpern bis hin zur Allwissenheit« ist gleichbedeutend mit der Aussage »alle Phänomene«.

31 *Mūlamadhyamakakārikā*, Kapitel 24, Vers 14; Streng, S. 213.

32 *Mūlamadhyamakakārikā*, Kapitel 24, Vers 14; Streng, S. 213.

33 Eine Übersetzung von Candrakīrtis *Prasannapadā* in Auszügen findet sich in M. Sprung, *Lucid Exposition of the Middle Way*.

34 Āryadeva war ein direkter Schüler Nāgārjunas.

35 Eine der frühesten Darstellungen dieser vierfachen Analyse ist im *Sūtra zur Offenlegung der Intention [des Buddha]* enthalten, einer der bedeutendsten hermeneutischen Schriften des Mahāyāna-Buddhismus. Eine klarere Darlegung dieser Prinzipien auf der Basis dieses Sūtra findet man in Asaṅgas *Abhidharmasamuccaya* und den Kommentaren, die sich darauf beziehen. Eine gegenwärtige Diskussion dieses Themas ist zu lesen bei Matthew Kapstein, *Mipham's Theory of Interpretation*, in: *Buddhist Hermeneutics*, Donald Lopez, Jr. (Hrsg.), S. 152–161.

36 Seine Heiligkeit scheint hier die Grundaussage der Prāsaṅgika-Mādhyamikas anzusprechen, daß konventionelle Phänomene nicht analytisch auffindbar sind. Um das Beispiel des Tischs aufzugreifen: Solange wir uns mit seiner unmittelbaren Erscheinung begnügen und diese nicht weiter hinterfragen, ist es klar, daß der Tisch existiert; er hat

eine bestimmte Funktion usw., wir können ihn benutzen. Zudem scheint er von seiner Seite her zu existieren; es scheint uns zweifelsohne so zu sein, daß wir konkret auf etwas zeigen können, das der Tisch ist. Wenn wir das Objekt Tisch aber analytisch innerhalb seiner Teile, die die Grundlage für die Benennung »Tisch« sind, suchen, so können wir ihn nicht finden; weder sind einzelne Teile der Tisch (z.B. die Tischplatte, die Tischbeine etc.), noch alle Teile zusammen; denn im letzten Fall gäbe es absurderweise keine Unterscheidung mehr zwischen dem Ganzen und den Teilen, auch müßte man fragen, ob es so viele Tische gibt, wie es Teile gibt. Ebenso ist es unmöglich, daß der Tisch getrennt von seinen Teilen existiert. In diesem Sinn ist der Tisch logisch nicht nachweisbar, er ist nicht mit irgendeinem Faktor auf der Objektseite identifizierbar, aber gleichzeitig ist es offensichtlich, daß er existiert. Daraus ist der Schluß zu ziehen, daß der Tisch leer ist von der inhärenten, aus sich bestehenden Seinsweise, die uns die Realität zu sein scheint, sondern nur in Abhängigkeit von dem geistigen oder sprachlichen Begriff existiert, den wir im Rahmen der Konvention mit der Benennungsgrundlage, das heißt den Teilen des Tisches, verbinden. Auf dieses Thema geht der Dalai Lama auch in der Antwort auf die nächste Frage ein.

Es ist offensichtlich, daß Seine Heiligkeit hier nicht eine allgemeine Aussage trifft, daß die Gesetze der Logik zum Nachweis konventioneller Phänomene nicht geeignet seien. Es ist z. B. ein allgemein anerkannter Grundsatz im Buddhismus, daß Wirkungen von ihren spezifischen Ursachen abhängig sind. Somit kann man von der Existenz der Wirkung auf die Existenz der Ursache schließen, z. B. kann man logisch folgern, daß hinter dem Berg Feuer existiert, wenn man über dem Berg Rauch beobachtet, und so kann man die Existenz des Feuers logisch nachweisen, auch wenn es der unmittelbaren Wahrnehmung nicht zugänglich ist. (Anm. des deutschen Übersetzers)

37 Siehe Tsongkapa: *Große Darlegung des Stufenpfades zur Erleuchtung*, Gesammelte Werke Band *pa* (13), 405a.
38 Vers 12.

Teil II:
Altruistische Lebensanschauung und Lebensweise

1 Kapitel 4, Verse 28 und 29. Sämtliche Zitate, die hier aus dem *Bodhicaryāvatāra* gegeben werden, basieren auf Stephen Batchelors Übersetzung, mit leichten Veränderungen, wo es nötig war.
2 Kapitel 4, Vers 30–31.
3 Kapitel 4, Vers 33.
4 Kapitel 4, Vers 46.
5 Kapitel 6, Vers 7.
6 Kapitel 6, Vers 39.
7 Eine englische Teilübersetzung dieses Werkes aus dem ursprünglichen Sanskrittext gibt es von Giuseppe Tucci, 1934 und 1936. Eine vollständige englische Übersetzung der tibetischen Ausgabe des *Ratnāvalī* von Lati Rinpoche und Jeffrey Hopkins findet sich in *The Precious Garland of Advice for the King*, in Dalai Lama et al., *The Buddhism of Tibet*.
8 Eine ausführliche Besprechung dieser Methode findet sich in: Dalai Lama, *Path to Bliss*, S. 61–74.

Teil III:
Der tibetische Vajrayāna-Buddhismus

1 Unter den traditionellen tibetischen Gelehrten gibt es unterschiedliche Auffassungen über den historischen Zeitpunkt, an dem die tantrischen Unterweisungen im allgemeinen und das Kālacakra-Tantra im besonderen entstanden sind. Eine Richtung behauptet, daß die tantrischen Belehrungen

erstmals an einem Vollmondtag ein Jahr nach seiner vollkommenen Erleuchtung erteilt wurden. Einer zweiten Ansicht zufolge gab der Buddha die tantrischen Unterweisungen einen Monat nach seinem Verscheiden *(parinirvāṇa)*. In seinen Vorträgen deutet Seine Heiligkeit darauf hin, daß diese zweite Ansicht weniger Widersprüche enthält, da das *Kālacakra-Tantra (Śrīkālacakranāmatantrarāja)* selbst sagt: »So wie die Methode der Vollkommenheit der Weisheit von dem Lehrer [Buddha] auf dem Geiergipfel gelehrt wurde, so wird in Śrī Dhānyakaṭaka der Weg des Geheimen Mantra gelehrt.« Dieser Vers ist zitiert bei: Butön, *Geschichte des Kālacakra*, Gesammelte Werke, Band *nga* (4), folio 12b. Georg Roerich identifiziert in seiner Übersetzung der *Blue Annals* von Gö Lotsawa Schönu Pal den Ort Dhānyakaṭaka mit Amarāvati im Distrikt Sattenpalle Taluk von Guntur, im heutigen Bundesstaat Andra Pradesh in Südindien. Siehe *Blue Annals*, S. 754, Fußnote 1.

Von den zwei Positionen über die historische Entstehung des Tantra, die hier genannt sind, scheint die Mehrheit der traditionellen tibetischen Gelehrten die zweite Auffassung vorzuziehen. In seiner *Geschichte des Kālacakra* weist Butön diese jedoch kategorisch zurück. Für weitere Informationen zu diesem Thema und zur Verbreitung der Praxis des Kālacakra in Tibet siehe Dalai Lama und Jeffrey Hopkins, *Kālachakra Tantra, Rite of Initiation*, Kapitel 5, S. 59–65.

2   Die Lehren von der »Buddha-Natur« bzw. der »Buddha-Essenz« finden wir in dem genannten Werk Maitreyas wie auch in den Sūtras des Letzten Rades.

3   Ein Beispiel für die erste der drei Methoden findet sich im *Guhyasamāja-Tantra*, wo der *prāṇayoga* (»Wind-Yoga«) die hauptsächliche Meditationstechnik ist, um die Erfahrung des subtilen Klaren Lichts hervorzubringen. Dies bezieht sich auf eine besondere Gruppe von Übungen, die im wesentlichen das geschickte Nutzen der *prāṇas* (»Winde«, lebenswichtige Energien) an entscheidenden Stellen innerhalb des Zentralkanals einschließt. Die Praktiken des *Cakra-*

saṃvara-Tantra sind klassische Beispiele für die zweite Methode: Hier liegt die Hauptbetonung auf der Erzeugung der vier Arten von Glückseligkeit. Dies scheint in der Tat ein besonderes Merkmal der Mutter-Tantras zu sein. Die dritte Methode bezieht sich besonders auf die Praxis des Dsogtschen, in der die Hauptbetonung auf der Entwicklung eines Zustands zu liegen scheint, der frei ist von begrifflichen Bewußtseinsstrukturen. Ich erinnere mich, daß Seine Heiligkeit in einer öffentlichen Unterweisung in Dharamsala (Indien) einmal gesagt hat, er stütze sich für diese Beobachtung, daß es diese drei Vorgehensweisen im Höchsten Yogatantra gebe, auf verschiedene Kommentare in den Schriften der Gelug-Meister Kedrup Norsang Gyatso (1423–1513) und Tschangkya Rölpä Dordsche (1717–1786).

4 In der tantrischen Literatur Tibets gibt es verschiedene Texte, die sich auf die drei grundlegenden Erscheinungsformen von Guhyasamāja beziehen. Diese drei Erscheinungsformen sind: Akṣobhya-Guhyasamāja der Ārya-Schule, Mañjuśrīvajra der Jñānapāda-Schule und Lokiteśvara-Guhyasamāja, der beiden Schulen zugeordnet wird. Eine detaillierte Übersicht über diese drei Überlieferungen findet sich in Tsongkapa: *Lampe zur klaren Erhellung der Fünf Stufen*, Gesammelte Werke Band *ja* (7), folio 21b. Akṣobhya-Guhyasamāja der Ārya-Schule ist die vorherrschende Praxis in der tibetischen Tradition.

5 Hier bezieht sich der Begriff »Bodhicitta« auf eine subtile physiologische Substanz, die gemäß dem Tantra im ganzen Körper zu finden ist. Der Begriff läßt sich auf einen großen Bereich von Elementen anwenden, einschließlich der männlichen und weiblichen Keimflüssigkeiten. Wenn diese essentielle Flüssigkeit »schmilzt«, kann sie sich durch die Kanäle bewegen und sich an lebenswichtigen Punkten sammeln. Darum ist die tantrische Erfahrung der Glückseligkeit auf das engste mit dem Fließen und »Schmelzen« dieser essentiellen Substanz verbunden. Dagegen bezieht sich Bodhicitta im Sūtra-System auf den Erleuchtungs-

geist, den Geist, der danach strebt, die vollkommene Erleuchtung zum Wohle aller Lebewesen zu erlangen.

6 Vajra bedeutet Unteilbarkeit. »Vajra-Wesen« bezieht sich auf die im Tantra erreichte völlige Einheit von Weisheit und Methode, die in einem einzigen Bewußtseinszustand zu *»einem* Geschmack« verschmelzen. (Anm. des deutschen Übersetzers)

7 Für eine ausführliche Diskussion der neunfachen Einteilung der Fahrzeuge siehe Dudjom Rinpoche, *The Nyingma School of Tibetan Buddhism,* Band 1, Buch 1.

8 Genau genommen benutzt man als Material für diese Art von Maṇḍala pulverisierte Quarzsteine, die dann nach der traditionellen Methode gefärbt werden. Die Kālacakra-Initiation ist ein typischer Fall, wo diese Art von Maṇḍala für die Zeremonie hergestellt wird. Für eine Beschreibung des Kālacakra-Maṇḍala und die Symbolik seiner verschiedenen Teile siehe Dalai Lama und Jeffrey Hopkins, *The Kālachakra Tantra,* Kapitel 6, S. 67–91. Das tibetische Wort *kyil-kor* hat die Bedeutung von Ganzheit und Rundheit, wohingegen das Sankrit-Wort *maṇḍala* so viel wie »die Essenz entnehmen« heißt. Im Zusammenhang mit der Sādhana-Praxis einer tantrischen Meditationsgottheit (darum handelt es sich hier) bezieht sich der Begriff auf ein Symbol des Universums. Obwohl der Begriff für das geschaffene Kunstwerk verwendet wird, ist das echte Maṇḍala das visualisierte Abbild des göttlichen Aufenthaltsortes der Meditationsgottheit. Dieser Aufenthaltsort mit der Gottheit wird in der Meditation aus der Sphäre der Leerheit erzeugt. Es ist letztlich die Essenz der göttlichen Weisheit der Meditationsgottheit selbst. Diese göttliche Weisheit ist ihrerseits untrennbar vom subtilsten Klaren-Licht-Bewußtsein des Praktizierenden. Folglich gibt es keine Subjekt-Objekt-Dualität.

9 Auf Seite 34 wird eine kurze Erklärung des Wortes *prātimokṣa* gegeben.

10 Kongtrul Yönten Gyatso zitiert in seinem Werk *Schatz enzyklopädischen Wissens,* Band 2, Seite 11, einen Vers aus dem

Kālacakra-Tantra, der den gleichen Punkt anspricht. Trotz meiner Bemühungen ist es mir jedoch nicht gelungen, den Vers in der tibetischen Version des *Kālacakra-Tantra* ausfindig zu machen.

11 Siehe Dalai Lama, *Path to Bliss*, S. 181.

12 *Gurupañcāśikā*, Vers 7. Siehe in der Bibliographie unter Aśvaghoṣa.

13 P5255, Band 96, S. 416.

14 Die Beschreibung der fünf Arten von Fleisch und Nektar kann man in den Sādhanas der Meditationsgottheiten finden, die zum Höchsten Yogatantra gehören. Ich habe sie hier nicht aufgeführt, um die tantrischen Regeln nicht zu verletzen.

15 Für ein Beispiel solcher Passagen in den Schriften des Hīnayāna siehe Vasubhandu, *Abhidharmakośa*, Kapitel 4, Vers 109.

16 Siehe Seite 169–171.
Für eine weitere Diskussion über die spezifische Bedeutung dieser Begriffe aus dem Handlungs- und Ausübungs-Tantra und die ihnen entsprechenden meditativen Zustände siehe Dalai Lama, *Heart of Mantra*, und weiter eine Passage aus Tsongkapas *Großer Darlegung des Geheimen Mantra*, beide in: Jeffrey Hopkins (Übers.), *The Yoga of Tibet*, S. 19–42 und S. 155–171.

17 Kapitel 8, Vers 16.

18 Siehe Jeffrey Hopkins (Übers.), *The Yoga of Tibet*, mit Fotografien der grundlegenden Mudrās, die in Verbindung mit den Ritualen des Handlungs- und Ausübungs-Tantra durchgeführt werden.

19 *Methode zur Verwirklichung, genannt der »All-Gute« (Samantabhadranāmasādhana)*.

20 Siehe Kapitel 19, S. 177.

21 Hier ist mit dem allem-zugrundeliegenden Bewußtsein nicht das Allem-zugrundeliegende-Bewußtsein *(ālayavijñāna, kun gzhi rnam shes)* gemeint, wie es die Yogācara-Schule in ihrer Philosophie aus der Sicht des Sūtra-Systems be-

schreibt. Nach Ansicht der Yogācārin handelt es sich dabei um ein gesondertes Bewußtsein, das Träger aller karmischen Anlagen ist und sich mit Erreichen der Erleuchtung auflöst. (Anm. des deutschen Übersetzers)

22 Diese Passage in eckigen Klammern wurde vom deutschen Übersetzer eingefügt.

23 Im Tibetischen bedeutet meditieren wörtlich »sich an etwas gewöhnen«, »sich mit etwas vertraut machen«, »etwas einüben«. Der Meditationsinhalt, mit dem man sich vertraut macht, kann ein vom Geist verschiedenes Beobachtungsobjekt sein, zum Beispiel die Leerheit, die Unbeständigkeit, die Leiden des Daseinskreislaufs und so weiter. Der Meditationsinhalt kann aber auch ein heilsamer Geisteszustand sein, in dessen Wesen der Geist durch die Meditation zunehmend umgewandelt wird, zum Beispiel die liebevolle Zuneigung. In diesem Fall ist der Meditationsinhalt, die liebevolle Zuneigung, nicht mit dem Beobachtungsobjekt identisch, auf das der Geist gerichtet ist. Denn das Beobachtungsobjekt sind die anderen Lebewesen, die man unter dem Aspekt betrachtet, daß sie den Wunsch haben, glücklich zu sein. (Anm. des deutschen Übersetzers)

24 Eine alternative Aufzählung – Erde (feste Bestandteile), Wasser (flüssige Bestandteile), Feuer (Wärme), Wind (Bewegungsenergie), Kanäle und Tropfen – findet sich in Lati Rinpoche und Jeffrey Hopkins, *Stufen zur Unsterblichkeit. Tod, Zwischenzustand und Wiedergeburt im Tibetischen Buddhismus*, S. 36.

25 Die Drei Körper eines Buddha werden je nach Zusammenhang verschieden gezählt. Im allgemeinen sind der Wahrheitskörper, der Körper des Vollkommenen Erfreuens und der Ausstrahlungskörper gemeint. Letztere sind die beiden Formkörper, die auf unterschiedlichen spirituellen Ebenen mit den Schülern kommunizieren. Es gibt eine andere Einteilung in die Zwei Körper (Wahrheitskörper und Formkörper, vgl. S. 136) und in die Vier Körper (Naturkörper, Weisheits-Wahrheitskörper, Körper des Vollkommenen

Erfreuens und Ausstrahlungskörper). Im Tantra findet man auch die Aufzählung in fünf *kāyas*. In diesem Fall wird der fünfte Körper, der sich »Gleichzeitig-enstehender Körper« nennt, den Vier Körpern hinzugefügt. Dieses System der Aufzählung findet sich im *Tantra der Vollendeten Aussprache des Namens von Manjuśrī*. Es gibt jedoch unterschiedliche Systeme, die fünf Körper im Tantra aufzuzählen.

26 *Uttaratantra*, Kapitel 1, Vers 51: »Die Befleckungen sind vorübergehend; die positiven Eigenschaften wohnen natürlicherweise inne.«

27 Nāgārjuna teilt in diesem Text die Vollendungsstufe nach dem *Guhyasamāja-Tantra* in fünf Stufen: (1) Vajra-Rezitation, (2) Reinigung des Bewußtseins, (3) Segnung in einen Zustand der Herrlichkeit, (4) manifeste Erleuchtung, (5) Vereinigung. Ebenso basierend auf dem *Guhyasamāja-Tantra* gibt es eine übliche Einteilung der Vollendungsstufe in sechs Stufen: (1) Isolation des Körpers, (2) Isolation der Sprache, (3) Isolation des Bewußtseins, (4) Illusionskörper, (5) Tatsächliches Klares Licht und (6) Vereinigung. Siehe D. Cozort, *Highest Yoga Tantra*, S. 63 ff. (Anm. des deutschen Übersetzers)

28 »In der Illusions-Meditation verweilend, nehme ich alles gleich wahr«, zitiert in Tsongkapas *Lampe zur klaren Erhellung der Fünf Stufen*, Gesammelte Werke Band *ja* (7), folio 210b.

29 Dudjom Rinpoche beschreibt das »Durchtrennen« *(khregs chod)* als einen der zwei Hauptpfade zur vollständigen Verwirklichung der ursprünglichen Bewußtheit; der andere heißt »Aufsteigen« *(thod rgal)*. Er definiert sie wie folgt: »Der Pfad des Durchtrennens ist auf den Leerheitsaspekt ausgerichet, die ursprüngliche reine Bewußtheit, die frei von begrifflichen Fabrikationen ist, und verursacht auf diese Weise die Beendigung der leeren Phänomene; der Pfad des Aufsteigens läutert den Erscheinungsaspekt, das heißt die gegenständlichen Objekte, zu dem spontan gegebenen inneren Glanz und verursacht auf

diese Weise die Beendigung der Erscheinungswirklich-
keit.« Siehe *The Nyingma School of Tibetan Buddhism*, Band 1,
S. 334–345.

30 Vgl. Ende Kapitel 3 (S. 44).

31 Für eine ausführliche Diskussion dieser drei im Tod auftretenden Stadien und des Auflösungsprozesses während
des Sterbens allgemein siehe Lati Rinpoche und Jeffrey
Hopkins, *Stufen zur Unsterblichkeit* S. 35–63.

32 Wie Seine Heiligkeit weiter unten erwähnt, ist das *Kompendium des Weisheits-Vajra* das hauptsächliche Erklärende
Tantra, das diese vier Schlüssel zum Verständnis eines
tantrischen Textes beschreibt. Ein detaillierter Kommentar zu diesem wichtigen hermeneutischen Text findet sich
in Tsongkapas *Darlegung des »Kompendiums des Weisheits-
Vajra«*, Gesammelte Werke, Band *ca* (5). Für eine zeitgenös-
sische Erörterung der hermeneutischen Methoden, die auf
diesem Tantra und Tsongkapas Kommentar beruhen,
siehe Robert Thurman, *Vajra Hermeneutics*, in: *Buddhist Hermeneutics*, Donald Lopez, Jr. (Hrsg), S. 119–148.

33 *Pradīpoddyotananāmaṭīkā*, Kapitel 1, einleitender Vers. An
dieser Stelle der Unterweisung erwähnte Seine Heiligkeit,
aufgrund von Candrakīrtis Berühmtheit sei in Tibet der
Spruch verbreitet: »So wie am Himmel Sonne und Mond
leuchten, strahlen auf der Erde die beiden klaren Werke«.
Diese beiden klaren, erhellenden Werke sind Candrakīrtis
Texte *Pradīpoddyotana* und *Prasannapadā*, letzter ein Kommentar zu Nāgārjunas *Mūlamadhyamakakārikās*. Die tibetischen Titel beider Werke enthalten das Wort *gsal*, was
»klar«, »hell« und »leuchtend« bedeutet.

34 *Pradīpoddyotana*, Kapitel 1, Verse 2–4. Die fünf Stufen heißen
in dieser Passage bei Candrakīrti: (1) Erzeugungsstufe, (2)
Isolation des Geistes, (3) Illusionskörper, (4) Klares Licht
und (5) Vereinigung. Ihre drei korrespondierenden Initiationen sind (1) Vasen-Initiation, (2) Geheime Initiation (für
die Stufen 2 und 3), (3) Weisheits-Initiation (für Stufe 4) und
Wort-Initiation (für Stufe 5).

35 Zu den vier Initiationen im Höchsten Yogatantra siehe Kapitel 16 S. 147 f.

36 Siehe die Aufzählung der sechs Elemente auf Seite 176.

37 Ein Beispiel für ein Sādhana, das diese Einteilung in ursächlichen und resultierenden Halter des Vajra benutzt, ist das Sādhana von Yamāntaka Vajrabhairava ohne Gefährtin. »Halter des Vajra« ist der Fachbegriff für die vollkommene Erscheinung der Gottheit, die in der tantrischen Meditation durch Visualisation hervorgebracht wird. In anderen Tantras bezieht sich der Ausdruck auf Vajradhara, den Lehrer Buddha in der tantrischen Erscheinungsform.

38 Dies bezieht sich auf fünf grundlegende Stadien in der Selbsthervorbringung als Meditationsgottheit: (1) Läuterung durch die endgültige Wirklichkeit (Soheit), (2) Läuterung durch den Mond, (3) Läuterung durch die Keimsilbe, (4) Läuterung durch das Symbol und (5) Läuterung durch das vollständige Erscheinen im erhabenen Körper.

39 Für eine systematische Darstellung der verschiedenen Ebenen der Erzeugungsstufe im Höchsten Yogatantra siehe Ngawang Paldens Darstellung, die von Daniel Cozort in *Hightest Yoga Tantra*, S. 48–52, übersetzt ist.

40 Diese sind Cakras im Scheitel, der Kehle, im Herzen, im Nabel und im geheimen Ort (Geschlechtsteil).

41 P760.13, Band 23, S. 97.

42 Die fünf Hauptwinde sind: der lebenserhaltende, der abwärts-entleerende, der aufwärts-steigende, der gleichmäßig-verweilende und der durchdringende Wind. Die fünf Nebenwinde sind: der bewegende, der intensiv bewegende, der vollkommen bewegende, der stark bewegende und der endgültig bewegende Wind.

43 Dies bezieht sich auf eine Meditationstechnik, die im Kālacakra-Tantra einmalig ist, bei der der physische Körper des Übenden sich de-materialisiert. Der Begriff »leere Form« weist darauf hin, daß man den Körper in einer solchen Weise läutert, daß seine Natur die Körperlichkeit transzendiert. Es gibt eine knappe, aber informative Dis-

kussion dieser besonderen Praxis in Ngawang Pälden, *Presentation of the Grounds and Paths of the Four Great Secret Tantra Classes.* Siehe auch Daniel Cozort, *Highest Yoga Tantra,* S. 121–131.

44 Die Neun Verschmischungen erklärt Tsongkapa in der *Lampe zur klaren Erhellung der Fünf Stufen.* Die drei Vermischungen während des Wachzustands sind: (1) Identifikation (»Vermischung«) der Meditation über die Leerheit, die man während des Gottheiten-Yoga übt, mit dem Wahrheitskörper *(dharmakāya),* (2) der subtilen Keimsilbe der Gottheit mit dem Körper des Vollkommenen Erfreuens *(saṃbhogakāya)* und (3) der visualisierten Gottheit in ihrer vollständigen Erscheinung mit dem Ausstrahlungskörper *(nirmāṇakāya).* Die drei Vermischungen während der Traumphase sind: (4) Identifikation des traumlosen Schlafes mit dem Wahrheitskörper, (5) des Traums mit dem Körper des Vollkommenen Erfreuens und (6) des Aufwachens mit dem Ausstrahlungskörper. Die drei Vermischungen während des Todes sind: Identifikation (7) des Todes (Klares Licht) mit dem Wahrheitskörper, (8) des Zwischenzustands mit dem Körper des Vollkommenen Erfreuens und (9) der Geburt mit dem Ausstrahlungskörper (Anm. des deutschen Übersetzers).

45 Eine kurze Beschreibung dieser Praxis findet man in Garma C.C. Chang, *Teachings of Tibetan Yoga,* S. 111–115.

46 Diese sechs Yogas sind die Yogas von innerer Hitze (Tummo), Illusionskörper, Traum, Klarem Licht, Zwischenzustand (Bardo) und Überleitung des Bewußtseins (Powa). Ein anderes Aufzählungssystem setzt an die Stelle des Yogas des Zwischenzustands den Yoga der Wiedererweckung (Trong-dschuk).

47 Tsongkapa, der Begründer der Gelug-Tradition, hat einen ausführlichen Kommentar über die Sechs Yogas verfaßt: *Ein Kommentar zum tiefgründigen Pfad der Sechs Yogas von Naropa, ausgestattet mit den drei Überzeugungen,* Band *ta* (9) seiner Gesammelten Werke.

Englische Übersetzung von Glenn H. Mullin, *Tsongkhapa's Six Yogas of Naropa.*

48 »Neue Übersetzungsschule« ist der Sammelbegriff für die Kagyü-, Sakya- und Gelug-Tradition.

49 Kapitel 3, Vers 11.

50 Kapitel 1, Vers 20–21.

51 Dodrup Dschikme Tänpä Nyima, *Verschiedene Werke zur Großen Vollendung*, Gesammelte Werke, Bd. *ca* (5).

52 »Essenz« *(ngo bo)*, die Ursprüngliche Reinheit, ist Inhalt der Übung des Durchtrennens; »Natur« *(rang bzhin)*, das Spontan Gegebene, ist Bezugspunkt der Übung des Aufsteigens; »Mitgefühl« *(thugs rje)* ist die Verbindung dieser beiden. Aus diesen drei Faktoren manifestieren sich schließlich als Resultat die Drei Buddha-Körper – Wahrheitskörper, Körper des Vollkommenen Erfreuens und Ausstrahlungskörper (Anm. des deutschen Übersetzers).

53 Dies ist wahrscheinlich ein Verweis auf Longtschenpas Schrift *Ein Schatz der Sphäre der Realität.*

54 Diese Aussage wird allgemein Sakya Paṇḍita Künga Gyältsän zugeschrieben.